U0631802

●○ ○ 居巷陌，行天下

本书编委会

编著

陶 铵

统稿

陶 铵

编委
（按姓氏笔画排序）

丁 芸　　刘 莉　　邹 艳　　张凌云
金 微　　胡 蓉　　徐 灏

爱在"达学园"

幼儿园外场课程的探究与实践

陶　铵 / 编著

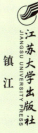

江苏大学出版社

镇江

图书在版编目（CIP）数据

爱在"达学园"：幼儿园外场课程的探究与实践／
陶铵编著. —镇江：江苏大学出版社，2020. 12
ISBN 978-7-5684-1476-0

Ⅰ. ①爱… Ⅱ. ①陶… Ⅲ. ①幼儿园–课程–教学研
究 Ⅳ. ①G612

中国版本图书馆 CIP 数据核字（2020）第 228785 号

爱在"达学园"：幼儿园外场课程的探究与实践
Ai Zai "Da Xue Yuan"：You'eryuan Waichang Kecheng de Tanjiu yu Shijian

编　著／陶　铵
责任编辑／柳　艳
出版发行／江苏大学出版社
地　　址／江苏省镇江市梦溪园巷 30 号（邮编：212003）
电　　话／0511-84446464（传真）
网　　址／http：//press. ujs. edu. cn
排　　版／镇江文苑制版印刷有限责任公司
印　　刷／扬州皓宇图文印刷有限公司
开　　本／787mm×1 092mm　1/16
印　　张／22.25　　插　页／32 面
字　　数／520 千字
版　　次／2020 年 12 月第 1 版
印　　次／2020 年 12 月第 1 次印刷
书　　号／ISBN 978-7-5684-1476-0
定　　价／69. 00 元

如有印装质量问题请与本社营销部联系（电话：0511-84440882）

序

达学园：彰显过程性的课程建设

2010年，国务院印发《关于当前发展学前教育的若干意见》后，中国幼教不断地扩大资源，基本解决了"入园难"问题；2018年，中共中央、国务院《关于学前教育深化改革规范发展的若干意见》发布后，中国幼教走上了追求质量的发展之路。指向质量提升的幼儿园课程改革对幼儿园提出了挑战，每一所幼儿园都必须做出自己的选择，探寻适合自己的课程改革道路。始建于1934年，也是镇江学前教育史上开办最早的幼儿园之一的镇江市实验幼儿园（简称"镇江实幼"）就是其中代表。面对新的形势和挑战，镇江实幼人，没有停留在过去的光荣历史上，而是与时俱进，从儿童出发，走上了一条创造性的建设具有个性特点的园本课程的探索之路，"达学园"课程建设也是镇江市乃至江苏省幼儿园课程改革不断深化的一个缩影。

初到镇江市实幼，我踏进幼儿园第一眼看到笪家山，心里就很惊喜，"哇，幼儿园里居然有座山！孩子们能在山上玩耍该多幸福啊！"陶铵园长和我边走边谈他们幼儿园课程建设的思路，说到课程资源时，陶园长指着笪家山说："这座小山我们想用起来。"——我们不谋而合了。随后我们一起来到山上，一边看，一边兴奋地谈论着笪家山的利用。一致的观点是，先让孩子们玩起来，看看他们会玩出什么花样来。就这样，随着笪家山这个课程资源的开发与利用，镇江市实验幼儿园的课程建设进入了一个新的阶段。在陪伴中，我见证了课程建设从"笪学园"到"达学园"的过程，因而对以下几个方面有了深刻的印象：

1. 从室内活动到户外活动：随着笪家山这个户外空间的拓展，孩子们一日活动逐渐由局促的室内分散到户外，人均活动空间顿时扩大了许多，孩子们甚至可以"撒野"了，他们的天性得以释放。身体、头脑得以激放，潜能得以激发。老师们因孩子们所呈现出的创造力感到欣喜，也为教师的自我价值得以实现感到自豪。

2. 从集体活动到多元活动：我第一次到镇江实幼时，与大家研讨的是一节集体教学课怎么上，而随着笪家山的开发利用，我们研讨的内容越来越多样，集体活动、区域活动、游戏活动、体育锻炼，各种形式的活动都很自然地成为我们研讨的对象，老师们的创造性被激发出来了。

3. 从领域到整体：在前"达学园"阶段，镇江实幼开展的"美术特色课程"，虽然也是省编课程，但很明显，这样的课程依然是失衡的，它不能充分地支持儿童的全面发展。而笪家山环境的丰富多样性，让孩子们在山上的活动很自然地实现了整合，开启了真正的整体的"达学园"课程建设。

4. 从教师到幼儿：随着孩子们多样化活动的自然生成，老师们从以往更多地研究教材，转变为开始对这些活动中的儿童行为进行观察，并利用《3～6岁儿童学习与发展指南》来解读孩子的行为，借助相互研讨来提出更具支持性的教育策略。在这个过程中，老师们体验到了追随儿童的课程建设的乐趣，对园本课程建设也更加有热情与干劲了。

5. 从封闭到开放："达学园"课程建设起于但又不止于对笪家山这一课程资源的开发与利用，而是融会贯通地迁移到了整体课程资源的开发与利用——家庭、社区、丰富的大自然等更广阔的空间，迁移到了课程理念的开放——让孩子先行，成为学习的主体，自主地去亲近自然、去探索、去体验、去操作，教师成为支持者、合作者、引导者。

就这样，镇江市实验幼儿园"达学园"园本课程的建设由看得见的课程资源与内容的改变、活动形式与路径的改变，逐渐发展到看不见的儿童观的改变、课程理念的改变，实现了自我蜕变，课程建设踏上了一个新的台阶。

我期待他们有更好的发展。

南京师范大学教授

2020年秋

课程缘起：从"达学园"出发

陶 铵

镇江市实验幼儿园始建于 1934 年，它在古城镇江东隅的笪家山下，藏于"寻常巷陌"之间，是一所典型的里弄幼儿园。80 多年的历史底蕴和特有的区位环境，幼儿园形成了独特的办园定位和教育主张：

我们认为，所有的教育，都应当遵循儿童的自然天性，让孩子在自身的教育和成长中取得主动地位。

我们主张，我们的幼儿园虽然地处巷陌深处，但完全有必要也有可能在巷陌里、小山下，实施我们的大教育、真教育和活教育。

为此，我们确立了一个办园的核心理念，也是一个基于全员共识的办园愿景——"居巷陌，行天下"。目的就是要利用幼儿园独特的资源优势，特别是城市幼儿园极其难得的山体优势，建构以笪家山为主体的幼儿游戏、生活的外场课程，并与幼儿园日常室内课程、区域课程相互补充、相互融通，从而为幼儿提供更加丰富、更加多元、更具迁移功能的生活与学习的场景与可能，不断奠定每一个实幼儿童自主"行天下"的基础。

基于上述思考，近年来，我们以《3~6 岁儿童学习与发展指南》（以下简称《指南》）为指针，以课程游戏化改革为契机，借助园本空间实体资源，进行了艰苦而具有独创性的园本化"外场课程"的实践探究，致力于将原本的自然实体"笪家山"，改造成适合幼儿生活、运动、学习与游戏的幼学新天地——"达学园"。

一、笪家山有什么？

镇江素有"城市山林"之称，但相对于著名的金山、焦山、北固山，笪家山

似乎显得袖珍而籍籍无名，常年无人问津，山上杂树丛生，比较破败，哪怕是与我们幼儿园近在咫尺，我们对其也是敬而远之。但是，当我们带着外场课程的念头登上这座小山时，我们忽然意识到，这座山对附近居民来说，也许只是一座自然的地标，但对于秉持"资源就是教育"的幼儿园来说，笪家山，就是不可多得的财富：

一是笪家山有着丰富的自然资源。笪家山山体高度约 20 米，面积约 1000 平方米，适于日常幼儿活动。经调查，山上植物多达上百种，虫、鸟聚集，也有数十种。春有鲜花盛开，秋有果实累累，夏有虫鸣蛙叫，冬有冰雪覆盖，是对儿童进行自然教育的极好教材。

二是笪家山有着悠久的人文历史。走进巷口，直接进入视野的是一处有着千年历史的风火墙，这条不起眼的巷道是镇江府学遗迹，各县经过科举第一关的学子们曾在此集训。北看，辛弃疾当年曾赋诗："悠悠万世功，矻矻当年苦。鱼自入深渊，人自居平土。   红日又西沉，白浪长东去。不是望金山，我自思量禹。"（《生查子·题京口郡治尘表亭》）；朝南，有沈括的梦溪园，被称为中国科学史上坐标的《梦溪笔谈》便出自于此；紧邻的梳儿巷有"现代桥梁之父"茅以升的家祠；民国学者、清华大学教授赵醉侯诗集里专门有一首《达家山》（现在的笪家山）……丰富的历史人文资源，梦之源，溪之广，正是对孩子进行人格塑造、培育家国意识和乡土情结的有机载体。

三是笪家山有着教育的领域融合。丰富的自然资源，是一座天然的科学小迷宫和一条健康小赛道。四季变化的色彩，使笪家山成为一座天然的艺术小舞台，而深厚的历史人文底蕴，又使得笪家山成为承载着儿童阅读与品德涵育的身边的图书馆……而这一切，都是实施儿童领域教育的天然载体。

二、笪家山如何改造？

陈鹤琴先生说："大自然，大社会都是活教材。"身处老城区的幼儿园，最大的环境制约因素往往就是场地面积太小，孩子们无法与大自然有更多的亲密接触。事实上，在课程游戏化推行初期，一些场地足、面积大的幼儿园因占先天优势而率先走出了课程改革的第一步。而镇江市实验幼儿园作为一所巷陌深处的老园，场地小、空间窄的问题更加突出：室内空间有限，在实行区域划分、分组学习之后，空间十分拥挤。户外场地面积不足，随着生源的扩增，原有场地已不能很好地顺应幼儿发展的需求。开发身边这座"有自然、有历史、有领域"的笪家山，就成了我们的必然选择，我们也希望借此走出一条园本课程建设的创新之路。

一是根据幼儿园整体课程体系建设需要，重新调整山体空间布局。首先，做好生态建设，凸显季节特点。保留纯天然的环境，如裸露的土地、可供种植的园地等，力求纯朴自然、简单率性，改造后的山体常年绿植覆盖、鲜花盛开。其次，合理规划功能区域，结合山坡、树林、亭台、草地等场地特点重新规划和改造，建造适宜幼儿活动的功能性场所。最后，立足幼儿核心素养的培养，以促进幼儿发展为起点和归宿，构建四大主题场馆，为实施外场课程提供环境保障。

二是落实儿童是课程的主人的要求，师幼共同参与环境的设计与改造。首先，师、幼共同讨论构思和布局，参与环境创设的整个过程。例：在山体改造的初期，和孩子一起讨论：你希望的游戏场所是什么样子的？根据孩子的意愿创建恐龙世界！其次，师、幼共同参与环境的加工与制作，用幼儿的"创造物"充实现有的环境空间。在材料大搜集中，我们发现了废旧的牛仔服，经过成人的裁剪和孩子的创作加工，美丽的牛仔屋成了山上独特的风景，也成了孩子最爱的艺术工坊！环境创设中，孩子们尽情释放自己的能量，大自然成了孩子们的乐园。

三是遵循幼儿园保教工作的特点，为外场课程实施提供安全与有效的保障。首先，铺设山路，加固栏杆，以防腐木为主材料，既符合人身安全的要求，又适合健康锻炼和审美观赏的需要，走在木质阶梯上，凭栏而望也是一种美的体验。其次，添置游戏设施，既符合儿童生长的需求，又体现领域课程的要求，更彰显幼儿园的园本个性。滑索、迷宫、攀登架、树屋等大型综合设施既满足了孩子运动的需求，又是独特的游戏项目。最后，完善生活设施，满足孩子一日生活的需求，除了设立盥洗间、洗浴池、储物房之外，还建造了自然密室、七彩小屋，搭建了生活帐篷，孩子们在大自然中看雨、观云、阅读、野营，这里俨然成了孩子们生活的奇妙小天地。

三、从笪家山走向"达学园"

受《窗边的小豆豆》中"巴学园"的启发，我们一开始把园内小山命名为"笪学园"。在我们进行专家论证时，地方文化学者裴伟老师的一句话惊醒了梦中人。他指出，笪家山原名"达"家山，起源于元代，而因历史变迁，以讹传讹成为今天的"笪"家山。

由冷僻姓氏的"笪"到"达观""达人""达成"的"达"，一个字的改变，让我们喜出望外，我们改造利用笪家山，不正是为了所有孩子更好地生活、更好地学习、更好地成长吗？而且这种利用外场课程推动儿童学习、生长的过程，不正是陶行知先生"生活即教育"的最生动的写照吗？将笪家山改造成我们自己的"达学园"，说到底就是要充分调动山上一切可利用的资源，努力挖掘它的可持续的能量，为幼儿构建生活、运动、学习、游戏的中心，使之成为孩子的生活场、锻炼营和梦想园，更可以利用自然对儿童的积极影响，让孩子倾听自然的声音，同时

时刻提醒教师要用"本真、自然"的方式去影响儿童。

那么用什么支撑起"达学园"呢？显然，仅靠环境改造是远远不够的。《指南》指出"幼儿教育质量的核心集中表现在每一个幼儿学习与发展的质量上，提高幼儿教育质量必须抓住这一最重要、最关键的问题"。所以，在我们看来，至关重要的是，必须建构、实施好"达学园"课程。

一是追求区域环境功能化。外场学习是一种走出室内空间，跳出书本教材的新型学习样态，以多元化、动态化的样式走进儿童和教师的视野。我们以四大场馆（健康运动营、智慧探索营、社会生活营、艺术创想营）为中心实现教育功能，同时向整个校园、社区辐射。充分利用园所外环境中可利用的资源，以幼儿园为圆心，绘制外场环境资源图，将社区中的自然风光、人文古迹、文化教育等场所作为外场课程的辅助教育基地，将区域功能向外延展。

二是追求课程设置多元化。根据达学园资源特点和自然山体四季变化的特征，结合《指南》对幼儿领域培养的要求，我们在确定四大场馆环境的基础上，建构起了指向相对明确，却又兼具融合和开放特征的四大主题系列课程：健康与运动课程、智慧与探索课程、生活与社会课程、艺术与创想课程，融集体活动与区域活动为一体，园所活动与亲子活动为一体，场馆活动与基地活动为一体，做到课程设置多元化。

三是追求课程游戏主体化。我们秉持"让儿童成为游戏、学习、生长主体"的核心理念，尊重儿童的需要，努力达成教育目标：遵循教育的本质，培养健身心、爱家国、慧学习、美生活、乐创造的完整儿童。换言之，"达学园"外场课程的出发点是儿童，儿童需要自然的生长，儿童的成长具有自然性、体验性、交互性和引领性，围绕幼儿成长的需求，践行课程游戏化精神，让游戏陪伴童年，促进幼儿在与环境、他人的交往中健康成长。

外场课程实践告诉我们，可以在自然中奔跑的儿童就未必总要在室内正襟危坐；可以通过探究获取的知识就未必总要由教师直接传授。为此教师要树立科学的教育观、课程观、儿童观，真正把儿童当成儿童，把促进儿童的学习当成教师的使命！

《指南》指出，幼儿的发展是一个漫长的、自然的生长过程。由山启程，我们走的是一条幼儿园自主发展、个性发展的路；从园出发，我们走的是一条让每一个孩子"居巷陌，行天下"的生长之路。

千言万语归结为一句话：之所以我们要从达学园出发，是因为——爱在达学园！

园本课程建设的过程是艰辛、漫长

的，却也带来许多有形或无形的收获，留下许多温暖的记忆。在"达学园"外场课程的探索过程中，我和我的团队伙伴们不断查阅文献资料、阅读专业书籍，请教有关专家、展开专题研讨，一步步理清了课程脉络，架构了课程体系，这既是一个实践与探究的过程，同时也是一个自我学习和专业成长的过程。在此期间，根据该项目申报的"基于自然教育的'达学园'课程的行动研究"也被立项为江苏省教育科学"十三五"规划重点课题。但是，我们深深地知道，这一切对于"达学园"外场课程来说，只是意味着刚刚起步，未来的路依然很长很长。尤其在探索过程中，一定还有不少不成熟的见解和不完善的实践，我们诚恳地期待着来自各方面专家和同行的批评与建议。

特别需要指出的是，在"达学园"外场课程建设中，南京师范大学孔起英教授作为特邀专家，在我园跟踪指导了三年，镇江市教师发展中心徐明主任一直参与课程的设计和环境的规划，提出了我园办园理念和课程愿景——"居巷陌，行天下"；镇江市教育科学研究中心赵联副主任、镇江市地方文化学者裴伟老师也提供了很多极具价值的指导性意见，镇江市、京口区各相关教育部门和镇江市实验幼儿园全体教师及家长更是给予了宝贵的支持，在此一并表示衷心的感谢！所有的这些关爱和支持，都将成为绵延不绝的力量，让我们将"达学园"课程这样一项专业的事业、一份爱的事业不断向前推进，让一批又一批镇江市实幼的孩子，从巷陌深处，从我们的"达学园"，走向更宽、更广、更具有无限可能的新天地！

课程说明："爱在'达学园'——幼儿园外场课程"解读

陶　铵

经过持续多年的规划、设计、改造、完善，我们依托幼儿园边上近 20 米高、面积千余平方米的笪家山，初步建构了"达学园"课程体系，将近乎荒废的自然山体改造成了师幼共同生活、共同游戏、共同学习、共同生长的"达学园"，同时也探索出一条幼儿园外场课程建设的新路径。

一、课程愿景

"达学园"是依托并充分利用笪家山的生态文化，按照课程建设的总的指导思想所建构和开发的儿童学习、生活、生长的园本化的特殊场所和课程。本项目以狭义的"笪家山"为主，自然迁移到广义的"达学园"课程，它既有特定环境中的幼儿生活与学习，又有体现自然主义教育思想的延伸和迁移！孩子们在自然中放松了，自然就能打开自己的心灵，打开心灵的学习过程取得的成效往往是事半功倍的。

从环境改造到课程建构，从孩子的需求到课程的内容，通过园本课程构建，让幼儿真正成为"好奇、好问、好学、好动"的本真儿童。把遵循"顺应儿童天性、回归教育本真"的教育精神作为构建与实施课程的出发点和归宿，尊重儿童，倾听儿童发出的声音，以"自主探究"为主要活动方式，让外场学习成为一种课程。"达学园"课程从关注儿童生活、关注儿童环境、关注儿童成长入手，尊重幼儿发展规律，切实落实《指南》精神，通过园本课程的实施进一步达成我们的办园目标：

办一所规范的、科学的幼儿园；

办一所儿童自己的幼儿园；

办一所师幼共同成长的幼儿园；

办一所有特色、有个性的幼儿园。

具体到"达学园"课程体系的功能，我们初步将其明确为三个方面：一是所有孩子共同的学习需求，二是部分孩子的小组学习需求，三是特定孩子的个别学习需求。

二、课程理念

"达学园"课程体系遵循的基本理念，就是我们幼儿园的办园主张与共同愿景:"居巷陌,行天下"。这首先是源于我们特殊的地理位置,我们的幼儿园就是一所位于巷陌深处的幼儿园。笪家山,既是我们的园本资源,同时也是幼儿园所处的街巷地名,作为一所身处于百姓群众之中的幼儿园,我们的使命就是要让更多巷陌中的孩子走向远方,走向天下,实现自己和家庭的理想,也为我们这个国家和民族传递自己的力量。其次是源于我们对教育理想的朴实理解和对学前教育的真切感受:我们教育的职责是培育人和成就人,而儿童的成长是根据自身的经验和感性的经验获得的。当然,这样理念的提出,还隐含着我们所有实幼人的一个共同追求——我们就是要直面现实的挑战,努力在巷陌里实施我们的大教育、真教育和活教育。

三、课程目标

在深入学习《指南》《幼儿园教育指导纲要(试行)》(以下简称《指导纲要》)的基础上,对照"居巷陌,行天下"的教育期许,我们从儿童成长的需要出发,从园情实际出发拟定了达学园课程目标:遵循自然教育规律,培养健身心、爱家国、慧学习、美生活、乐创造的完整儿童。

具体表现为——

健身心:身体、心理和社会等方面都处于良好的状态。

爱家国:知道家与国是自己生命生长的地方,并把自己的生命体验与家国相连接,寄予美好的情感。

慧学习:具有求知欲和好奇心,善于发现问题、解决问题;有辨析判断、成功决策的能力。

美生活:能够自己做主、自我管理,身心放松,知道与人友好相处,有积极的情绪体验,同时感染他人。

乐创造:有敏锐的观察力和丰富的想象力,对事物具有独特见解,有创新思维的能力。

四、课程体系

总体来说,"达学园课程"是根据幼儿发展的内在需求建立起来的。幼儿发展有着共同性,对处于幼儿期生命发展的个体而言,他们有着典型性和一般性的发展需求,这是幼儿期的本质特征决定的。但同时,集体生活中,每一个幼儿在发展速度、发展优势领域和发展的最终水平上又会表现出各自的差异,因此幼儿的需求又有着独特性。

首先,根据幼儿发展需求,本课程分为四大体系,即健康与运动课程、智慧与探索课程、生活与社会课程、艺术与创想课程。每个课程项目既有满足幼儿共同发展需求的集体活动,同时又有结合幼儿发展独特性要求生成的区域性小组探

究、学习活动。四大课程体系以幼儿一日活动为支撑,既相对独立,同时又相互融合。具体如图1所示。

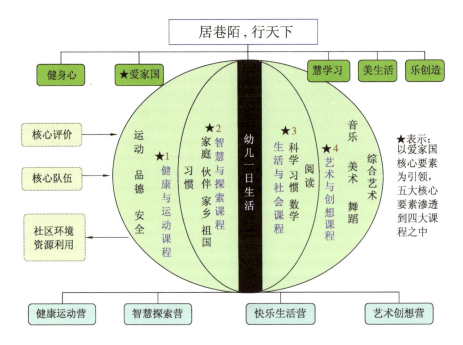

图1 镇江市实验幼儿园园本课程体系图

其次,建立三大环境体系(见图2),让环境成为课程的主阵地,真正实现外场学习的新样态。一是建立户外主场地。充分利用园内独有的教育资源——笪家

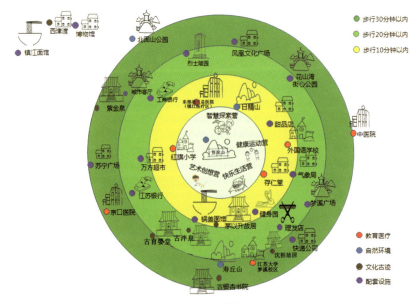

图2 课程环境体系图

山的自然山体资源，让自然成为幼儿生活、学习、游戏的第一场所。二是建立户外小场地。户外四大场馆——健康运动营、智慧探索营、快乐生活营、艺术创想营，各大场馆具备独特的教育功能，同时每个场馆又灵活多变，可根据教育要求实现多形态、多功能的教育目标。三是建立社区、社会游学基地。师幼共同绘制社区资源图，以幼儿园为圆心，以幼儿 30 分钟脚力为半径，将文化古迹、自然环境、文化教育等场所都作为外场学习的重要环境资源。

五、课程实施

（一）基础性课程

基础性课程泛指幼儿园一日活动的各环节，是"达学园"课程实施的重要途径和主要支撑。幼儿园一日活动环节较多，大致可分为生活、游戏、学习、运动等四类。幼儿园要建立科学合理的弹性作息制度，帮助幼儿建立生活的秩序感，并将之加以内化，形成一种良好的生活习惯。

生活：在一日生活各环节中，学习生活自理、礼仪交往、自我保护、环境卫生、社会规则等生活常识，形成健康的生活习惯，养成乐于助人的良好品质。

游戏："达学园"课程更多地强调儿童在自主游戏中的体验，如场地规划、时间安排、同伴选择、分享的形式等。教师在观察分析的基础上，为幼儿提供支持，鼓励他们生成新的游戏。

学习：分析幼儿内在和外在的发展需求，提供多元化的活动形式，以主题学习为主，融入即时生成的项目学习，重视集体活动的作用，同时关注项目化的区域学习。教师既要观察集体的学习情况，又要关注个体学习的差异性，建立适合幼儿发展、支持性的学习环境。

运动：分析幼儿运动经验，解读幼儿运动发展需求，利用场地、环境等资源促进儿童在运动中发展身体的灵敏性、平衡性、柔韧性、力量、速度等运动素质，增强协调能力，养成勇敢、坚强的品质。

（二）场馆课程

场馆课程特指在外场中开展的活动，以"达学园"四大场馆为主要阵地，向园外基地延伸。首先，每一个场馆的功能既有专一性又具有多变性，即场馆功能既有领域的指向性，同时又可以根据幼儿的兴趣和需求随时进行功能转换，或与其他领域学习相整合。其次，本课程的场馆既指向笪家山的四大营地，同时，也指向所有的外场环境，包括幼儿园内的各个角落和园外的教育基地。

健康运动营：以实施健康与运动课程为主，结合笪家山树多林密的特点，建立勇敢训练、迷宫探险等场所，同时组织不同年龄段的幼儿开展远足、登山、足球嘉年华、快乐体操等活动。

智慧探索营：这是实施智慧与探索课程的主阵地，利用自然优势建立自然探秘室，让孩子赏云、观星、看雨……山上的植被、虫鸟都是学习的课程素材。

快乐生活营：以实施生活与社会课程为主，筥家山上的小菜园、木工坊、四季花语……走进中营街，到访名人故居，寻找乡音、乡诗，在观察与体验中积累生活经验，激发良好的情绪体验。

艺术创想营：这是艺术与创造课程的主阵地，有师幼共同打造的创意牛仔屋、四季工作坊，每个孩子在大自然里实现自己的艺术梦想，尽显创造的乐趣。

（三）特色项目

基地游学——镇江市实验幼儿园一园两区，各有特色，每月开展一次两区交流活动，共享教育资源；设立多个园外游学基地，开展相关活动。

足球嘉年华——作为江苏省体育特色幼儿园、足球特色幼儿园，镇江市实验幼儿园以阳光足球运动为引领，开展各项体育活动，每学期开展足球嘉年华活动，并向家庭和社区辐射。

特色节日——"芒彩节"是镇江市实验幼儿园特有的节日，每年芒种期间，开展相关的节日活动，播种希望，让幼儿感受成长与丰收的喜悦！

六、课程评价

课程评价作为"达学园"课程实施后运作的环节，具有延伸性和发展性功能，无论是对幼儿的评价还是对教师的评价，其落脚点和出发点都立足于促进幼儿的发展。课程实施中，幼儿园、教师、家长对幼儿学习与发展的现状进行跟踪观察，从而实施过程性评价，并以此为依据，及时调整课程方案和更新课程计划。在对《指南》进行深度解读的基础上，做了三方面的课程评价：一是课程方案的评价，二是幼儿发展的评价，三是教师课程实施的评价。

首先，成立课程领导小组，邀请专家对课程方案和整个实施过程进行评价与指导。我们的课程方向从最初的"筥学园"走向了"达学园"。一个字的改变，让我们的教育视野更加开阔，教育目标更加明确，教育行为更加科学。其次，教师采用结构性观察和非结构性观察相结合的方式，既有面向全体的集体性观察，也有针对个体的个别观察，既有延时性的跟踪观察，也有瞬时性的事件观察，确保每个幼儿的行为都进入教师的视线。最后，鼓励家长参与课程实施评价，将课程实施中的感受和建议随时反馈给幼儿园和教师，通过信息平台交流、建立幼儿成长档案、幼儿生活反馈表等多种形式，让家长走进课程。

一百个孩子，一百种语言。在课程开发与实施中，尊重儿童的生命体验，聚焦儿童的成长与发展，让"达学园"幼儿园外场课程真正回归儿童！

目 录

第五篇　观察笔记与案例研究

第一篇

健康与运动课程——"康宝"历险记

一、健康与运动课程简介

（一）课程背景

《3~6岁儿童学习与发展指南》（以下简称《指南》）指出，健康是指人在身体、心理和社会适应方面的良好状态。发育良好的身体、愉快的情绪、强健的体质、协调的动作、良好的生活习惯和基本生活能力是幼儿身心健康的重要标志，也是幼儿其他领域学习与发展的基础。为幼儿提供尽可能多的身体运动的机会是实现幼儿体育活动的价值、增强幼儿体质的关键。健康运动就是吸引幼儿参与其中，鼓励和支持幼儿主动练习与体验，并在此过程中给予幼儿适当的指导和帮助。

笪家山上绿树成荫、空气清新、温度适宜，场地开阔平坦，具有一定的弹性，这里成了孩子们得天独厚的运动场：充满泥土气息的草地是他们的操场，新鲜的空气是他们的氧吧。沐浴着充足的阳光，他们在台阶上攀登、在树干上攀爬、在树林间追逐……笪家山上丰富多样的体育活动内容，给孩子们带来了丰富的运动体验，帮助他们增强体质，促进个性发展，有益于幼儿身心健康。

多年来，镇江市实验幼儿园在融合幼儿园户外运动的基础上，充分利用山体环境资源开展"达学园"旅行车、晕乎乎的动物、森林触点、雨中对对碰、翻山越岭、野战医院等多样的健康主题活动，培养幼儿参加运动的兴趣，为幼儿今后终身乐于参加运动打下良好基础。

正如著名的教育家陶行知先生所说："我们要解放小孩的空间，让他们去接触大自然中的花草、树木、青山、绿水、日月星辰，以及大社会中之士、农、工、商，三教九流。"为了进一步创设促进孩子们健康与运动的户外游戏环境，镇江市实验幼儿园依托笪家山，以这里良好的自然环境为载体，创生出了尊重幼儿身心发展内在规律，充分满足儿童平等与尊重、亲情与关爱、接纳与榜样的需要的"健康与运动"主题课程。

主题课程中的健康运动营是镇江市实验幼儿园健康运动营户外活动区中的特色之一，融合了社会、心理、生活、安全、卫生等领域内容，通过让幼儿在自然环境中走、跑、跳、攀爬等，建立与自然的连接，运用多种材料（自然材料和废旧物品）、器械，开展丰富多样的幼儿运动方式和体育游戏，让幼儿在体验与同伴快乐运动、游戏的同时，获得相应的身体素质和动作上的发展。

本主题课程"健康与运动"主要目的是在健康运动营创设温馨的环境，让幼儿充分感受到亲情和关爱，形成积极稳定的情绪；帮助幼儿养成良好的生活与卫生习惯，提高自我保护能力，形成使幼儿终身受益的生活能力和文明生活方式。

在这块充满探险与挑战、团结与创造的自然乐园中，孩子们用藤条、树根、树枝、松果、石头等材料创设了变换无穷的"健康运动生态园地"，展现了一幅幅追逐躲闪、勇攀高峰的运动场景，在他们童年快乐的记忆中留下最难忘的回忆！

（二）课程目标

1. 通过对笪家山山体的开发与利用，帮助幼儿逐步适应户外自然环境，引领他们创造性地参与体育活动，培养他们在大自然中运动的兴趣。

2. 通过原地活动如弯腰、扭转、摇摆，进行如步行、攀爬、跑步、跳跃、飞奔、投掷、捕捉、踢球和荡秋千等运动，幼儿可以协调大肌肉动作，在运用大肌肉群时表现出力量、灵活性、平衡感和对时机的把握。

3. 在笪家山上了解与探索物质世界和周围环境的过程中，幼儿可以获得对物质特性及有关安全等方面的知识和经验，提高对危险事物的认识和判断能力，从而更好地维护自身的安全，提高自我保护能力。

4. 在健康与运动课程中，幼儿体验到成人的关爱，获得安全感和信任感，为建立与他人之间的良好关系打下基础。帮助幼儿建立足够的自信，形成良好的个性，更好地适应社会生活。培养幼儿热情积极、勇敢坚强、努力进取等个性品质。

二、健康与运动课程网络图

我们结合《指南》，依据课程背景与目标，观察幼儿，发现幼儿体育活动中的兴趣点，将零散的运动经验归纳梳理成有价值的健康与运动课程内容。具体见图1-1、图1-2。

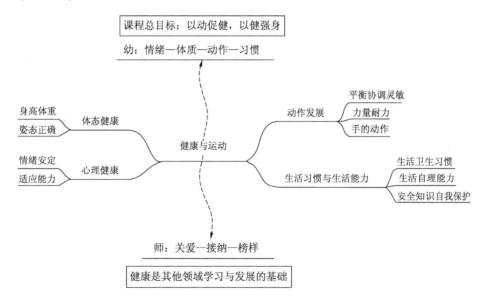

图1-1 "达学园"健康与运动学习路径图

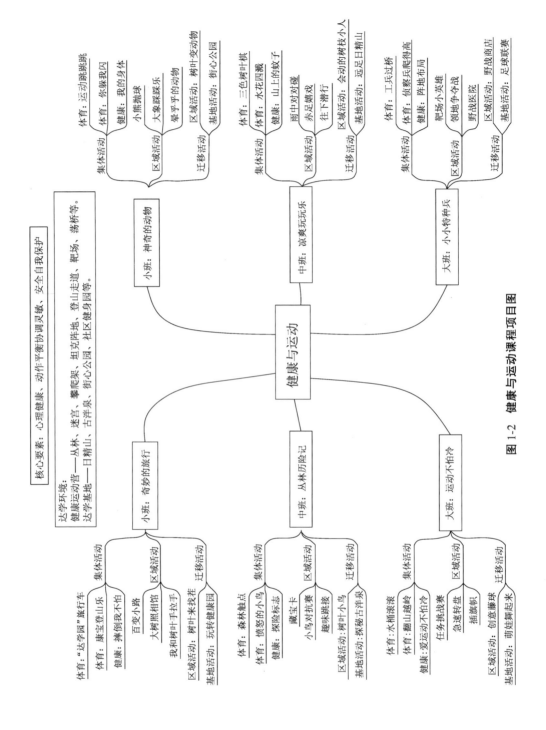

图 1-2 健康与运动课程项目图

三、主题设计与活动反思

小班主题活动一：奇妙的旅行

问题搜索

我知道：

幼儿园门口有条小路，走呀走呀就到我的幼儿园了。

笪家山上有各种各样的树，有大的有小的，特别好看。

妈妈说过，坐车一定要系安全带，要不然会有危险！

我还知道：

笪家山上有鹅卵石小路。

照相馆就是拍照片的地方，我妈妈带我去过！

去健康运动营要走台阶，台阶旁边有好多好看的花。

我想知道：

小朋友摔倒受伤怎么办？要去找谁呢？

康宝是谁？也是小朋友吗？他的家在哪里呢？

司机叔叔都是怎么开车的？

主题引导

"哇，笪家山真漂亮！""这里的台阶好长呀！""大树这么高，我能摸到小树叶吗？"孩子们的问题引发了我们对笪家山自然环境的思考。利用一层一层的台阶和丰富的植物资源，创设适合小班幼儿的体育活动和游戏，让他们在自然的环境中满足运动、模仿、交往等需要，并积累新的经验，获得身心的健康发展。

《幼儿园教育指导纲要（试行）》（以下简称《指导纲要》）中指出："开展丰富多彩的户外游戏和体育活动，培养幼儿参加体育活动的兴趣和习惯，增强体质，提高对环境的适应能力。"针对小班幼儿的年龄特点和动作发展情况，我们准备了利用自然材料制作的贴近幼儿生活的运动道具，用生动的小情境和有趣的活动方式引导孩子们喜欢户外运动场地，愿意和老师、同伴一起游戏，积极参与到各种体育游戏活动与区域活动中来。

集体活动：健康运动营

小班体育："达学园"旅行车

设计意图：

健康运动营中有可以一起散步的草地，有高高的大树，也有柔软的藤条，让

刚入园的孩子们在这里排队开火车、拉圈圈做游戏，缓解他们第一次离开父母的焦虑和不安。本次活动中，我以柔软的长藤条为运动道具，让幼儿一个跟着一个沿地面直线平稳行走，共同体验走步的快乐。

活动目标：

1. 体验乘坐藤条"达学园"旅行车，提高排队走步的兴趣。

2. 养成一个跟着一个排队走步的习惯。

3. 愿意与老师、同伴一起游戏，体验活动的快乐。

活动准备：

1. 经验准备：幼儿知道旅行车是带他们出去玩的。

2. 材料准备：长藤条、音乐。

活动过程：

1. 热身操：小树叶飘飘。

"各位小旅客请注意，我们的'达学园'旅行车准备出发啦，出发之前我们要先做个'小树叶飘飘'热身操！"

教师带领幼儿练习脚腕转动、下蹲、踏步的动作。

2. 练习一个跟着一个走。

（1）沿直线行走。

练习沿直线平稳行走。要求：一个跟着一个，保持一定的间距。

嘀嘀……"达学园"旅行车出发啦！请抓好我们的长藤安全带，一个跟着一个走，要注意不能推，不能踩到前面的小朋友哦！

（2）探索旅行路线。

① 幼儿自主观察笪家山上的环境，探讨可以怎么玩。

② 引导幼儿说一说自己发现的旅游路线。

③ 教师归纳总结，带领幼儿开启旅程。

"小旅客们，请抓好长藤安全带，我们出发啦！"

3. 放松活动：小藤条扭一扭。

幼儿随着柔和的音乐做"小藤条扭一扭"伸展运动，同伴间相互揉揉肩、捶捶后背。老师重点鼓励和表扬活动中不怕累不怕苦、坚持到底的幼儿，并鼓励其他幼儿学习这种精神。

小班体育：康宝登山乐

设计意图：

孩子们喜欢在山上散步、游戏，但是去山上有条必经之路——一段长长的台阶。小班幼儿年龄较小，家长经常抱着孩子送入园。为了锻炼幼儿的动作灵活性和协调性，引导幼儿自主探究该怎样在台阶上行走，我设计了本次活动。

活动目标：

1. 熟悉幼儿园户外环境，重点尝试走台阶。

2. 体验并学习双脚灵活交替上下台阶。

3. 探索安全上下台阶的各种方法，对安全上下台阶感兴趣。

活动准备：

将快乐阳光房布置成康宝的家，请一位老师扮演康宝，准备四五样小食品或礼物。

活动过程：

1. 引入活动主题——康宝登山乐。

"小朋友们，今天是康宝的生日，康宝邀请我们去他的家里，一起登山游玩呢，你们的礼物准备好了吧？带上礼物一起出发吧！"

2. 幼儿探讨并体验安全上下台阶的方法。

(1) "康宝的家就在笪家山上，需要走过面前的台阶才能到达。你们平时是怎样上下台阶的呢？"

小结：上下台阶时不要害怕，也不要着急，眼睛看着前方，一步一步向上登山。人多时要一个跟着一个，不拥挤，不抢先；上下台阶时都要靠着右边走。

(2) 教师带领幼儿用正确的方法走台阶登山（见图1-3）。

3. 给康宝送礼物，集体唱《生日快乐》歌。

图1-3 我们登山吧

小班健康：摔倒我不怕

设计意图：

健康运动营中有花草虫鸟，有贴近生活的各种材料，也有有趣的游乐设施，我们经常在山上开展游戏和活动，但是有时也会遇到一些小意外——摔倒。而小班幼儿年龄比较小，遇到一点点小事就哇哇大哭，自理能力较弱，很多幼儿摔倒了都是等着家长来帮忙。为了培养幼儿的自我保护意识，我特意设计此次活动，从他们喜欢的小动物入手，通过观看小动物摔倒后怎么办的视频，引出自己摔倒后应该怎么办，鼓励幼儿学会勇敢，学会独立。

活动目标：

1. 初步了解一些基本的自我保护常识和多种保护方法。

2. 通过简单的语言"摔倒我不怕"，鼓励自己不怕困难，做个勇敢的孩子。

活动准备：

1. 经验准备：熟悉并喜爱各种小动物。

2. 材料准备：动物视频、图片。

3. 环境准备：快乐生活营——快乐阳光房。

活动过程：

1. 情境导入，引起幼儿兴趣。

播放PPT视频，熟悉视频中的动物。

"今天，老师请来了四位小动物，让我们来看一看它们是谁？"

（小狗、小兔、小熊、小刺猬）

2. 感知和理解故事内容。

教师依次出示小动物图片，引导幼儿重点讲述故事中的语句。

（1）提问：小熊怎么啦？小狗看到小熊摔倒了，它怎么说的？又是怎么做的？

（2）引导幼儿讲述内容。

① 小兔怎么做的？它又是怎么说的？

② 小狗和小兔都扶不起小熊，这可怎么办？

（3）观看故事结尾视频，提问：小刺猬对他们说了什么话？大家都爬起来了吗？重点引导幼儿学说：摔倒我不怕！

3. 根据已有经验，引导幼儿大胆讲述。

（1）如果你摔倒了怎么办？

小结：鼓励幼儿摔倒了不要怕，自己爬起来，做个勇敢的小朋友。

（2）组织幼儿讨论：怎样玩可以防止摔倒？

鼓励幼儿大胆发言并讲述自己的看法。

活动反思：

在健康运动营里的游戏活动，让幼儿不断体验如何才能安全游戏不摔倒，同时，教师在活动的过程中做好示范，提醒幼儿注意安全，不断提升平衡能力，幼儿摔倒的情况出现得也越来越少。

百变小路

带领孩子们走在笪家山的小路上，他们你一言我一语，有的说："幼儿园门口就有条小路呀，我每天都走呢。"有的说："我奶奶家门口就有好多小路，是泥土的。"还有的说："我见过绿色的小路！"有时还会听到孩子们在讨论："有没有彩色的小路呢？""会有树叶做的小路吗？走起来会是什么感觉呢？"可见孩子们对小路充满了好奇和兴趣。

活动目标：

1. 体验鹅卵石路凹凸不平的感觉，锻炼平衡能力。

2. 讨论并设计树叶小路，体验树叶小路软软的感觉。

活动现场：

第一阶段：鹅卵石小路

环境：健康运动营——小路。

材料：鹅卵石。

孩子的问题：鹅卵石小路走起来是什么感觉？

带着这个问题，孩子们来到健康运动营，开始了鹅卵石小路大体验。孩子们一个个兴奋极了，他们围着鹅卵石小路，仔细观察。"鹅卵石看起来滑溜溜的。""圆圆的，像鸡蛋一样。""踩上去是不是滑滑的？""我们踩上去试一试吧！"孩子们尝试着把脚放上去，小心翼翼地走了几步，"咦，鹅卵石路好硌脚啊！""原来鹅卵石路走上去不是滑滑的，而是凹凸不平的呀！"

第二阶段：树叶小路

环境：健康运动营——小树林，智慧探索营——自然探秘室。

材料：树叶。

孩子的问题：踩在树叶上会是什么感觉？我们设计一条树叶小路吧！

有了之前的体验，孩子们知道，原来鹅卵石小路走起来是硌脚的，是凹凸不平的。孩子看看四周，纷纷问道："除了鹅卵石小路，还能有什么样的小路呢？""树叶能做成小路吗？""走上去会是什么感觉呢？""也是凹凸不平的吗？""我们来设计一条树叶小路吧！走上去试一试！"孩子们在老师的带领下，在连接健康运动营和智慧探索营的小路上铺设了一条树叶小路。他们上去走了走，"真好玩！""原来树叶小路走上去是软软的！"

分析与支持：

1. 幼儿对大自然的一切都充满了好奇。他们喜欢在大自然中游戏，喜欢去探索花草树木的奇妙、泥沙水石的趣味及各种自然现象的奥秘。在我们的健康运动营中，这些全都有。幼儿可以在这里游戏，通过游戏中的体验与运动，锻炼提升平衡能力，在探索与想象中个性也能得到充分发展。

2. 游戏中，幼儿在教师的支持下根据自己的想象并利用树叶开展游戏，增强了活动的创造性和合作性，教师应给予关注和支持。让幼儿自己去发现问题，解决问题，真正成为游戏的主人。

大树照相馆

树是人类的好朋友，可以给人们遮风挡雨。孩子们在山上玩累了，就喜欢坐在树荫下休息休息。他们有时也会走近大树，看一看、摸一摸，对大树充满了好奇和探索欲。

活动目标：

1. 探索各种不一样的造型来与大树合影。

2. 体验与同伴一起摆造型的乐趣。

活动现场：

第一阶段：与大树合影

环境：健康运动营——小树林。

材料：照相机。

孩子的问题：大树这么好看，怎么和它做朋友呢？

孩子们坐在树荫下休息，看着头顶上枝叶茂盛的大树说着："大树真好看，我

好想把它记录下来呀!""大树,谢谢你,坐在你的叶子下面真凉快! 大树是我们的好朋友。""我们来和大树合影吧!""杨老师来给我们和大树拍照!"孩子们想到了拍照片这个好办法。

第二阶段:造型大探索

环境:健康运动营——小树林。

材料:照相机。

孩子的问题:还可以摆什么样的造型呢?

与大树拍完合照后,孩子们又有了新的想法,"我们就这样站在大树面前拍照,一点也不好玩。""怎样让它更好玩呢?"果果说:"我们来摆点造型吧! 我想摆一个小兔子造型!"小米说:"我要摆一个大象造型。"羊羊说:"我最喜欢奥特曼,我要摆一个奥特曼造型!"沫沫说:"我想捡点树叶来当道具,这样我就和大树一样啦!"

图1-4 动物造型

在孩子们热火朝天的讨论中,老师再次拿起相机,给孩子们重新拍照片。孩子们摆出各种各样的造型(见图1-4),非常可爱,有小猴子造型、老虎造型、公主造型……很快,一本独一无二的相册就诞生了。

分析与支持:

1. 本次游戏是由孩子们的问题引发的。孩子们在健康运动营中先是想如何留住大树的美丽形象,通过自主探索和讨论,他们想到用拍照的方法记录下来,拍完后发现照片太单调,于是他们又想到了摆各种好看的造型来与大树合影。这激发了幼儿的想象能力和自主探索能力,同时让他们在游戏中获得快乐。

2. 在活动中,教师应以尊重幼儿为前提,鼓励幼儿积极主动参与体育游戏,用欣赏的眼光去看,采取接纳、表扬的方式,肯定认可幼儿,能很好地激发幼儿创造性地改进游戏的行为,提升幼儿继续游戏的兴趣。

我和树叶手拉手

我带孩子们在笪家山上散步时,发现孩子们都对树叶特别感兴趣。经常看到他们蹲在地上捡各种各样的落叶,然后围在一起分享自己的"战绩":"你看,我捡到了圆形的树叶!""你瞧,我的树叶像把小扇子!""我的树叶是红色的,真漂亮!"有时还会听到他们在讨论:"树上的树叶也好漂亮!""好想摸一摸它呀,可惜树太高了。""怎么样才能摸到小树叶呢?"

活动目标:

1. 能够在较窄的低矮物体上走一段距离。

2. 体验与同伴共同游戏的快乐。

活动现场：

第一阶段：树叶真高

环境：健康运动营——小树林。

孩子的问题：怎么样才能摸到树叶呢？

带着这个问题，孩子们来到了笪家山上的一棵大树下，开始了他们的摸树叶小挑战。孩子们围在大树周围，有的孩子抬头看了看大树的高度，还有的孩子踮起脚尖伸手去摸树叶，可惜都没有成功。"怎么办，为什么还是摸不着树叶？""还有什么办法能摸到树叶呢？"

第二阶段：我和树叶手拉手

环境：健康运动营，快乐生活营——木工坊。

材料：树叶。

孩子的问题：站在木头积木上能摸到树叶吗？

孩子们对于没有摸到树叶非常失望，正当他们准备放弃的时候，我给了一点小提示："你们看一看周围，会不会有什么东西可以用得上？"这个问题打开了孩子们的思路，他们看了看周围，发现了"木工坊"里的木头积木，"站在积木上面能摸到树叶吗？"

于是，孩子们在老师的带领下，一起在大树下忙碌起来，很快他们的"木头积木小路"就铺好了。孩子们高兴极了，一个个站在木头积木上伸手尝试去摸树叶。"真的摸到了！""我摸到小树叶啦！"（见图1-5、图1-6）

图1-5　走一走积木小路　　　　　　图1-6　摸一摸大树的树叶

分析与支持：

1. 本次游戏是在幼儿的问题中诞生的：幼儿先是探索如何摸到树叶，自主尝试摸树叶。在他们失败后，教师适当地给予提示，让幼儿想到"木工坊"中的木头积木可以作为工具铺设小路，于是成功摸到树叶。

2. 在和树叶握手的游戏过程中，教师一直注意和观察着孩子的游戏行为，不管是新的游戏行为，还是游戏中出现的其他问题，教师都看在眼里。在观察的基础上，教师才能根据具体情景给予幼儿支持和帮助。小班的幼儿年龄小，活动能力有限，他们更渴望被认可，在幼儿每一次尝试成功后，我们教师都要给予他们鼓励和表扬，可以是一个击掌、一个拥抱，也可以是一句肯定的话语，这些都是对幼儿的支持和帮助。

区域游戏：树叶来找茬

游戏目标：

1. 对不同形状的树叶产生兴趣。

2. 能够初步观察枯叶和绿叶的区别。

游戏准备：

1. 拓展营地：智慧探索营。

2. 在前期游戏活动中初步感知树叶。

3. 各种形状的枯叶和绿叶。

游戏玩法：

1. 看一看枯叶和绿叶。

观察比较枯叶和绿叶的主要区别。

2. 摸一摸枯叶和绿叶。

捏一捏、撕一撕枯叶和绿叶，看看会发生什么。

3. 用塑料袋分别包裹住枯叶和绿叶，第二天再来观察树叶的变化（装绿叶的袋子里有小水珠，装枯叶的袋子里没有）。

基地体验手记：玩转健康园

活动时间：一小时体验

活动地点：中营街社区健康广场

我们的问题：

"老师，那个广场上有滑滑梯吗？"

"什么是健身器材呢？"

"那里会有别的小朋友和我们一起玩吗？"

我们的准备：

"孩子们，你们知道我们幼儿园是在哪一个社区吗？那就是'中营街'啦！在社区里有一个可以锻炼身体的地方，那里有很多好玩的器材，我们一起去认识一下吧！"

我们的活动：

孩子们带着疑问，走进了中营街社区。来到健康广场后，一下子见到那么多平时幼儿园里没有的活动器材，忍不住发出惊奇的声音。"哇！这里有好多好玩的呀!"孩子们都忍不住摸摸看看眼前的各种健身器材。"老师,在这个上面走好像在飞行一样!""这个器材叫什么名字呢?"孩子们通过观察一个老爷爷的锻炼过程,和同伴们相互讨论。"爷爷在这个上面飞起来啦!""你们看,这边还有别的器材呢!"……

"孩子们,这个器材叫太空漫步机,老爷爷可以在上边锻炼他的腿。"

最后,我们挑选了几种适合小朋友们操作的器械,小朋友们在老师的帮助下锻炼了起来。

我们的收获:

在这次活动中,孩子们非常愉快,并没有因为活动场地的变化而产生情绪的波动。相反,孩子们对这次集体出游展现出了极大的兴趣。我们选择的活动地点是园所附近的社区广场,这样孩子们就可以徒步到达,腿部大肌肉的力量和耐力得到了锻炼。孩子们坚持自己走到了目的地,通过自己用手摸器材的表面,发现了健身器材都是硬硬的,表面是很光滑的。有的小朋友甚至敲了敲健身器材,发现它们会发出一些清脆的声音。在健身运动的同时,孩子们的探究能力也得到了进一步的发展。

主题成效与感悟

《指南》指出,为有效促进幼儿身心健康发展,保证幼儿适宜的锻炼,幼儿园开展户外体育游戏是必要的。户外体育游戏既能使幼儿的各种感觉器官、运动技能得到发展,还能让幼儿在户外活动中学会探索自然环境,从而适应户外环境。同时游戏也有助于激发幼儿参与体育锻炼的兴趣,提高参与体育游戏的积极性。

在游戏中,我们教师作为一个观察者、引导者、支持者,协助孩子在游戏中成长进步。在体育活动中接纳他们的个体差异,而不是简单地将孩子与同伴做横向比较。教师可以用适宜的语言去引导他们,帮他们理清头绪,分析问题。当发现幼儿有胆怯行为时,应该鼓励、支持他们勇敢地面对困难。

幼儿需要自由的户外运动,要么在幼儿园的操场、笪家山等,要么在户外活动基地。在人行道上、沙池里、花园里等地方,幼儿们可以自由安全地运动,通过各种有趣的户外游戏和体育运动锻炼上肢和下肢的平衡能力。

小班主题活动二:神奇的动物

问题搜索

我知道:

我去过动物园,那里有狮子、老虎,还有好多好多动物。

我喜欢小猪,我在动画片里看过,佩奇就是一头小猪。

我还知道:

我最喜欢的动物是小白兔，我可以像小兔一样蹦蹦跳跳。

我在动物园看到袋鼠就是一直跳跳跳。

我想知道：

健康运动营里会不会有很多动物？

山上的动物迷路了怎么办呢？

主题引导

小班幼儿对小动物十分感兴趣。一天，班里的一位小朋友谈论起去动物园的经历，她说："老师，我到动物园去了，看到了老虎、狮子，还有猴子呢！"其他小朋友听到了，也争着说自己也去过动物园，看到过许多小动物。看到孩子们对小动物这么感兴趣，于是我抓住孩子们的兴趣点设计活动，为他们提供健康、丰富的健康运动营营地趣味动物运动游戏，让孩子们自主探索各种姿势和动作，体验蹦跳、踩踏的乐趣，感受运动带来的愉悦，使他们喜欢参加体育活动。

《指南》中指出：体育活动中要加强对幼儿的安全保护和安全指导。教师在开展趣味动物游戏时一定要全面、认真地检查运动场地，根据动物游戏的需要做好相应的安全指导，使他们在快乐的童年中获得有益于身心发展的安全经验。

集体活动：健康运动营

小班体育：动物跳跳跳

设计意图：

小朋友变一变，变成了各种各样会跳的小动物。"动物跳跳跳"以跳为主线，以小动物游戏为情境，带领孩子们进入一个新鲜、自然的健康运动营迷宫世界，让孩子在健康运动营迷宫中自由自在地跳来跳去。小班孩子更容易接受小动物的角色，体验在游戏中躲闪的乐趣，玩得尽情尽兴。

活动目标：

1. 初步了解会跳跃的动物，乐意大胆模仿自己喜爱的动物。

2. 通过动物游戏探索不同的跳跃方法。

3. 乐于参与体育游戏，愿意遵守一定的规则。

活动准备：

1. 经验准备：幼儿对会跳的动物有一定了解。

2. 材料准备：青蛙头饰若干。

3. 环境准备：健康运动营——迷宫。

活动过程：

1. 热身运动操：趣味走迷宫。

幼儿一个跟着一个走迷宫，幼儿跟随教师边走边唱：走、走、走走走，我们一个跟一个，走、走、走走走，一块儿走迷宫。

小结：迷宫长长的，绕来绕去真好玩。

2. 在趣味捉虫游戏中掌握双脚跳跃的要领。

（1）在健康运动营捉虫游戏中小朋友探索青蛙跳的动作。

小青蛙们观察青蛙妈妈是怎样捉虫子的，小青蛙们自由跳跃（见图1-7）。请幼儿讲一讲自己是怎样跳的。教师简单总结：两脚并拢、屈膝，两脚同时跳起来，这时候，脚要伸直，落地的时候，前脚掌轻轻着地，一拍一拍地往前跳。

（2）小青蛙们在健康运动营柔软的草地上自主练习青蛙跳，教师观察并适时进行指导。

3. 游戏：健康运动营迷宫捉虫。

小青蛙们都学会了跳的本领，可以去捉虫子给妈妈了。但小青蛙们要先跳出绕来绕去的迷宫，才能找到虫子，能顺利捉到虫子回家交给妈妈的小青蛙就获胜了（见图1-8）。（规则：要用妈妈教的本领——双脚并拢，轻轻跳，在迷宫里不争不抢，找到出口）

幼儿分成四组参与游戏。教师提示青蛙跳的基本动作和要领。

图1-7　小青蛙跳跳跳　　　　　　　图1-8　捉虫子给妈妈

4. 放松活动："达学园"旅行车。

请小青蛙们坐下拍拍腿，躺下蹬蹬腿，放松放松，然后让我们坐上"达学园"旅行车跟着青蛙妈妈一起回家吧！

小班体育：你躲我闪

设计意图：

随风飘落的树叶是孩子们对健康运动营印象最深的事物。本活动针对小班幼儿年龄小、好奇心重、爱玩的特点而设计。主要目标是让幼儿在多变的天气中，扮演自己喜欢的动物，自主探索、大胆尝试与健康运动营里的树叶玩游戏的多种方法。

活动目标：

1. 感知健康运动营里各种各样的树叶，自主探索树叶的玩法。

2. 练习躲避飘落的树叶，体验躲闪的乐趣。

3. 积极参加游戏活动，躲避他人的碰撞，提高自我保护能力。

活动准备：

1. 经验准备：观察过风吹小树和树叶的情景。

2. 材料准备：树叶若干、小动物头饰。

活动过程：

1. 热身操：快乐的风姐姐。

教师边说边带领孩子做上肢运动、跳跃运动、下蹲运动等。"风姐姐来了，她从天上往下看，看见小鸟在蓝天上飞呀飞，看见小兔蹦蹦跳跳，看见小朋友在跑步，看见小树被吹得东摇西晃，看见树叶飘飘荡荡。"

2. 游戏：飘落的树叶。

（1）幼儿自由选择喜爱的动物头饰，根据教师的语言信号，自由想象，变换身体动作。教师扮风姐姐，发出信号：大风来了、刮小风了、龙卷风来了、风停下来了。

（2）幼儿提出新玩法：当发出"大风来了"信号时，教师随风洒落树叶，"小动物们"在树叶落下时需要躲避树叶，不能被树叶砸中，被树叶砸中的幼儿即淘汰，看谁是最后的胜者（见图1-9）。

3. 探索健康运动营树叶新玩法。

幼儿分为四组，讨论、尝试树叶新玩法。教师在一旁观察，鼓励幼儿大胆进行尝试。有的孩子将树叶摆成几条短短的直

图1-9　快躲开飘落的树叶

线，站在线外双脚并立向前跳，有的孩子用小嘴巴吹树叶……

4. 放松活动："动物跳跳跳"。

孩子们坐在健康运动营柔软的草地上，捶捶腿，放松放松，变成自己喜欢的小动物跳回家。

小班健康：我的身体

设计意图：

小班幼儿处于懵懂时期，缺少生活经验，但对周围世界充满浓厚的兴趣，探索世界不妨从幼儿自身开始。幼儿很少有机会去仔细观察自己的身体，创设这样的机会让孩子们感受，在游戏中萌发对身体的初步探索兴趣。通过看、说、摸等形式，让孩子们在智慧探索营的自然探秘室，在宽松的氛围中充分地感知、体验、表达，在发展想象和语言表达能力的同时，获得保护身体的常识。

活动目标：

1. 初步认识自己的身体器官，并了解身体各部位的名称、功能和作用。

2. 尝试用相应的身体部位做动作。

3. 积极参加活动，学会保护身体，养成良好的清洁卫生习惯。

活动准备：

材料准备：音乐《头发肩膀膝盖脚》、课件。

场地准备：智慧探索营——自然探秘室。

活动过程：

1. 律动《身体歌》。

播放音乐《身体歌》，幼儿自主感受音乐，和教师一起做动作。

2. 在自然探秘室探索身体的秘密。

（1）幼儿简单介绍自己的眼睛、耳朵、鼻子、嘴巴、手、小脚及它们的作用。

（2）学着做一做看、听、闻、吃、跑等动作。

（3）尝试跟着老师完整地说一说身体各部位的作用。一位小朋友说身体部位，其他小朋友找一找并说说它的作用。

小结：原来呀，我们的身体这么奇妙呀。小朋友们要经常洗澡，勤洗手、勤洗脸，身体干干净净的，小朋友才会成长得更健康、更漂亮！

3. 照片找不同：净净和宝宝。

出示净净和宝宝的照片，小朋友向净净、宝宝打招呼。请幼儿自主观察净净、宝宝的不同，请他们说一说：喜欢谁？为什么？运动的时候怎样保护好我们的身体？（教师引导幼儿做一个爱干净、有安全意识的小朋友）

小结：我们的身体有那么多作用，我们要好好保护她，要勤洗澡，做个爱干净的宝宝，而且我们在做运动的时候要保护好头、脖子、肩膀等身体各器官。

4. 跟随律动放松身体

我的头儿点一点，我的脖子转一转。

我的肩膀抖一抖，我的小手挥一挥。

我的肚子拍一拍，我的屁股扭一扭。

我的大腿晃一晃，我的小脚踏一踏。

小熊抛球

一次在健康运动营散步时，一个小朋友弯腰捡起了地上的一只小松果，随后往天空中一抛，其他小朋友见此情景也捡起了地上的松果，抛向空中。由此我认为，球是孩子们的好朋友，小班幼儿不仅有一定力气把球抛出，而且还能用双手向上抛球。他们有时能接住别人抛来的球，有时自己能抛得很远。在抛球的过程中，他们不断探索，找到了许多不一样的玩法。

活动目标：

1. 双手向上抛接球，皮球抛起的高度能达到健康运动营里的树干间绑着的麻绳高度。

2. 能够两人一组，一个幼儿抛球，另一个幼儿尝试接球。

活动现场：

第一阶段：玩球乐

环境：健康运动营——小树林。

材料：皮球、树干、麻绳。

孩子们带着大小不同、色彩各异的皮球来到了训练基地，看到树干上绑着的绳子，他们有着许多疑惑：大的球和小的球有什么不同？是不是大的球可以抛得更远？大树间绑着的这根绳子是干吗的？

带着这些问题，小朋友们提出了各种猜测：有的说是小熊想用球打落树上的果子；有的说是要比赛，看谁的球扔得高；还有的说是看谁能抛过树上的麻绳谁就获胜……带着孩子们的种种猜测，我们开始了探索。

小朋友们自主玩球，教师观察。

第二阶段：有趣的抛球

环境：健康运动营——小树林。

材料：皮球、树干间绑着的麻绳。

小朋友们变成了一只只小熊，"熊掌"就是大炮，皮球就是炮弹，老师扮演熊妈妈。小熊"发射"皮球，将皮球抛起越过麻绳的小熊才能获得胜利。小熊在熊妈妈的指导下，尝试双手向上抛球。熊妈妈摇动铃铛开始游戏，小熊们争先恐后，努力地向上抛，熊妈妈每敲一次铃，小熊们就可以抛一次。每次都能抛球越过麻绳的小熊获得最终胜利。教师观察发现，个别幼儿尝试去接住抛起来的皮球。

第三阶段：你抛我接

环境：健康运动营——小树林。

材料：皮球、树干间绑着的麻绳。

根据幼儿要求，教师带领幼儿再次来到营地，并提出疑问：我们还可以怎样玩球呢？小朋友们七嘴八舌地提建议，有人说："我想和我的好朋友一起玩，我抛他接怎么样？"这个提议立马得到了大家的认同。于是开始了新一轮游戏，幼儿两两一组，一个负责抛球，一个接球或者捡球，他们跑来跑去，玩得不亦乐乎。

分析与支持：

1. 激发幼儿对游戏的自主探索欲。

游戏可以让幼儿在轻松、没有任何压力的氛围中，对运动材料进行自由、自主的尝试探索，促进他们象征性思维形式的发展。幼儿在玩皮球的过程中积极思考，不断发现新玩法。

2. 鼓励幼儿与同伴一起开展游戏活动。

《指南》提出，幼儿的社会性主要是在日常生活和游戏中潜移默化地发展起来的。在与同伴"你抛我接"的游戏中，幼儿自主选择、自由结伴，感受到与伙伴交往的快乐。

大象踩踩乐

每次带孩子们来到健康运动营，小朋友就会禁不住地发出"哇"的赞叹声，随即就能听到有小朋友说："这里有好多大树呀，你们看地上全都是树叶！真是太美了。"看到孩子们对这里的大树和树叶这么感兴趣，我们决定去探索树叶的秘密。小班幼儿选择了各种各样的叶子，大胆尝试，开动他们的小脑筋想出了各种奇特的玩法，并分享给他们的小伙伴，体验游戏的快乐。

活动目标：

1. 自主感知各种树叶的形状，了解它们的名称。

2. 玩游戏"大风和树叶"，探索树叶的玩法，发展幼儿创造力。

我们的想法：见图 1-10。

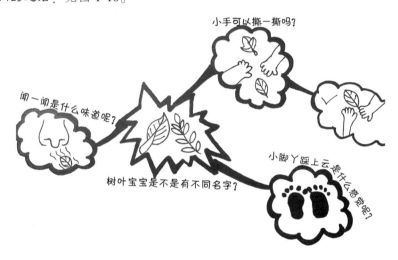

图 1-10 我们的想法

活动现场：

第一阶段：认识的树叶

环境：健康运动营——小树林。

材料：树、满地的树叶。

来到健康运动营，孩子们充满了疑惑：叶子的正面和反面有什么不一样？不同的散发的气味树叶是不是不一样？

老师请幼儿自主在地面捡起一片落叶，分享自己捡到的树叶（见图 1-11）。孩子们的操作兴趣十分浓厚，摸一摸、看一看、闻一闻、拼一拼（见图 1-12），和旁边的小伙伴热火朝天地分享着："我的树叶是香香的，你的树叶是臭臭的。""我的树叶像小脚印。"老师对树叶进行简单介绍后，小朋友们提出了新的想法：我想和树叶做游戏。

图1-11　树叶在哪里

图1-12　闻一闻树叶

第二阶段：树叶与我做游戏

环境：健康运动营——小树林。

材料：幼儿拾起的树叶。

进行游戏"大风和树叶"，老师一边说"起风了"，一边张开双臂绕着幼儿走。幼儿站起来慢慢地张开双臂做微风吹树叶的动作。听到"大风来了"，幼儿挥动双臂、转动身体，像小树叶一样，向场地四散跑开；听到"风小了"时，放下双臂，慢慢走；听到"风停了"便立即蹲下。

几轮游戏过后，孩子们提出疑问：踩树叶是什么感觉呢？于是我们在柔软的草地上围成圈，将刚刚拾起的树叶堆在了一起，脱下鞋子，双脚踩在各种各样的树叶上。突然一个小朋友提出："我们现在是大象宝宝，大象宝宝应该怎么走路呢?"其他孩子立马加重了自己的脚步，一步一步踩在树叶上，发出"轰隆隆"的声音（见图1-13）。孩子们自主提出要变成各种各样的小动物，在不断变化、不断探索的过程中感受树叶带来的快乐。

图1-13　大象踩树叶

分析与支持：

1. 在活动当中激发幼儿的创造性，及时发现幼儿有价值的玩法。

在体育游戏中，应注意为幼儿提供丰富多彩的、具有启发性的游戏材料，给予幼儿足够的自由，使幼儿充分地表现自我，勇于创新。幼儿们在健康运动营的小树林里认识树叶、感知树叶、与树叶游戏，能够充分发展他们的探究能力。

2. 尊重幼儿的运动兴趣特点。

运动兴趣是幼儿参加体育活动的主要驱动力，包括参与的兴趣、模仿的兴趣、交往的兴趣、表现的兴趣、审美的兴趣等，培养幼儿参加体育活动的兴趣不仅能提高幼儿参与体育活动的主动性、积极性，增强体质，也能为其今后终身乐于参加体育活动打下良好基础。

晕乎乎的动物

一天早晨，佳佳一进教室便兴奋地告诉我："老师，爸爸妈妈带我去动物园了，我看到了老虎、狮子，还有大熊猫呢！"其他小朋友听到后纷纷说道："我也见过，我还看过火烈鸟呢！"小班幼儿对动物十分感兴趣，喜欢模仿小动物的动作、声音，更加喜欢跟它们一起游戏。健康运动营的迷宫世界里，小动物们突然找不到自己的家了，"小动物们"会利用智慧找到自己的家吗？

活动目标：

1. 自主选择、扮演自己喜爱的动物，模仿它们走路的姿势。

2. 探索在健康运动营迷宫世界找到动物家的方法。

3. 体验寻找的乐趣，乐于参加游戏。

我们的想法：见图1-14。

图1-14 我们的想法

活动现场：

第一阶段：动物模仿操

环境与材料：健康运动营——迷宫。

孩子们看到迷宫十分好奇，迫不及待地提出问题："我们之前变成小动物在迷宫里跳跳跳，今天要做什么游戏呢？""如果我走不出这个迷宫，是不是就见不到爸爸妈妈了？"带着孩子们的种种问题，我们即将开始今天的探险。

老师带领孩子们一起做动物模仿操：小花猫喵喵喵，伸伸懒腰喵喵喵；小小鸡叽叽叽，找到虫儿叽叽叽；小黄狗汪汪汪，想吃骨头汪汪汪；小白兔蹦蹦跳，高高兴兴跳呀跳。

孩子们根据自己的兴趣变成各种各样的小动物。

第二阶段：小动物找家

环境：健康运动营——迷宫。

材料：动物头饰若干、动物的家、动物头像卡片。

健康运动营里的"小动物们"不小心走进了一个迷宫，它们找不到自己的家了，四个家分散在迷宫的各个角落。孩子们信心满满，兴奋地说道："我一定可以找到自己的家的!"他们选择了喜欢的动物头饰，站在起点，跃跃欲试。佳佳是第一个出发的小白兔，刚走几步，他发现地上提示的动物头像是小狗，于是他赶紧回头，不一会儿他发现了小白兔的头像，激动地说道："我找到啦！很快我就能到家。"果然没过多久佳佳就站在了小兔家门前。过了一会儿，小动物们都找到了自己的房子。

这时有孩子提出："我不需要头像提示也可以找到家。"其他孩子听见了连忙附和道："我也可以啊！我们比比谁更快。"在孩子们的建议下，游戏难度升级，没有了动物头像提示，小动物们只能凭记忆找到自己的家，最快找到家的小动物赢得了比赛的胜利。

分析与支持：

1. 材料准备充足，充分挖掘材料的玩法，保持幼儿的兴趣。

根据《指南》中的教育建议，随着幼儿能力水平的提高，要及时进行补充，调整材料的玩法，不断开发挖掘新材料，使投放的材料更具有针对性，更符合幼儿的发展水平。这次活动中，在健康运动营迷宫世界里投放的动物头饰、动物头像卡片仿佛带幼儿来到真实的动物世界，幼儿兴致极高。在幼儿熟悉游戏后就可以调整材料投放的数量、位置，也可以及时撤离不需要的材料来提升游戏的趣味性。

2. 尊重幼儿需要，由浅入深地探索游戏。

幼儿园体育游戏应注重游戏的情景性与运动性，小班幼儿还分不清想象与现实之间的差异，所以游戏内容以角色扮演和游戏情景展开更容易吸引他们的注意力，激发他们的兴趣。

区域游戏：树叶变动物

游戏目标：

1. 认识树叶的颜色、形状、特征。

2. 喜欢摆弄不同形状的树叶，并大胆想象。

游戏准备：

1. 拓展营地：艺术创想营。

2. 在健康运动营前期游戏活动中，初步感知树叶的外形特征。

3. 白纸、胶水。

游戏玩法：

1. 摸一摸，看一看。

（1）树叶都有哪些形状？（扇形、心形、手掌形……）

（2）树叶都有哪些颜色？（红色、黄色、绿色）

2. 想一想，说一说。

这些树叶像什么？（小金鱼、大公鸡）

3. 贴一贴。

将树叶粘贴在纸上，拼出你最喜欢的小动物。

4. 作品分享。

和你的好朋友说一说，你的树叶变成了什么小动物？

基地体验手记：街心公园

活动时间：一小时体验

活动地点：城市客厅

我们的问题：

"太棒了！我们可以一起出去玩喽！""老师，城市客厅是什么客厅啊？""城市客厅是不是一个很大的房子？"……

我们的准备：

在我们这座城市的中心，有一个很美丽的地方，它就像我们家里的客厅一样，可以和我们的好朋友在那里说说话，做做游戏。所以，我们把它称为"城市客厅"。

我们的活动：

孩子们带着满满的好奇来到了"城市客厅"。最先吸引孩子们注意的就是城市客厅的标志性建筑"大喷泉"。喷泉位于城市客厅的正中央，喷出的水还会随着音乐律动。"哇！这个喷泉还会唱歌呢！""好想到喷泉里面洗个澡呀！""这个客厅可真大呀！"孩子们跟随音乐兴奋得手舞足蹈。

我们的收获：

孩子们围在"音乐喷泉"边，一直在讨论音乐的声音是从哪里发出来的。天真的孩子们甚至觉得是喷泉在唱歌，每个孩子的想象力都得到了发展。孩子们绕着喷泉走了一圈又一圈，经过一番仔细寻找，终于发现声音是从几个奇怪的"黑箱子"里发出来的。有的孩子认识，便一口说了出来："这是音箱！"过了一会儿，孩子们自发地在一起跟随音乐蹦蹦跳跳，手舞足蹈，围绕着音乐喷泉唱起平日里我们在幼儿园学习的歌曲，笑容浮现在他们的脸上。活动氛围轻松愉快，孩子们在唱唱跳跳中感受到了集体活动的乐趣。

主题成效与感悟

培养幼儿参加体育活动的兴趣，是幼儿体育活动的重要任务之一，也是达成增强幼儿体质目标的重要条件。观察和了解幼儿的运动兴趣特点，充分利用幼儿的喜好、愿望倾向，开展丰富多彩的体育活动和培养幼儿的运动兴趣，引导幼儿的体育兴趣向高层次、长久性和稳定性方向发展。

对于小班幼儿来说，由于他们的大肌肉动作和身体素质均处于发展的过程中，动作能力较差，动作不够灵敏、协调，对危险事物认知有限，自我保护能力较差，同时还具有爱探索、爱冒险、易兴奋等年龄特点；因此，教师在开展体育活动时往往只是单纯地教授动作，做语言讲解，而枯燥的练习只会让幼儿感到乏味，失去兴趣。我们应充分利用健康运动营这份珍贵的自然资源，让孩子们变身动物做游戏的主人，鼓励幼儿探索各种姿势和动作，产生参与运动的兴趣。

为幼儿提供探索和练习运动技能的空间是合理开展体育活动的必要条件。发展大肌肉运动技能，幼儿需要大而开阔的空间，如小树林、城市客厅，在此活动区域内，幼儿能够自由地移动身体，不会碰到物体或其他幼儿。

中班主题活动一：丛林历险记

主题引导

我知道：

我喜欢我们的幼儿园，更加喜欢健康运动营。

树林里有许多大树，还有很多小花呢！

我会在丛林里和我的好朋友一起躲躲藏藏。

我还知道：

丛林里充满了危险，我们要注意安全哦！

丛林历险一定充满了乐趣，我们迫不及待地想要去玩呢！

我想知道：

在丛林历险可以玩哪些游戏呢？这些游戏好玩吗？

丛林里有哪些探险标志？安全标志和禁止标志分别是什么？

主题引导

"这里的树长得真高啊！""我们到那片小树林里玩吧！""我要躲到树林里，你来找我吧！"孩子们对于笪家山上小树林的关注，引发了我们对中班户外游戏和体育活动设置的重新思考。小班幼儿升入中班，对户外游戏和体育活动的需求与之前不一样，运动量、运动强度等都有所提高。利用秋天健康运动营里的小树林、满地的银杏树叶、掉落的树枝，我创设出适合中班幼儿身心需要的户外游戏和体育活动。

《指南》中提出要开展丰富多样、适合幼儿年龄特点的各种身体活动，如走、跑、跳、攀、爬等，鼓励幼儿坚持下来，不怕累。"丛林历险记"中的户外游戏和体育活动，如森林触点、愤怒的小鸟等利用笪家山的小树林等自然场地设置了对中班幼儿具有一定挑战性的游戏活动，以此来锻炼幼儿不怕困难、坚持到底的品质。

集体活动：健康运动营

中班体育：森林触点

设计意图：

中班幼儿在大肌肉动作方面具有一定的平衡能力，神经系统对肌肉活动的控制和调节能力有了一定的提升，动作的协调性有所增强。他们活泼好动，喜欢尝试一些新奇、有挑战性的体育活动。根据中班幼儿的年龄特点和身心发展的需要，在健康运动营的活动场地中投放藤条缠绕的纸棒、银杏叶装饰的头饰等游戏材料，通过《西游记》美猴王角色代入让幼儿探索、交流、练习等自主尝试不同玩法，跳过不同难度的障碍物，从而提高他们的身体素质。

活动目标：

1. 练习助跑跨跳。

2. 在探索新玩法时，愿意克服困难，学会与同伴合作。

3. 建立遵守游戏规则的意识，体验蹦跳、跨跳的乐趣。

活动准备：

1. 藤条缠绕的金箍棒、银杏叶装饰的孙悟空头饰、《西游记》主题曲。

2. 森林触点三个：橘树叶、桃树叶、银杏叶。

活动过程：

1. 在笪家山上开展孙悟空游戏，激发幼儿的兴趣。

（1）出示银杏叶装饰的孙悟空头饰："你们最喜欢的美猴王来啦！"（幼儿戴头饰，扮演角色）

（2）播放《西游记》主题曲，幼儿扮演孙悟空，自由活动身体。

（3）孩子们跟着猴王一起来做动作吧！

"来，孩儿们跟着我一起动起来吧！"（耍棒、爬山、采果、眺望、挠痒）

2. 幼儿探索玩法，自主练习。

（1）教师出示藤条缠绕的纸棒问："看！这是什么？（金箍棒）它是我们锻炼身体的好伙伴呢！金箍棒可以怎么玩呢？"

（2）幼儿分组，自主探索金箍棒的玩法。

双脚立定跳过金箍棒，左右旋转金箍棒，手拿金箍棒单脚跨骑，跨跳金箍棒……

3. 幼儿参与游戏，难点指导。

（1）孩子们把金箍棒摆成小河，跟着猴王一起来跨过小河。

讲解动作要领：两手半握空拳，屈肘于身体的两侧，距小河5~8步，跑到小河前，一只脚用力蹬地，另一条腿跨跳过小河，单脚落地，保持平衡。

（2）幼儿练习，教师观察指导。

帮助胆小的幼儿跳过20厘米的距离，表扬敢于尝试通过助跑跳过更远距离的幼儿。

4. 游戏：森林触点。

"小猴子们，这里有三个森林触点，触碰到橘树叶可以得到一个果子，触碰到桃子树叶可以得到两个果子，触碰到银杏叶可以得到三个果子。"（设置难易程度不一的助跑跨跳路径）

幼儿自主选择不同难度的路径玩森林触点游戏。游戏分组开展，"小猴子们，你们都赢得水果了吗？给大家展示一下。"（游戏过程中教师注意观察，鼓励幼儿勇敢地助跑跨跳过障碍）

5. 放松活动"康园小猴乐"。

小猴子们互相拉拉手、捶捶腿，放松自己，做舒缓动作。

中班体育：愤怒的小鸟

设计意图：

游戏"愤怒的小鸟"中，小鸟的形象深受孩子们的喜爱，它时而可爱、时而生气的样子让孩子们愿意与它一起游戏。《指南》"健康领域"指出，4~5岁幼儿能与他人玩追逐、躲闪跑的游戏。在健康运动营的运动场地中，运用树枝、树叶等自然材料做的小鸟触发了幼儿兴趣点，让幼儿们一起进行投掷、追逐、躲闪等游戏活动。

活动目标：

1. 听信号游戏，提高身体的平衡和协调能力。

2. 探索投掷、躲闪的方法，在游戏中注意安全。

3. 体验同伴共同游戏的快乐。

活动准备：

铃鼓一只、自制的"小鸟"若干、木头椅子、树枝、树叶等。

活动过程：

1. 活动前热身，播放音乐《大家一起动起来》。

"孩子们，我们一起到健康运动营来做运动吧！"（动动手，动动脚）"快看，前面是小树林了，我们绕着走。前面有小水沟了，我们跨过去走。"（跨过石头，跨过树枝）

2. 探索多种与树叶小鸟游戏的方法。

"你们看，这是用树叶和树枝制作的小鸟，我们一起来跟小鸟玩一玩吧！"

幼儿自主探索玩法并和同伴交流。

3. 小朋友们分享玩法。

（1）"刚才小朋友们探索了很多种玩法，我们一起来说说看吧！"

（2）引导、鼓励幼儿展示玩法：顶在头上保持平衡，放在手掌上叠叠高，向前投掷小鸟……

4. 游戏：愤怒的小鸟。

（1）树枝设置成小河场地，幼儿分组站在小河两侧，一组幼儿向河对岸投掷小鸟，另一组幼儿躲闪，躲闪成功没有被小鸟击中的幼儿获胜。然后交换游戏。

（2）树枝设置成圆形场地，幼儿分组游戏。一名幼儿扮作愤怒的小鸟，向场地中的幼儿投掷小鸟，被击中的幼儿离场，最后躲闪成功没有被击中的幼儿获胜。

5. 放松身体。

师生共同整理游戏物品，乘坐"达学园"旅行车到快乐阳光房去休息一下。

中班健康：探险标志

设计意图：

幼儿期的孩子们好奇心强，什么都想看一看、摸一摸，然而他们对危险事物或行为的认识与判断能力有限，自我保护能力较差，不能很好地掌握什么事情能做，什么事情不能做，缺少自我保护的常识。本活动在健康运动营的山体环境里展开，通过认识"安全标志"和为健康运动营设计"探险标志"，培养幼儿的自我保护意识和能力。

活动目标：

1. 知道日常生活中常见的标志。

2. 为健康运动营设计标志，发展孩子的想象力。

3. 培养幼儿的安全意识，提高幼儿的自我保护能力。

活动准备：

1. 经验准备：幼儿有在健康运动营运动游戏的经历。

2. 材料准备：各种各样的常见标志、PPT、纸、笔。

活动过程：

1. 幼儿在自然探秘室观看PPT，认识标志，激发幼儿学习的兴趣。

组织幼儿观看、讨论各种安全标志，使幼儿对安全标志有初步的认识。

2. 探讨身边的安全标志。

（1）请幼儿介绍自己知道的安全标志。

引导幼儿说出在哪里见过这个标志，它代表什么意思。

（2）幼儿认识生活中常见的安全标志。

"今天老师也带来了许多标志宝宝，我们一起来看一看它们是什么意思吧！"（出示人行横道、"小心地滑"、"安全通道"等标志）

（3）幼儿讨论并讲述适合健康运动营的标志。

"健康运动营里现在还没有标志，小朋友们，你们觉得可以有什么样的安全标志呢？"

幼儿自主思考交流。原来健康运动营可以用到这么多的标志呢！草丛和"靶场"周围可以贴"注意危险"，上山的台阶边可以贴"小心滑倒"，现在我们的健康运动营里还需要一些标志，请你们来帮忙设计一些吧！

（4）幼儿设计健康运动营安全标志，探讨安全标志摆放的位置。

幼儿分享自己设计的标志，教师给予鼓励和支持。

幼儿在健康运动营中的小路、十字路口、游戏设施等处贴上自己设计的安全标志。

3. 我做安全小卫士。

"今天我们为健康运动营设计了安全标志，这样我们的小朋友去健康运动营运动的时候就知道怎样做才安全啦！但是，幼儿园里还有小班的弟弟妹妹不懂得标志的意思，下面请你们当一回'安全小卫士'，教弟弟妹妹们在体育活动时看懂标志注意安全吧！"

藏 宝 卡

"寻宝"对幼儿来说充满了挑战，迎合了幼儿爱探索、爱冒险的心理特点，是他们百玩不厌的游戏。中班的幼儿对类似"寻宝"的游戏产生了浓厚的兴趣，对与同伴一起合作游戏也有了初步的意识。幼儿园的山体资源笪家山上有各种各样的树木，有的高有的矮，还有凉亭等，适合藏宝。因此，本活动在设计时以"藏宝卡"为线索，以笪家山为藏宝地点，鼓励幼儿在游戏中与同伴互相合作寻找线索，培养初步的合作意识。

活动目标：

1. 喜欢玩藏一藏、找一找的游戏，学习发现线索，仔细观察。
2. 用灵活的肢体动作玩躲闪游戏，培养初步的动作协调能力。
3. 体验游戏活动带来的快乐。

活动现场：

第一阶段：找一找

环境：健康运动营。

材料：藏宝卡。

孩子的问题：藏宝卡藏在哪里好呢？

带着问题，孩子们开始在健康运动营寻找可以藏起藏宝卡的地点：常春藤的草丛里、橘子树和桃树的枝丫上都可以。他们发现不能放在太高、太边缘等危险的地方。在藏的时候可以给寻找的小朋友一些小小的提示，帮助他们找到藏宝卡。

第二阶段：藏一藏

环境：健康运动营，快乐生活营——快乐阳光房。

材料：藏宝卡、提示卡。

孩子的问题：怎么帮助同伴寻找到藏宝卡？

孩子们带着自己的藏宝卡来到笪家山，寻找理想的藏宝地点。他们发现放在草丛里、椅子下面、茂盛的树叶后面不容易被别人发现。当同伴寻找遇到困难时，孩子们准备了不同营地的提示卡，比如快乐阳光房的卡片，就缩小了寻找的范围。另外提醒幼儿在寻找宝藏卡时要注意安全，看清脚底下的路。

我们的想法：见图1-15。

图1-15 我们的想法

第三阶段：迷宫寻宝

环境：健康运动营，快乐生活营——快乐阳光房。

材料：轮胎、树枝、麻绳、藏宝图。

孩子的问题：怎么又快又准确地找到所有的藏宝卡呢？

孩子们开始自主结对，分组进行迷宫寻宝。根据藏宝图，先爬过轮胎山、助跑跨跳过树枝小河，钻过绳索障碍（见图1-16），到达迷宫。根据藏宝图寻找藏宝卡（见图1-17），获得藏宝卡最多的一队获胜。

图1-16　钻过绳索

图1-17　寻找藏宝卡

分析与支持：

《指南》"健康领域"提出：为幼儿准备多种体育活动材料，鼓励他选择自己喜欢的材料开展活动。孩子们在寻找藏宝卡的过程中，根据幼儿的需要进行材料增减。同时，注意观察幼儿的动作和行为表现，随时提醒幼儿注意安全，并根据幼儿的活动状况随时对运动内容及运动量进行调整，以适应幼儿活动的需要，防止幼儿受伤。

"藏宝卡"让幼儿在寻找藏宝地点、设置迷宫、使用寻宝图的过程中，一步一步地发现问题、解决问题。在合作游戏的过程中，幼儿可以不断地丰富自己的经验和认知。穿越障碍物的过程中，幼儿能较好地完成各种大肌肉动作，上下肢动作协调，比较快速地调整身体姿势和位置，在游戏中锻炼身体。

小鸟对抗赛

小鸟是日常生活中常见的小动物，它们有尖尖的嘴，可以在天空中自由翱翔。幼儿平时会模仿小鸟的叫声、小鸟飞翔的样子，想象着自己也有一对"会飞"的翅膀。结合健康运动营的自然环境，挖掘关于鸟的教育价值，开展丰富多彩的活动，让幼儿在活动中不断获得提高和发展。

活动目标：

1. 结合小鸟的身体结构，利用树枝、树叶、麻绳等材料制作"小鸟"，提高幼儿的创造能力。

2. 躲避障碍物，分组进行护送"小鸟"回家的游戏，提高孩子的合作意识。

活动现场：

第一阶段：我知道的小鸟

环境：智慧探索营——自然探秘室。

材料：多媒体课件。

孩子的问题：小鸟的特点有哪些？

为什么小鸟的嘴巴是尖尖的呢？如果小鸟没有翅膀会怎么样？小朋友们有好多新奇的问题，带着问题我们在自然探秘室观看了视频资料，发现小鸟有一双有力的翅膀，通过扇动翅膀，可以飞得又快又高。它还有尖尖的嘴，轻轻一啄，小虫子就下肚了。

我们的想法：见图1-18。

图 1-18 我们的想法

第二阶段：护送小鸟回家

环境：健康运动营。

材料：树枝、麻绳、树桩、石头、银杏叶制作的小鸟。

孩子的问题：如何安全护送小鸟回家？

对于幼儿提出的问题，我们进行了讨论，除了用手保护之外，还可以两两合作拥抱小鸟……孩子们用树枝、树桩、石头等设置障碍。第一次幼儿手捧小鸟，走过障碍物。熟悉障碍场地后，孩子们用两两合作的方式第二次护送小鸟。这个游戏过程让孩子们体验到了同伴合作的乐趣。

第三阶段：小鸟对抗赛

环境：健康运动营。

材料：树枝、麻绳、树桩、石头、银杏叶制作的小鸟。

孩子的问题：还有什么方法可以护送小鸟回家呢？

对于幼儿提出的问题，我们再次进行了讨论，有小朋友说："还可以顶在头上……"孩子们迫不及待地把自己的小鸟顶在头上，尝试着走一走不掉下来。我们继续用树枝、树桩、石头等设置障碍。最后一次游戏的难度比较大，幼儿一边走过障碍一边保持平衡，防止小鸟掉落。在尝试一轮后，两组小朋友想 PK 一下，小鸟对抗赛正式开始了。场面很精彩，小组成员互相加油，大家走得认真又小心，不断寻找身体的平衡点。

分析与支持：

幼儿阶段是平衡能力、协调能力和灵敏性发展的重要时期，可为今后学习更多、更复杂的动作技能打下基础。活动利用保护小鸟主题，鼓励孩子们在护送过程中锻炼"走、跑、跳"的动作，提升了身体的协调性与灵活性。

在游戏中，从经验出发，利用身边的事物开展适合中班年龄段孩子的游戏。由于每个孩子自身发展的能力不同，可以因材施教，鼓励能力偏弱的幼儿坚持完成，提高自信心。这样才能使孩子对活动感兴趣，更好地发展自身的能力。

趣味抛接

在幼儿园的教育中，教师要充分利用自然环境中的各种资源，开展丰富有趣的活动，以增强幼儿的体质和综合运动的能力。"球"是幼儿生活中常见的事物，幼儿喜欢跟球做游戏。在健康运动营开展适宜中班幼儿的抛接球体育活动，旨在发展幼儿上肢的协调能力，同时鼓励幼儿相互合作，提醒幼儿学会自我保护，让幼儿在有趣的游戏情景中，充分体验健康运动营的快乐游戏时光。

活动目标：

1. 探索抛接球的方法，掌握运动要领。

2. 锻炼上肢力量，发展动作的协调与灵活性。

3. 体验玩球的乐趣。

活动现场：

第一阶段　箩筐接球

环境：健康运动营。

材料：人手一个小皮球。

孩子的问题：为什么有的时候我接不到球？

孩子们在笪家山上自主探索如何玩球：他们尝试踢球、掷球、抛接球、把球放在头顶上等。他们发现接球的时候眼睛看着球抛过来，双手移动箩筐，球就变得很"听话"，一下就接到箩筐里啦！大家比一比箩筐接球，看谁接得准。

第二阶段　趣味抛接

环境：健康运动营。

材料：背篓、海洋球、松果、银杏叶、石子。

孩子的问题：松果那么重，我可以快速接到吗？银杏叶很轻，抛起来可以接到吗？

上述问题引发了孩子们去思考尝试。他们让接的小朋友把背篓放在胸前，抛接游戏过程中，幼儿发现松果重，所以好接一些，但是如果把背篓放在背后，反面抛接则难度加大。银杏叶很轻，抛的人站高一点再扔则比较容易扔出去，但是接的人很难接到银杏叶。孩子们把自己的发现记录在表上，并进行了二次尝试：分组开展趣味抛接游戏。利用树枝表示抛接的距离，幼儿在适当的距离线后尝试抛接不同的自然材料，接得准的一组获胜。

我们的想法：见图1-19。

松果可以用东西来接吗？

海洋球能接住吗？

抛！
接！

可以用背篓来抛接

石子可以用手接吗？

怎样能接住
银杏叶？

图 1-19 我们的想法

分析与支持：

《纲要》指出：提供丰富的可操作材料，为每个幼儿都能运用多种感官、多种方式进行探索提供活动的条件。孩子们在抛接球的过程中，发现健康运动营中的各种树叶、松果、石子、树枝等自然材料也可以抛接。他们尝试用不同材料进行抛接运动，并把它们记录下来，进一步探索发现适合的抛接物，使得抛接游戏更加有趣，更有挑战性。

中班的孩子对自然界的现象充满了想象和好奇，他们愿意并积极参加各种探究活动，敢于探究和尝试新的事物。孩子们通过参与健康运动营中各种树叶、松果、石子、树枝等自然材料的抛接游戏，认识并探究抛接的多种方法，增添运动的趣味性。

 迁移活动

区域游戏：树叶小鸟

游戏目标：

1. 认识不同形状、不同色彩的树叶。

2. 能用树叶组合表现出小鸟的主要形象特征。

3. 体验共同协作的乐趣，并愿意与同伴分享快乐。

游戏准备：

1. 拓展营地：艺术创想营。

2. 在健康运动营游玩时获得的有关树叶的经验。

3. 各种形状、颜色不同的树叶。

4. 胶水、麻绳、短树枝、毛根。

游戏玩法：

1. 看一看，摸一摸。

观察各种树叶的形状、颜色特征。

2. 想一想。

小鸟是什么样子的？这些树叶像小鸟的哪些部位呢？

3. 拼一拼，做一做。

自行挑选树叶、树枝，组合成小鸟的形状，拼、贴、扎成小鸟。

4. 说一说。

和你周围的小朋友分享一下自己的作品。

基地体验手记：探秘古泮泉

活动时间：两小时体验

活动地点：古泮泉

我们的问题：

"老师，这个是什么呀？"

"这个里面还有水吗？水能喝吗？我们能不能打点水上来喝呀？"

"老师，回幼儿园后我要把这里画出来和爸爸妈妈分享"。

我们的准备：

"孩子们，平时节假日都是爸爸妈妈带你们出去旅游，今天老师要带你们去一个你们不认识的地方，去见识一个古文物。"

我们的活动：

怀着激动的心情，我们来到古泮泉（见图1-20）。"你们知道为什么这个井栏上面有这么多的小缺口吗？""不知道。""这个呀，是古人打水的时候用绳子系在木桶上，把木桶放进井里，打到水后用力往上拉，绳子在井栏上磨出来的痕迹。"

图 1-20　古泮泉

"你们别看这个井这么小，其实呀，井下面的空间是越来越大的，这口井已经有好几百年的历史了，到现在还能打出水来,所以古人的智慧可是非常了不起的哟!"

我们的收获:

看着古人的智慧结晶,孩子们围在井边叽叽喳喳地讨论着,时不时还会爆发出一阵激烈的争吵,原来是孩子们对古泮泉的讨论:有的孩子认为古泮泉非常厉害,过了好几百年还能打出水来;有的孩子说自己将来能设计出过了几千年也能打出水的装置。他们作为中班的孩子,在参观完自己家乡的古迹后能够和同伴热烈讨论,并大胆说出自己的看法,甚至还激发出了好胜心。对于孩子们的讨论我们非常高兴。与同伴之间相互交流,耐心倾听别人与自己不一样的看法,孩子们的社会性得到了进一步的发展。同时,孩子们也为自己家乡的古人感到骄傲。有一个孩子甚至跑过来跟我们说:"这古人也太厉害了吧!我真佩服他们的智商!"令人捧腹的话语,流露出孩子们最真挚的情感,他们为自己的家乡自己的民族感到骄傲。

主题成效与感悟

《指南》指出,儿童的发展是一个整体,要注重领域之间、目标之间的相互渗透和整合,促进幼儿身心全面发展。幼儿健康领域的学习与社会领域的学习密不可分。开展体育活动能够促进幼儿心理健康发展,培养幼儿热情积极、勇敢坚强等个性品质。在体育活动中获得成功,可以提高幼儿的自信心,使幼儿获得同伴和集体的承认,正确认识自我价值。

在"丛林历险记"中,教师在活动中除了需要及时关注幼儿的安全问题,还应更多地将视角转向活动中的幼儿,针对现实情景有的放矢地进行个别性的教育,使幼儿在活动体验中理解勇敢、坚持、不怕累等个性品质。同时注意观察孩子的情绪、体能和身体状况,确保幼儿的运动不会对幼儿的身体和心理造成伤害。

提示是可以帮助幼儿学习或提高技能的微小信息。要鼓励幼儿先自己尝试探索运动,在他们遇到困难或渴望进步,但不知道如何做时再给予提示。提示可以是口头的、视觉的或者在幼儿的允许下,用手帮助他(轻轻地支撑幼儿的重心)。个体差异决定的你要使用不同的提示,具体还要取决于幼儿最容易接受哪种类型。

中班主题活动二:凉爽玩玩乐

问题搜索

我知道:

夏天真的好热,大树下可以避暑。

天热时妈妈会带我去水上乐园,打水仗真的很开心。

雷声轰隆隆,大雨哗啦啦,是夏天的雷雨。

我还知道:

小昆虫最喜欢花花草草。

妈妈给我准备了防蚊环、驱蚊液，我就不怕蚊子啦。

小树叶可以做成漂亮的小书签呢！

我想知道：

可以赤脚玩游戏吗？

所有的蚊子都会吸血吗？

夏天可以吃冰激凌吗？

主题引导

我们的健康运动营里有许多大树，每到夏天山上枝繁叶茂，孩子们总嚷嚷着要去那儿避暑纳凉。声声蝉鸣，柔软的土地，高高矮矮的树桩，山上的阳光房……都让孩子们与大自然有了亲密接触的机会。于是"凉爽玩玩乐"主题就应运而生了。围绕夏季健康，我们在健康运动营开展一系列的活动，孩子们乐开了花。

《指南》指出，强健的身体、愉快的情绪、协调的动作是幼儿身心健康的重要标志。笪家山的健康训练营有自然的材料，长短不一的树枝，三色树叶，高高矮矮的树桩，"三色树叶棋"活动可以开发幼儿智力，发展幼儿身体控制和平衡能力。将水、泥、土、沙等材料用于"赤足嬉戏"，可以增加游戏趣味性，不仅能锻炼腿脚、增强内脏机能，也可使头脑变得清醒、心情变得舒畅。在夏季，健康运动营里小蚊子是常客，我们设计了活动"山上的蚊子"，利用生活常识和生活经验发展幼儿安全和自我保护能力。

集体活动：健康运动营

中班体育：三色树叶棋

设计意图：

健康运动营为孩子们提供了一个天然的运动训练场。《指南》提出：走、跑、跳、攀、爬等是幼儿应该发展的动作基本技能。中班的孩子应当能在较窄的低矮物体上平稳地走一段距离，能以匍匐、膝盖悬空等多种方式钻爬。

结合幼儿的运动特点，我们在训练营地中利用树叶、树桩、树枝等设计了体育活动"三色树叶棋"，将益智与运动相结合，运动环境适宜，同时具有挑战性，让幼儿不断体验到参与运动的快乐。

活动目标：

1. 认识笪家山的树木名称，了解树叶的颜色：红、黄、绿。

2. 能在高高低低的树桩、石头、砖块上平稳地走一段距离，遵守游戏规则。

3. 发展探索能力，享受与同伴游戏的乐趣。

活动准备：

棋谱（小树枝）、棋（石头、砖块、树桩、木条）、三色树叶挂牌、骰子（数字1和2）、奖励金牌银杏叶。

活动过程：

1. 幼儿放松身体，主动参与活动。

（1）师生问好，播放热身音乐。

"今天，老师来和大家玩游戏，高兴吗？让我们先来热身一下吧！"（动物跳跳跳音乐：小动物们是怎么跳的呢？）

（2）选择颜色小树叶。

孩子们在健康运动营里拾起树叶自制了小树叶胸牌，有红、黄、绿三种颜色。根据喜好选择胸牌，分别组成红队、黄队、绿队。

（3）搭建高高低低的棋谱。

寻找材料：长短不一的树枝，大大小小的石头，高高矮矮的树桩，砖块……幼儿自由摆放。

2. 幼儿尝试走一走棋谱。

幼儿依次从一侧出发走过不同材料的棋谱障碍，熟悉路线，掌握方法。

3. 游戏：三色树叶棋。

9名幼儿按颜色分为红、黄、绿三队。游戏时幼儿各选择一个障碍棋站好，根据所掷的骰子走一步或者两步，设法将自己队的三片相同颜色叶子走成直线，以先成功者为胜获得银杏叶金牌。

活动反思：

孩子们在游戏中用健康运动营的自然材料摆放障碍棋谱，克服困难、开动脑筋，能在高高低低的树桩、石头、砖块上平稳地走并遵守游戏规则。活动令他们享受到了成功的喜悦，更锻炼了孩子们的意志力。

中班体育：水花四溅

设计意图：

水是生物体的重要组成部分，是生活中不可缺少的物质，孩子们对水则怀有极其浓厚的兴趣和特殊的感情。每到下雨天，孩子们都渴望出去和雨一起游戏，我们紧紧抓住幼儿爱水、爱玩水这一特点，设计了体育活动"水花四溅"，把孩子们无意识的戏水引导成一个个生动有趣的认识探索过程。

活动目标：

1. 感知在健康运动营玩水的趣味性和安全性，遵守游戏规则。

2. 掌握水枪的玩法，观察水射在不同材质上的变化。

3. 能与同伴愉快地游戏，并用恰当的词汇表达玩水时的心情。

活动准备：

经验准备：幼儿有玩水的经验。

材料准备：水枪，彩色颜料桶，小病毒（各种材质的纸），背景（布、KT板），幼儿玩水的视频。

环境准备：智慧探索营——自然探秘室、健康运动营——小树林。

活动过程：

1. 幼儿在自然探秘室观看小朋友玩水时的视频，谈谈自己玩水的过程及感受。

（1）提问：你看到了什么？你是怎么玩的？

（2）幼儿根据照片自由交谈，表达自己玩水的过程和感受。

2. 引导幼儿在笪家山探险打败小病毒，进行玩水活动。

"小病毒真的很讨厌，让我们生病不舒服，我们来画一画眼中的小病毒，然后我们带上水枪去探险吧！"

幼儿在健康运动营的自然探秘室里绘制自己眼中的小病毒，并剪下来贴在背景板上。

3. 游戏：打败小病毒。

（1）出示纸板背景（白布、贴有绘制好的小病毒）。

（2）幼儿用彩色水枪去消灭病毒（见图1-21、图1-22）。

（3）观察小病毒遇到水枪攻击后的变化和背景板遇到水枪攻击的反应，一起观察水花。

图1-21　水枪射击　　　　　图1-22　小病毒别逃啦

活动反思：

在健康运动营里，小病毒在遇到水枪攻击后都被浸湿了，孩子们欢呼：我们把小病毒打败啦！背景板是白布时，有一部分水花把白布染成了彩色，小部分水花溅到了地上，把土都染成彩色了；当背景板是KT板时，水花在板子上溅起呈喷射状，水顺着板子流下来，地上积水多半被泥土吸收了。孩子们通过游戏观察到水花的变化，了解到泥土会慢慢吸收水分，在玩中学，在学中玩。

中班健康：山上的蚊子

设计意图：

夏天是一个快乐美好的季节，但也是一个烦恼的季节，各种蚊虫都出来了，笪家山树木茂盛，花草繁多，蚊虫自然也少不了。每当看到孩子被虫子咬得满身小包的时候，老师心里很不是滋味。假如我们的孩子有一些预防蚊虫叮咬的知识，他们被蚊虫叮咬的机会就会少很多，因此我们设计了健康活动"山上的蚊子"，试图通过活动，提醒幼儿关注夏天常见的蚊虫叮咬，并能在教师的指导下探究一些预防的方法，从而在美丽的笪家山中更加舒适、安全地进行户外活动。

活动目标：

1. 了解夏天是容易被蚊虫叮咬的季节，尤其是在笪家山，要做好防护措施。
2. 知道驱蚊灭蚊的方法并初步掌握夏天蚊虫叮咬后的处理方法。
3. 感受夏天健康运动营的美好，体验夏天生活的快乐。

活动准备：

1. 材料准备：防蚊用品、放大镜、上山视频。
2. 经验准备：幼儿有上山游戏的活动经验，有被蚊子咬过的经验。
3. 环境准备：自然探秘室。

活动过程：

1. 山上有什么？（通过讨论，初步了解夏天蚊虫叮咬的简单处理方法）

"美丽的夏天到了，我们幼儿园的笪家山全都变成了一片绿色，山上都有什么呢？（有树，有小草，有许多虫子）有个小朋友在山上游戏时遇到了一个烦恼，我们一起来看看吧！"（出示事先拍好的幼儿在山上活动时被蚊子叮咬的录像）

"视频中的小朋友遇到了什么烦恼？我们被蚊虫叮咬后，会有什么感觉？被蚊子咬了怎么办呢？"（出示一些药品，请幼儿辨别哪些是治疗蚊虫叮咬的药品，并请幼儿上来操作并演示使用方法。被蚊虫叮咬后，不要用手去抓挠皮肤以免感染，使用花露水、风油精等止痒）

2. 我不怕蚊虫（在操作与实践中了解一些防蚊灭蚊用品的使用方法）。

（1）请幼儿观看蚊子咬人的录像，了解蚊子传播疾病的过程。

（2）蚊虫真可恶，我们有什么好办法不让蚊虫靠近呢？

（3）请幼儿介绍一些防蚊灭蚊用品和使用方法。

小结： 我们讨厌蚊子，它不仅会影响我们学本领和睡眠，还会传播疾病，我们可以使用一些驱蚊用品，比如盘式蚊香、电蚊香、驱蚊花露水、驱蚊手环、驱蚊贴等物品，让蚊虫远离我们，保护我们的健康。

3. 迁移活动（拓展避免蚊虫叮咬的方法）。

"还有一些捉虫高手，是谁呢？（青蛙、壁虎）蚊子喜欢在哪些地方出现呢？我们如何来避免被蚊虫叮咬呢？"

雨中对对碰

对于孩子来说,下雨天在雨中游戏会有一种别样的乐趣。几个小朋友跑来问我:"老师,下雨天笪家山上是什么样子,我们可以去看看吗?"看着孩子们兴头正足,我准备带他们去山上一探究竟,去感受、去观察、去发现,培养他们用积极乐观的态度对待事物,让他们体验到发现的快乐。我也想看看孩子们在下雨天为什么这么开心,有哪些户外游戏适合在下雨天开展。

活动目标:

1. 知道下雨天户外游戏需要穿雨衣、雨鞋,结束游戏后要擦干头发和身体,换上干净的衣裤。

2. 自主探索参与夏季雨天户外游戏,释放天性。

活动现场:

第一阶段:雨中的乐趣

环境:雨天的健康运动营。

材料:大树、雨鞋、雨衣。

在老师的带领下,孩子们穿好雨衣雨鞋,扬起笑脸,拉起小手,兴高采烈地上山啦!他们用小手接雨滴,在雨中追逐,抖落树叶上的积水,用小脚踩地上的泥坑,把手中接到的水泼到别人身上。总之,在雨中游戏太开心了。淘淘说:"小雨让大树喝饱了水。"小米说:"快来,我发现了一个小水塘!"两个小伙伴商量着把小水塘里的水舀出来,他们用小手捧起水,水从手指缝里漏下来,没走多远,水就所剩无几了。

第二阶段:我有好办法

环境:自然探秘室。

材料:纸和笔。

来到自然探秘室,大家一起讨论刚刚发生的趣事。我对小米和淘淘说:"刚才小水塘里的水被运送成功了吗?"两个小伙伴笑了:"我们的小手装满水,可是水会偷偷溜走呢。""小朋友们,你们有什么好办法吗?"有人说:"下次带上娃娃家的小勺子装水吧!"有人说:"我们用小树叶装水吧!"有人说:"带上我的水枪,一吸就好了呀!"我问:"那下次我们就来比比哪种方法好,好吗?"孩子们齐声说:"好!"

第三阶段:树叶运水比赛

环境:雨天的健康运动营。

材料:大树、雨鞋、雨衣、勺子、水枪、树叶、小桶。

孩子们带着勺子和水枪再次来到笪家山上。这些工具到底能不能运水呢?首先是用勺子,勺子装满了水之后,在运送过程中只要没放平,水就会洒出来。接下来用树叶，小树叶装水出现了一点问题：太小的树叶一边装水一边漏水，忙活半天也不行。那就换大一点的树叶吧，孩子们想出了四面包裹的办法，这下成功啦。水枪的效果最好，一吸一推，水都乖乖运进桶啦！看来提出的三个办法都是可以的。其他孩子觉得树叶运水很有趣，一个个也跃跃欲试，我们就开展了一次树叶运水比赛，孩子们分为2组，接力运水，健康运动营里一片欢呼加油声。

我们的想法：见图1-23。

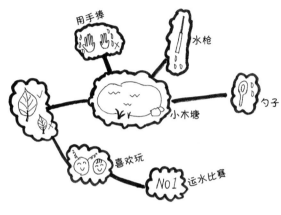

图1-23 我们的想法

分析与支持：

1. 本活动充分利用了我们身边常见的自然现象，抓住孩子们的兴趣点，满足孩子们的好奇心，通过看、听、摸、踩等多种形式，让孩子在愉快的游戏和自我探索中了解雨。我们将活动分为三个阶段：发现问题、自主探索、亲身实践，让孩子们在尽情游戏的同时积累更丰富的生活经验。

2. "雨中对对碰"活动的环境在笪家山上，具有更大的空间与开放性，使幼儿在游戏中愉悦身心，挑战自我，从而在发展动作技能，获得运动经验的同时提高想象力、创造力和与他人合作协调的能力。

赤足嬉戏

千里之行始于足下。幼儿好奇心强，赤足游戏会感到稀奇、轻松、愉快，而且赤足有利于踝关节的活动和发展脚趾的灵活性，锻炼其柔韧性，能促进血液循环，增强体质。我们的笪家山有天然的水泥沙土，拥有得天独厚的自然条件，根据幼儿天性和发展需求，我们设计了赤足嬉戏活动，让幼儿和土地来了一次零距离接触，让小脚丫享受了一次轻松按摩。

活动目标：

1. 知道赤足活动有助健康，在保证健康运动营地面没有尖锐物品情况下安全游戏，活动后将小脚清洗干净，注意卫生。

2. 通过赤足活动，让幼儿在不同材质的地面上行走，提高幼儿脚部的触觉及

灵敏度。

3. 发展小脚的精细动作，如扭动脚趾、弯曲脚背、夹起的动作。

活动现场：

第一阶段：赤足乐

环境：晴天的健康运动营。

材料：拖鞋、席子、鹅卵石、草皮、泡沫板、毛毯。

城市中的孩子大多生活在封闭式的单元房中，精巧的玩具、神奇的光影视界……物质世界虽然丰富，却无法满足孩子的需要。孩子们还有什么不满足呢？您只要稍微留意一下就会发现，小孩子最喜欢赤脚跑来跑去。他们总想尝试着光着脚丫游戏玩耍，哪怕在床上跳一跳也会让孩子感到极大的满足。那么能不能让孩子赤脚游戏呢？我们的笪家山为孩子们提供了一个解放天性的地方，那里有多条不同材质的小路，可以让孩子们尝试用脚去体验不同的触感。在那里孩子们一个个兴奋地去尝试体验，玩得开心极了。

第二阶段：赤足救娃娃

环境：健康运动营。

材料：拖鞋、娃娃、筐子、席子、鹅卵石、草皮、泡沫板、毛毯。

幼儿在体验不同材质的小路上行走后，有的说硬硬的，有的说软绵绵，有的说会硌脚，有的说毛茸茸……为了增强活动的趣味性，我们将不同材质的小路组合起来，设计了游戏"赤足救娃娃"：幼儿分为2组，同时从各自的路线出发去另外一边终点处拿取一个娃娃，再原路返回放到筐中。取得的娃娃多、用时短的一组为胜。

第三阶段：赤足寻宝

环境：健康运动营。

材料：拖鞋、盆、玻璃珠子、彩绳、席子、鹅卵石、草皮、泡沫板、毛毯。

孩子们玩得不亦乐乎，在游戏中灵活地用手拯救了所有的娃娃。我们商量着可不可以用脚尝试做一些灵活的小动作，如翻找、夹起。孩子们在尝试后觉得可以挑战，于是我们将游戏难度加大，设置了新游戏"赤足寻宝"：幼儿分为2组，依次走过障碍小路，在途中放着装满玻璃球的盆，里面藏有彩绳，需要幼儿用脚找出，夹出放到旁边的空盆里。找出的彩绳多、用时短的一组为胜。

分析与支持：

对人的身体来说，要提高柔韧性，非常重要的就是要注重踝关节的训练。人们往往重视腰部和其他部位的柔软性，却忽视了对踝关节的训练。经常让幼儿赤脚活动，使其稚嫩的足底直接受到摩擦，不但可以增强其足底肌肉韧带的力量，而且能提高踝关节的柔软性，预防扁平足的发生。在健康运动营开展的赤足活动中，幼儿游戏时感到轻松、舒适、愉快，知道了赤足活动有助于健康，同时还培养了他们活泼开朗的性格，提升了自我服务的能力。在注意好安全的前提下，让幼儿赤脚活动，让"脚丫也放个假"吧！

往下潜行

幼儿很喜欢在地面上爬动，而且他们常会采用各种爬的动作。爬行使幼儿重新感受在婴儿时期曾经体验到的那种舒适和安全，这也是对婴儿期的回忆。当幼儿在地面上爬行时，他们常常会表现得更加轻松和愉快。我们的健康运动营里有大型木质训练器械，如滑滑梯、树洞、蜘蛛攀爬绳等，幼儿可以钻爬、攀爬、匍匐前进，这些锻炼器材为幼儿提供了理想的运动内容。

活动目标：

1. 通过游戏发展钻爬、匍匐的动作，提高动作灵敏协调性。

2. 喜欢在健康运动营自然的环境中锻炼，尝试新奇、有趣的活动，有克服困难的勇气。

活动现场：

第一阶段：我想试一试

环境：健康运动营。

材料：木制训练器械、滑滑梯。

在健康运动营的训练场，有孩子们喜欢的器械，如滑滑梯、木制训练器械、树洞。起初，孩子们非常喜欢，争先恐后地去玩。但是班上一些孩子比较胆小，不敢去尝试，每次都站在一边观看。老师多次鼓励："宝贝，你看其他小朋友玩得多开心啊，你也试试好吗？老师相信你是勇敢的孩子，我在旁边扶着你，绝对掉不下来，试一试，好吗？"有几个孩子在老师的鼓励下进行尝试并且成功了。但还是有几个孩子不愿意尝试。

第二阶段：器械变变变

环境：健康运动营。

材料：木制训练器械、滑滑梯、树洞、竹梯。

老师们开始思考：这个区域不是只为那些大胆的孩子创设的，是否可以再添置一些大家熟悉的器械，让其他孩子也能玩起来。于是钻树洞、竹梯等一系列器械加入了训练场。孩子们的兴趣越来越浓厚了，他们将竹梯、树洞穿插在木制器械之间，摆成不同的造型。原来几个不敢玩的小朋友，也投入其中，和大家一起摆器械，加入游戏。

我们的想法：见图1-24。

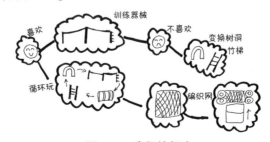

图1-24　我们的想法

第三阶段：我学解放军

环境：自然探秘室、健康运动营。

材料：木制训练器械、滑滑梯、树洞、竹梯、藤条编织网、垫子、轮胎。

回到自然探秘室，我们讨论：现在大家玩训练场器械越来越熟练了，进步很大。我们的训练场还可以增加些什么呢？孩子们说："我在电视上看过解放军叔叔会用胳膊撑在地上前进！"孩子们的想法就是这么新颖，真是个好主意。笪家山上有许多藤蔓植物，如果编织成网，我们不也可以增加一个新的器械吗？

藤条编织网完成啦！考虑到匍匐前进的安全性，我们在地上铺了垫子，两边用轮胎固定住，可以调节路程的高度和长度（见图1-25、图1-26）。孩子们跃跃欲试，这个有趣的新玩法，让他们个个都变成"小小解放军"啦！

图1-25　匍匐向前

图1-26　小小解放军

分析与支持：

对幼儿来说，爬是很有意义的运动体验，有利于大脑的发育和认知的发展。由于幼儿的动作发展很快，可以完成坐、立、爬、走等动作，手眼协调能力也有了较快的发展，他们已经不满足于在有限的空间里运动。笪家山上空间更加宽敞，教师可以考虑增加更多的器械，并组合构成不同的通道，在水平方向拓展活动空间。这样，幼儿可以做各类爬行的动作，如手膝着地爬、跪爬、坐爬、匍匐爬等。

迁移活动

区域游戏：会动的树枝小人

游戏目标：

1. 在制作中认识人物的不同形态。

2. 尝试用不同材料和方法表现人物。

3. 在制作中大胆表达自己的想象。

游戏准备：

1. 拓展营地：艺术创想营。

2. 材料：树枝、手套、太空泥。

游戏玩法：

1. 幼儿自由玩弄树枝，大胆想象。

（1）想一想，树枝的这些形状像什么？

（2）这些树枝能不能拼成一个小人？他在做什么？

2. 动手制作。

（1）如何利用太空泥将这些树枝连接起来？

（2）你的树枝小人有哪些形态？

3. 大胆创编。

每一个树枝小人长得都不一样，他们之间发生了什么有趣的故事呢？

基地体验手记：远足日精山

活动时间：一小时体验

活动地点：日精山

我们的问题：

"老师，日精山是什么山？我想去看一看。"

"它为什么叫作日精山？"

"日精山上会有小动物吗？"

……

图1-27 日精山

我们的准备：

在我们幼儿园对面，有一个藏匿在市井喧嚣里的小丘，它的名字叫作"日精山"（见图1-27），今天我们一起去那里来一番大冒险吧！

我们的活动：

孩子们带着各自心中的疑惑，步行来到了日精山。孩子们最好奇的就是日精山的名字。原来"日精山"位于城东，意思可能是指最先看到日出的地方。虽然名字里面有个"山"字，但实际上日精山只是一个三十米高的小丘，孩子们很快就爬到了"山顶"。

"看，那边有一个小亭子！"孩子们在山顶发现了一个小亭子，在那里休息的一位老爷爷告诉我们这个亭子叫作光风霁月亭，是日精山上一个历史久远的建筑，现在已经成为附近居民的休闲锻炼场所。孩子们爬到山顶后，也在这里休息了片刻。

我们的收获：

我们选择的活动地点是距离幼儿园较近的日精山，这是一座藏匿在市井喧嚣中的美丽小山丘，就连很多本地市民都不知道这个地方。孩子们非常努力，坚持登上了山顶，立刻就被周围的美丽景象吸引了。随着孩子们的视线探索，他们发现山顶上还有一座小亭子，通过在那里休息的老爷爷介绍，孩子们知道了这座亭子的名字。通过这次远足活动，中班的孩子不仅锻炼了自身腿部肌肉力量，还知道了自己的家乡有这样一座美丽的小"山"，直到活动结束，孩子们都不愿离去。

主题成效与感悟

游戏环境是影响幼儿游戏行为最直接的因素之一。幼儿对大自然有着天然的亲近感，对自然界的一切充满着好奇。他们喜欢在大自然中嬉戏，泥沙水石会使幼儿产生许多的惊奇和疑惑。利用筻家山得天独厚的自然条件，围绕夏季健康，我们带领孩子们在健康运动营开阔的场地上开展一系列的游戏活动，如"三色树叶棋"，利用筻家山上的树叶、树枝、树桩、石头等，我们设计了结合益智的体育活动，让幼儿自主去搭建体验，去游戏比赛，最终获得胜利得到银杏叶金牌，幼儿是享受这个过程的。

作为教师，我们是观察者、指导者和提供帮助者，但是应该多观察、少指导和真帮助。如"往下潜行"，在游戏时观察孩子们遇到的问题，对于不敢尝试的孩子给予鼓励；通过大家的讨论帮忙增设了器械，孩子们在自由探索中发现自己可以有所突破，再帮忙编织藤网，一步步发掘孩子的潜力，一步步实现他们的想法。通过良好的物质和心理环境消除幼儿的心理压力，使他们积极主动地参与探索。通过游戏中的探索和想象，幼儿得到了身体和个性的发展。

适宜的挑战，可以维持幼儿练习技能或者接受一种健康习惯的兴趣。挑战就是教师设置可测量的或更有趣的任务和活动，在让任务可测量方面，教师要激发幼儿以不同的方式进行尝试。教师应该激发幼儿去挑战，而不是阻挠他们。支持他们完成挑战，但不要让他们变得喜欢竞争，老师可以说："我想知道你会用多少种不同的方法来玩水。"然后和他们一起激动地说出记录单上的各种方法。教师鼓励幼儿完成所参与的游戏是能够实现的挑战。

大班主题活动一：运动不怕冷

问题搜索

我知道：

冬天很冷，但运动能让身体变得热乎乎的，这样就不怕冷了。

我爷爷说冬天要多运动，他常常去冬泳，身体可棒了！

我还知道：

我看到电视上大人玩的冲关游戏，可好玩了。

我也看到，他们跳得特别高，特别灵活。

我们也可以像他们一样来玩冲关游戏。

我想知道：

汽车上不用的废旧轮胎可以怎么玩呢？

幼儿园里哪些器械可以用来玩冲关游戏呢？

户外活动真好玩，我们可以自己设计游戏吗？

主题引导

"天气越来越冷了，我们穿上了厚厚的衣服，在上学的路上还戴着帽子和手套。""是冬天来了！""冬天虽然外面很冷，但我们还要去笪家山上玩。"在孩子心中，虽然寒冷，却停不下他们户外游戏的脚步。笪家山里，郁郁葱葱的松树下、铺满松针的草地上、童趣别致的木屋旁，都有孩子们奔跑嬉戏的身影。

本主题的实施正值深秋和初冬之时，天气转凉，气温骤降，身上的衣物增多，限制了幼儿的运动幅度，但大班幼儿正值生长发育的关键期，身体各项机能都在迅速发展，这时的他们活泼好动，喜爱参加各种户外活动。同时《指南》指出：幼儿每天的户外活动时间一般不少于2小时，其中体育活动时间不少于1小时，季节交替时要坚持。在天气寒冷的季节应因地制宜，教师选择温度适当的时间段开展户外活动。因此，"运动不怕冷"主题由此产生。

集体活动：健康运动营

大班体育：水桶滚滚

设计意图：

天气转凉，小朋友们都穿上了厚厚的衣服，但这依然抑制不了他们爱玩爱动的天性。他们不断发现户外活动的多种可能。很多小朋友家里有饮水机上换下来的废旧大水桶，他们将它带到幼儿园的"回收站"来。孩子们发现大水桶可以滚来滚去，便想把它们加入健康运动营的户外游戏中。老师及时发现了孩子的游戏需求，并请幼儿园保安用PVC管将水桶组合成滚筒架，供幼儿在上面游戏。

活动目标

1. 能自由探索水桶的不同玩法。

2. 通过游戏，培养四肢力量和上下肢协调能力。

3. 能在与同伴合作游戏中体验运动的乐趣。

活动准备：

1. 废旧水桶若干、水桶和PVC管制成的爬行架。

2. 热身操音乐。

活动过程:

1. 热身部分。

教师带领幼儿跟着音乐做热身操"达达舞",重点活动身体各关节。

2. 基本部分。

(1) 出示滚筒。

"这是我们小朋友带来的废旧水桶,是家里饮水机上换下来的。你们想一想,用它怎么玩呢?"

(2) 自由探索滚筒玩法。

① 幼儿两人一组自由探索滚筒玩法。可以滚、推、跳等。

② 请幼儿分别演示自己的玩法,其他幼儿模仿、练习。

(3) 出示滚筒架,尝试多种玩法。

"这是郭爷爷用你们带的水桶和管子做成的游戏架,你们觉得可以怎么玩呢?"

幼儿尝试用爬、走、踏等方式过滚筒架(见图1-28、图1-29)。

(4) 游戏"渡过滚桥"。

幼儿分成四队,以一棵大树作为起点,分别用自己的方式渡过滚桥并跑到木屋终点处,然后折回,接力进行。首个全部完成的队伍为胜。

3. 结束部分。

(1) 教师总结幼儿游戏情况。

(2) 随音乐做放松动作。

图1-28 踏过滚筒

图1-29 爬过滚筒

大班体育:翻山越岭

设计意图:

秋风呼呼吹,寒冷的冬天即将到来。孩子们没有停下锻炼的脚步,增强体质不怕冷。轮胎是体育活动中较常见的器械,它易收集并适合幼儿使用。平时在晨间活动时孩子们就喜欢拿着它在健康运动营的空地上滚一滚、走一走。根据孩子们的兴趣及大班幼儿年龄特点，我设计了这次花样玩轮胎活动，通过有趣的轮胎游戏，练习幼儿的基本动作，并发展幼儿的创造性，提升他们的合作能力。

活动目标：

1. 大胆地探索轮胎的多种玩法，发展走、跑、跳、跨、平衡等基本技能。

2. 积极与同伴合作游戏，培养勇敢、自信的心理品质。

活动准备：

轮胎若干、音乐。

活动过程：

1. 准备活动。

"今天老师当孙悟空，你们是我的'孩儿们'，这里有很多轮胎来跟我们做游戏，现在请'孩儿们'一人站在一个轮胎后面跟着'俺老孙'一起做动作。"

（在音乐节奏下带领幼儿活动肩膀、头部、胳膊、腿等部位）

2. 基本活动。

（1）"孩儿们，你们以前玩过轮胎吗？下面就请你们自己探索轮胎有哪些好玩的方法，每个人可以多想几种。"

（2）师幼共同探索轮胎的不同玩法。

在探索的过程中，鼓励幼儿互相交流与别人不同的创意玩法。

（3）游戏"翻山越岭"。

"今天俺老孙要带孩儿们回花果山，但是我们要走过小桥、爬过山洞，还要翻越大山，才能到达花果山。孩儿们有没有信心渡过难关啊?!"

①过轮胎桥。

幼儿自主用轮胎平铺、垒高成高高低低的小桥并安全地通过（见图1-30）。

②过山洞。

"'孩儿们'已经过了小桥了，现在要开始过山洞了，我们要互相帮忙才能过山洞。先请女孩当山洞（女孩每人拿一个轮胎，把轮胎立起来，并扶着轮胎），男孩爬过山洞。男孩们真棒，顺利通过山洞。现在请男孩帮女孩过山洞。"

③搬运石头。

"过完了山洞我们又碰到了很多石头（轮胎），要把这些石头搬到山的一边，请孩儿们将石头（轮胎）搬到中间去。"

④翻越"大山"。

"我们的前面有一座大山，接下来我们要翻过这座大山，才能取得胜利。孩儿们从山的这一边爬上去，从另一边下来，不要推，不要挤。我们分成两组，男孩、女孩各一组，依次通过。"（见图1-31）

3. 结束部分。

"孩儿们，你们今天真勇敢，我们终于到了花果山啦。下面让我们一起来跳个舞庆祝一下吧。"（跟着音乐做舒缓的放松动作）

图1-30　通过轮胎桥　　　　　　图1-31　翻越"大山"

大班体育：爱运动不怕冷

设计意图：

冬天到了，天气寒冷，身上的衣服也越来越厚，有些孩子们便不太爱到户外进行运动。可是运动在冬日里也十分重要，不仅能增强幼儿体质，让身体变得暖和，还能培养幼儿勇敢的精神和坚强的毅力。根据这一情况，我设计了本次集体活动，通过谈话和故事导入，让幼儿了解冬天运动的重要性及适合冬天的运动和运动中的注意事项，让孩子们在寒冷的冬天也能动起来。

活动目标：

1. 了解冬天运动的重要性、运动项目和注意事项。

2. 逐步培养勇敢的精神和坚强的毅力。

活动准备：

准备自然探秘室、PPT课件。

活动过程：

1. 谈话导入。

"现在是什么季节？冬天有哪些季节特点？人的身体和衣着有哪些变化？"

2. 欣赏故事。

"冬天到了，森林里的小兔子们也感受到了季节的变化，我们一起来听听他们发生了什么事情。"

"你们觉得应该向谁学习呢？"

3. 了解冬天里的知识。

（1）冬天运动的重要性。

"冬天虽然寒冷，但却是锻炼身体的好时机。俗话说'冬练三九'，冬天运动可以使血液循环加速，身体产生的热量增加，提高人们的御寒能力，还能锻炼我们不怕严寒的坚强意志。"

（2）适合冬天的运动。

"你们知道哪些适合冬天的运动？"（跑步、跳绳、滑雪、冬泳等）

（3）冬天运动时的注意事项。

"冬天运动虽然对身体好，但一定要注意运动前应做好热身，运动时出汗要及时擦干，穿合适的运动服和运动鞋，还有运动后要充分拉伸和放松，不然身体会受伤哦。"

4. 总结。

"希望你们在寒冷的冬天里，每天都坚持锻炼，像冬天里不怕寒冷的小松树一样健康茁壮地成长！"

任务挑战赛

一天，果果在晨间活动时说："我昨天在电视上看到一个大人参加冲关挑战赛，他一会儿跳过那么高的障碍，一会儿跑得飞快，一会儿爬得很低，还能从那么小的洞里钻出来，可厉害了！我也好想玩！"乐乐说："我们笪家山上也有运动器械可以用来玩这个游戏呢！"听到他们的对话，我及时发现了他们的兴趣和需求，便和他们一起讨论了起来："那你们觉得如果在幼儿园玩这个挑战赛，需要哪些器械和材料呢？""垫子，可以在上面爬。""圈，可以跳。"孩子们一边说，一边拿来了需要的材料，准备尝试新游戏了。

活动目标：

1. 能用正确的姿势连续通过各项关卡。

2. 锻炼身体灵活性及手眼协调能力。

3. 感受闯关游戏的乐趣。

活动现场：

第一阶段：爬爬跳跳挑战赛

环境：健康运动营。

材料：迷彩垫、塑料圈、大型器械。

果果和乐乐等几名幼儿找到运动器械旁的一块空地，将迷彩垫首尾相连铺在了旁边。我问道："这个你准备怎么玩啊？"果果说："这里是爬草地，就像解放军过草地一样，一定要爬得低低的，不然就被敌人发现了。"乐乐拿来了塑料圈，放在地上排开，并告诉大家这是用来跳跃的，就像我们晨间活动时玩的一样。这时，果果产生了疑问："那我们在哪里钻山洞呢？我最喜欢钻来钻去了。"这时乐乐指着旁边的运动器械说："这个架子上不是可以钻吗？我们就用这个吧，正好靠在一起。""对啊，那我们快玩起来吧，就把垫子这里当起点。"果果兴奋地说。于是，几个孩子便开心地游戏起来。只见他们匍匐爬过迷彩垫，灵活地跳过圈，然后在运动架上钻来钻去。不一会儿，他们便发出"我们过关了"的欢呼声！

第二阶段：手忙脚乱

环境：健康运动营。

材料：游戏垫、大型器械。

玩了一段时间后，几个孩子觉得有些乏味，目前的几个关卡对他们来说已经没有难度了，慢慢地这个游戏便无人问津。我发现他们的游戏中出现问题后，适时介入，引导他们道："是不是现在的关卡太简单了？那你们可以增加难度呀！"于是孩子们讨论后决定增加难度，把迷彩垫换成之前玩过的"手忙脚乱"游戏垫。由手膝爬行变成了不能屈膝的手脚爬行（见图1-32），这样既增加了难度，又具有趣味性。

第三阶段：任务挑战赛

环境：健康运动营。

材料：枯树枝、游戏垫、大型器械。

在区域游戏时，有些幼儿在用筥家山上散落的枯树枝玩建构游戏，有的搭成了高高的房子，有的搭成了鸟窝，还有一些"四不像"的半成品被幼儿丢弃在角落，果果看到后便拿了一些树枝和半成品来到我面前问道："老师，我们可以用这个树枝搭成障碍吗？老跳圈没意思。""可以啊，你可以自己设计哦。"我回答道。于是果果拿走了地上的圈，用树枝摆成了跳房子的形状，用一些高些的半成品摆成了障碍。游戏又增添了新的元素，孩子们玩得更起劲了。

分析与支持：

兴趣是幼儿参加体育活动的主要驱动力。在本次活动中，果果在生活中的发现引起了孩子们极大的兴趣并驱动他们研发新游戏。幼儿自主设计游戏，寻找材料，进行游戏。

在平时的一日生活中，教师应当及时发现幼儿的兴趣和需要并给予支持，包括材料支持和场地支持等。当幼儿游戏出现问题，无法向更高层次推进时，教师就需要适时介入或者干预，可以语言引导，也可以以游戏者的身份介入。当幼儿游戏时，教师应时刻关注幼儿的安全，随时排查器械的安全，保证活动中幼儿的身体健康，以免出现意外造成运动损伤。

图1-32 手脚并用

急速转盘

经过一段时间的"任务挑战赛"游戏后，幼儿对闯关挑战类的游戏兴趣特别浓厚，常常看到他们在一起讨论着要设计出更有难度更好玩的闯关游戏。他们已经不满足于简单的小型器械组成的简单动作的闯关游戏，他们的兴趣指向了更具挑战和创造性的大型器械和自创关卡。

活动目标：

1. 利用多种活动发展身体平衡和协调能力。

2. 锻炼身体动作的敏捷性。

3. 感受挑战成功的成就感。

经验准备：

1. 已有玩闯关游戏的经验。

2. 会画简单的场地图。

活动现场：

第一阶段：急速转盘

环境：健康运动营。

材料：纸、笔、攀爬架、绳子。

区域游戏开始了，几个小朋友在一起叽叽喳喳地讨论着新游戏的设置。果果拿来了纸和笔，边画边说："我要把我设计的闯关图画下来，这样你们一看就懂了！看，我们在这里拉上绳子，就变成障碍区了。可以跨过去，也可以钻过去，但不能碰到绳子，不然就失败了。""可是我们不会拉怎么办？""可以请老师帮忙。"果果指着图接着说："过了障碍区后就是这个独木桥，我们用攀爬架和长条搭一个独木桥。最后到这个攀爬架上，爬到顶敲一下鼓就算胜利了，我看电视上的那个比赛就是这样的，看谁用的时间最短谁就赢！""可是我们的攀爬架上没有小鼓啊，怎么敲呢？"萱萱问道。"我知道表演区有小锣，我们可以用啊！"于是，我和孩子们一起行动，给障碍区拉上高高低低的绳子，并把小锣系在了攀爬架的顶端，三个关卡设置好后形成了一个圆形的转盘，孩子们的新游戏"急速转盘"开始了。

我们的想法：见图 1-33。

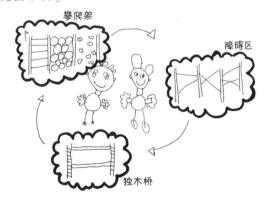

图 1-33　我们的想法

第二阶段：铃铛的作用

环境：健康运动营。

材料：铃铛。

游戏时，乐乐跑到我面前来"告状"，说有几个人在障碍区身体碰到了绳子失败了，但他们还在继续游戏，这样违反了游戏规则。我询问了那几个小朋友，他们却说自己并不知道身体碰到了障碍。于是问题来了，怎样才能知道自己或者他人碰到了障碍呢？"要是碰到了可以发出警报就好了。"乐乐说。小宇突然灵机一动，说道："我们可以在绳子上装上铃铛，就像我家的风铃一样，一动就能发出声音。"于是我们在障碍区的绳子上装上了铃铛，这样游戏更具有挑战性了。每个赢得胜利的孩子都发出兴奋的欢呼声。

第三阶段：急速大比拼

环境：健康运动营。

材料：计时器、记录表。

游戏了一段时间后，孩子们都能较熟练地完成三项关卡，他们想比比谁的速度更快，于是来请我做裁判帮他们计时。"参赛选手"按照顺序进行比赛，我将他们所用的时间统计在一张表上，供他们比较，了解用时越少的成绩越好。

分析与支持：

本次游戏不仅提升了幼儿的身体素质，也锻炼了渗透其他领域的综合能力。游戏前，幼儿能相互讨论并画设计图，表现出较强的目的性和计划性。在游戏中，能发现问题并找到解决问题的方法，展现了他们的规则意识、观察能力和思维能力。游戏最后，幼儿通过时间的比较了解计时规则和数字关系。整体来说，体现了户外运动和其他领域的融合。

在游戏中，老师很少参与其中，只是在一旁进行观察并在他们需要成人帮助的时候出现，使幼儿始终处于自主游戏、主动学习的状态。

插旗帜

在笪家山上有很多棵高大的松树，也有几个低矮的树桩，还有铺满松针的草地，这些组成了孩子们天然的运动场。孩子们将这些高高低低的树木当成自然的障碍物，在其中跑跳追逐。

活动目标：

1. 能快速奔跑并灵活躲避障碍。

2. 体验竞赛类游戏的乐趣。

活动现场：

环境：健康运动营。

材料：各色旗帜若干、大型器械。

游戏时，几个男孩精力特别旺盛，总爱在大树间追逐，玩得不亦乐乎。看到这些男孩如此钟爱长距离的追逐，我便根据山上的树木和器械设计了一个竞赛类游戏：插旗帜。幼儿从起点出发，S形跑绕过大树，平衡地走过荡桥，翻过在大树上的滑滑梯木屋，到达终点的那棵树并插上小旗后返回起点。在规定时间内，谁插的小旗最多谁获胜。了解了比赛规则后，很多孩子都跃跃欲试，我给他们每人准备了颜色不同的若干小旗，两人一组进行比赛。

分析与支持：

比赛时，孩子们的竞争意识很强，一个个你追我赶，中途遇到困难也丝毫不放弃。他们不仅锻炼了身体，还磨炼了坚持到底的意志。

这一游戏是我根据幼儿的兴趣和需要创设的。我观察到大班幼儿特别是男孩对活动量较大的运动的需求，发现他们不再满足于单一的基本动作的游戏，而是需要运动范围大、有挑战性和竞争性的游戏。我在创设游戏时，不仅加入了长距离的快跑，也加入了平衡、攀爬等动作，使这个游戏成为一个综合性较强的运动。

迁移活动

区域游戏：创意藤球

游戏目标：

1. 尝试用线状的材料拼接或制作。

2. 会使用多种工具加工想象和创造藤球。

3. 乐意与同伴合作，体验美工活动带来的愉悦情绪。

游戏准备：

1. 拓展营地：艺术创想营。

2. 毛根、藤条、剪刀（见图1-34至图1-36）。

图1-34　毛根　　　　　图1-35　藤条　　　　　图1-36　剪刀

游戏玩法：

1. 自由摆弄材料。

熟悉藤条和毛根的材料特征。

2. 想一想，做一做。

藤条和毛根有什么区别？藤条怎么样才能够变成一个球？缠出来的球是圆圆的吗？你会怎么办？（球的内部用毛根做支撑，外围的藤条互相缠绕，用剪刀修剪球的外围）

3. 同伴合作。

在球的外围藤条缠绕时，你的小手够用吗？和你的好朋友一起完成吧！

基地体验手记：萌娃舞起来

活动时间：两小时体验

活动地点：街心公园

我们的问题：

"老师，我们去街心公园干什么呢？"

"上个周末，我和爸爸妈妈散步的时候，还看到有很多爷爷奶奶在跳舞呢！"

"老师，我之前和爸爸妈妈在那里锻炼过身体呢！"

我们的准备：

孩子们，我们的生活中会看到很多人跳舞，他们会在动画里，他们会在绘本里，他们还会在舞台上……今天老师带你们去欣赏一种不一样的"舞"。

我们的活动：

"哇！这里和幼儿园里的操场一样大呢！"冬天的天气虽然寒冷，但孩子们的热情不减。"孩子们，天气这么冷，我们一起来运动一下吧！"孩子们在老师的指挥下很快列好了队伍，大家整整齐齐地做起了早操（见图1-37）。之后我们拿出了提前准备好的"龙"道具。"哇，有一条龙！"孩子们围着"龙"七嘴八舌地讨论着。在老师的引导下，孩子们拿起道具排成了一条长长的"龙队"，有模有样地舞了起来（见图1-38）。"龙"在孩子们的手中连绵起伏，仿佛有了生命一般，广场上充满孩子们的欢声笑语。

图1-37　动起来

图1-38　舞龙

我们的收获：

"舞龙"活动是孩子们最喜欢的项目之一，在活动期间，孩子们不需要老师的提醒，知道自己渴了就会主动和伙伴协商暂停游戏，来到一旁补充水分；运动激烈，出汗多的孩子自己知道敞开外套，坐到一旁休息。通过这次活动，孩子们初步感受和体验了中国传统民俗活动"舞龙"，学会了一些简单的舞龙技巧，比如如何让龙看起来上下起伏，如何让龙调转方向等。通过舞龙，孩子们对我们民族的传统习俗有了更进一步的认识，对传统活动的喜爱逐步演变为对民族国家的热爱之情。此外，孩子们在冬天锻炼了身体，预防了疾病。作为大班的孩子，在活动中他们的生活自理能力也得到了锻炼和提高。

主题成效与感悟

　　通过本主题的系列活动，大班幼儿的运动能力显著提高，无论是基本的走、跑、跳、攀爬等动作还是身体平衡能力、协调能力、耐力都有很大提升，并且幼儿对冬天的季节变化适应能力提高，体质也逐步增强。幼儿越来越喜欢户外活动，特别是到笪家山上进行户外游戏，就算天气寒冷也挡不住他们对运动的热爱。

　　笪家山得天独厚的环境是孩子最好的户外活动场所。山上的自然物和活动设施是最好的材料。游戏场地应当能诱发幼儿开展多种不同的游戏，能刺激幼儿多样化的经验，使幼儿能长时间保持浓厚的兴趣。因此，游戏场地应当是有吸引力的，即场地上的设施丰富多样，有大小不一的设施和器材，有固定的位置和可移动的物体。幼儿来到这样的场地上，不用教师组织和安排，就能自发地开展各种类型的游戏。

　　在山上活动，有人会质疑安全性。其实户外运动中常常潜伏着危险，特别是那些具有挑战性的游戏场地。我们认为，提高幼儿自我保护能力是最根本的，而那些运动能力强的幼儿，往往具有一定的运动经验，也是最具有自我保护意识的，他们知道如何避开障碍，知道在什么情况下应控制自己的身体，以防遇到危险。教师的作用是在那些比较容易出现危险的地方，帮助幼儿形成自我保护和防范危险的意识，并排除一切暗藏的危险因素，比如保证设施的牢固性和去除尖锐物体等。

大班主题活动二：小小特种兵

问题搜索

　　我知道：

　　我爸爸就是军人，天天都要训练。

　　解放军叔叔穿的是迷彩服，我也有一件。

　　空军是白色的衣服，海军是蓝色的衣服，陆军是绿色的衣服。

　　我还知道：

　　警察叔叔会保护我们的安全。

　　海军叔叔是在船上打坏人的。

　　我喜欢空军叔叔，因为他们能飞到天上去。

　　我想知道：

　　解放军叔叔厉害还是警察叔叔厉害？

　　解放军叔叔身上有枪吗？

空军叔叔会开飞机吗?

为什么解放军叔叔站在那能一动不动,像木头人一样,他们身上痒了怎么办?

主题引导

户外游戏是孩子们最喜欢的,在轮胎桥上平衡前进、在攀爬架上爬上爬下、拿着小尾巴肆意奔跑……一天,户外活动时,原原骄傲地对着另外几个男孩说:"我告诉你们,我爸爸是解放军,他们每天都要训练,要跑步,可厉害了。""解放军身上有枪吗?"回班后,嘉嘉说道:"我也要像他们一样锻炼身体,长大了当解放军!""那我们在哪里训练呢?"一个女孩问道。"我们有笪家山啊,山上有草、有树,可以布置成部队里的样子!"原原突发奇想。于是"小小特种兵"主题应运而生。

《指南》中指出:"开展丰富多样、适合于幼儿的体育活动是增强幼儿体质、增进幼儿健康的积极手段和重要途径。"体育运动对幼儿素质教育起着关键的作用。我园临靠笪家山,大自然送给我们许多礼物:大小不一的石头、郁郁葱葱的草地、掉落的松果、长长短短的枝条……我们充分挖掘并巧妙利用活动场地,创设了寓教于乐的健康运动营,将户外体育活动和游戏器械有机结合,并加入角色游戏扮演军人,通过多样的挑战游戏获得树叶徽章,这种区域式活动使得孩子们锻炼的目的性增强,层次性和差异性得到了保证。

集体活动:健康运动营

大班体育:工兵过桥

设计意图:

工程兵担负着军事工程保障任务,是孩子们心中英雄的模样,他们的动作、衣着无一不是孩子模仿的对象。孩子们喜欢在健康运动营里嬉戏游玩,躲在茂密的树丛中扮演军人持枪而"战",玩得不亦乐乎。在幼儿动作技能发展中,平衡练习是幼儿体育活动中一个比较重要的项目。根据大班幼儿的年龄特点和身体发展水平,我们设计了这节体育活动,着重练习幼儿四肢的力量和平衡能力。

活动目标:

1. 通过探索不同的方式过荡桥,锻炼身体平衡能力,发展创造性思维。

2. 培养坚强勇敢不怕困难的精神。

活动准备:

1. 经验准备:能在较窄的低矮物体上保持身体平衡。

2. 材料准备:健康运动营荡桥器械、挂在器械上的松果(见图1-39)、小筐、树叶徽章。

图1-39 松果

活动过程：

1. 带领幼儿整队来到健康运动营。

老师边吹哨子边与幼儿喊"一二一"进场，老师喊口令："向右看齐，向前看，今天你们都是小工兵，一二报数，请报到二的小工兵们向前走一步。"

2. 准备活动：四路纵队跟音乐做操练。

"今天我们要学习一个新本领了，先来做一些准备动作，活动身体。"

3. 幼儿探索过荡桥的方法。

（1）选择一高一矮两条荡桥中的一条，幼儿探索适合自己的方式前进（见图1-40）。

"在我们的面前有两条荡桥，它们有什么不一样吗？哪位小工兵想第一个尝试过荡桥？"

小结：荡桥会左右晃动，可以尝试用爬、跨坐、走等方式一步一步地过小桥。

（2）引导幼儿一个跟着一个过小桥（见图1-41）。

图1-40　我不怕晃动　　　　　　图1-41　勇敢的小工兵

"刚才的小工兵太棒了，顺利地通过了小桥。我们一起来选择一条试一试，通过的小工兵可以得到树叶徽章一枚。"

4. 过小桥运松果。

"小工兵们，你们准备好了吗？"

将幼儿两两分成一组，他们站在小桥的两端，用自己的方式（脚不能触碰到地）来到小桥中间，拿取中间桥上挂着的松果，摘下后原路返回放在自家的筐中，哪组运的松果多为胜，获胜队成员可获得树叶徽章。

5. 放松活动。

教师带领幼儿来到健康运动营的草地上，在轻音乐伴奏下进行放松运动，深呼吸，敲敲胳膊敲敲腿。

大班体育：侦察兵爬得高

设计意图：

爬行动作是幼儿较早进行的动作之一。爬行是人生阶段必不可少的重要步骤。在幼儿园体育活动中，攀爬运动技能是建立在爬行的基础之上的，可以从各方面开发幼儿的潜能。本节活动结合幼儿对军人的崇拜之情，设置了适合他们发展的挑战性体育活动，在健康运动营一角松软的土地上开展向上、向下、向左、向右的攀爬游戏，保障孩子在活动中的安全，根据幼儿活动中的表现不断调整，保证运动难度适宜，使运动强度具有挑战性，使幼儿不断地体验到参与运动的快乐。

活动目标：

1. 能大胆地尝试不同难度的器械（见图1-42、图1-43）进行攀爬练习，动作灵活、协调。

2. 培养幼儿的耐力和团队意识。

活动准备：

1. 经验准备：掌握一定的攀爬技能。

2. 材料准备：红蓝队服（数量相等）、健康运动营攀爬架器械、幼儿绘制的害虫若干、鞋盒大小的纸箱一个、树叶徽章。

图1-42 蜘蛛网攀爬架

图1-43 轮胎攀爬架

活动过程：

1. 热身活动，激发兴趣。

（1）教师带领幼儿来到健康运动营的攀爬架前。

"刚刚老师接到一个任务，在这座攀爬架上出现了许多害虫，会啃咬这些木头，导致器械损坏，今天你们是小小侦察兵，需要爬上器械侦察害虫的具体位置，并拿下来放在我们的杀虫箱里除掉它们。"

（2）幼儿排成四路纵队，利用健康运动营场地上的障碍物（如树木、运动器械等）练习绕障碍物走、跑的能力。

2. 尝试进行攀爬练习。

（1）活动场地上的攀爬练习。

"侦察兵们，怎样才能又快又稳地爬上'顶峰'呢?"（教师划分六块攀爬区域）

幼儿选择适合自己的区域进行攀爬练习，教师提醒幼儿正确地攀爬技能及安全防范意识。

（2）游戏活动：侦察兵对抗赛。

① 幼儿自主选择加入红、蓝两队，穿好队服。

② 游戏一：选择攀爬区域，尝试上下攀爬。

四人为一组，自主选择、商议能力范围内的攀爬区域，第一位幼儿从下往上攀爬到顶端拿到树叶徽章（见图1-44），再从上往下退回到地面与第二位幼儿击掌接龙，第二位幼儿再出发，以此类推。

③ 游戏二：增加难度，全队接力比赛。

设置起点和终点，按路线图进行接力攀爬（见图1-45），先完成的一队获胜，全队成员获树叶徽章。（路线图上以树枝、树叶、松果等笪家山上的自然材料绘制设置路径）

④ 交换场地，再次进行游戏。

（3）对两队完成情况进行总结，表扬坚持完成比赛的幼儿（见图1-46）。

3. 结束活动。

带领幼儿坐在草地上，听听鸟儿的叫声，随风放松身体，自然结束活动。

图1-44　拿取树叶徽章

图1-45　接力攀爬

图1-46　到达顶峰

活动反思：

攀爬是孩子了解生活环境的一种方式，在活动过程中，孩子能感到离开地面向上攀爬的乐趣，在一次次的尝试中克服困难、积累经验、增强技能，变得更勇敢和自信，培养不畏困难、顽强坚毅的精神。本节活动紧紧围绕《纲要》中提出的"用幼儿感兴趣的方式发展基本动作，提高动作的协调性、灵活性"和"在体育活动中培养幼儿坚强、勇敢、不怕困难的意志品质和乐观、合作的态度"的理

念，通过对环境、器械的充分利用及精心设计，使活动对大班幼儿动作发展具有一定的挑战性。利用游戏化的情境，对不同水平、不同能力的幼儿进行分层指导，实现了"每个孩子均能在原有水平上有所提高"的教育宗旨。在组织的形式上，遵循"循序渐进、由浅入深"的教育原则，根据大班幼儿的心理特点，利用分组竞赛的形式提高幼儿参与的积极性，推进活动进一步深入。在这次活动中，幼儿的攀爬技能得到明显提升，活动氛围达到了预想的效果，虽然有个别幼儿在接力比赛中，为了团队的荣誉，有些许的失误和沮丧，但通过老师的鼓励和引导，他们坚定了最终坚持完成活动的信心，也享受了运动带来的快乐。

大班健康：阵地布局

设计意图：

游戏是孩子们最喜欢的一种活动方式，但每个游戏都必须在保证孩子安全的基础上进行。在日常生活游戏中，安全问题无时不有，无处不在。幼儿对各种安全标志和安全行为认识较浅，健康运动营也存在一些安全隐患，而在游戏活动中幼儿的好奇心会让他们什么都想试一试、摸一摸，本节活动旨在在幼儿认识安全标记的基础上，帮助幼儿理解各种标志所代表的含义，将标志贴在健康运动营醒目的位置，以示提醒，从而提高幼儿的自我保护能力。

活动目标：

1. 寻找健康运动营中危险的活动阵地，贴上警示标记提醒同伴。

2. 能结合自己的经验创造性地设计与健康运动营相匹配的安全标记。

3. 提高遵守活动规则的意识，远离危险因素。

活动准备：

幼儿在健康运动营游戏活动时的视频、健康运动营场地图片、纸、彩笔。

活动过程：

1. 在自然探秘室里播放幼儿游戏视频。

"视频里的他们在玩什么？你觉得哪些地方游戏时有安全隐患？"

引导幼儿大胆讲述发现的问题。

2. 结合日常生活，组织幼儿讨论对标记的认识。

"生活中，你见过哪些标记？它表示什么意思？用笔画下来。"

请个别幼儿介绍自己所画标记的含义。

3. 出示健康运动营每个阵地的图片，引导幼儿讨论回忆，分组制作标记。

幼儿分组讨论，合作绘制该阵地的安全标记。

4. 寻找健康运动营上的危险阵地，贴上相应的标记。

带领幼儿来到健康运动营，将制作好的安全标记贴在相应的活动阵地内。

区域活动

靶场小英雄

大自然是一部真实、丰富的百科全书，蓝天白云、红花绿叶，五彩斑斓的大千世界，为幼儿们发现美、欣赏美提供了丰富的素材。幼儿对大自然有着天然的亲近感，对自然界的一切充满着好奇。在笪家山这个天然的游戏场所中，孩子们在游戏中寻找、发现……山上的石头、树枝、叶子、松果、土都能成为孩子们的游戏材料。四季坊的石头所剩不多了，急需添置，皓皓便带着萌萌开始了寻找石头之旅，萌萌找到石头后，走到筐前将石头一个个放进去，而皓皓站在离筐不远处，将手里的三块石头依次投进去，小家伙自豪地和萌萌说："你看，我厉害吧，石头都投进去了。"萌萌看着他，往后退了几步，学着皓皓的样子，将捡到的石头一个个地投入材料筐中。

活动目标：

1. 练习正确的挥臂投掷动作，提高幼儿的投掷能力。

2. 发展幼儿动作的协调性和灵活性。

3. 培养幼儿勇于尝试的精神。

活动现场：

第一阶段：比一比

环境：艺术创想营。

材料：石头、材料筐、松果、树枝、树叶。

当幼儿发现将捡到的自然材料投入筐中，收集速度比较快后，都纷纷去捡需要的材料投掷到筐中，不一会儿，筐里的材料就装得满满的了。看着孩子们投掷材料如此开心，我便提议，组织孩子们玩个游戏：每人在山上寻找一样物品，找到健康运动营空旷的地方，站成一排，同时将手中的物品投出去，看谁投得远。

第二阶段：说一说

环境：健康运动营。

材料：纸、笔。

一场比赛结束，孩子们争先恐后地说着自己的"战况"。淇淇说："看，我扔的石头很远。"豪豪说："我刚轻轻扔的松果都比你远。"小菲不高兴地嘀咕："怎么我的树叶都跑到面前来了"……孩子们对这些问题的理解和感知是不清晰的，看着孩子们一脸的疑惑和获胜幼儿的喜悦，我们席地而坐，寻找问题的答案。在交流讨论时，一起绘制了示意图来梳理结果。孩子们发现同样的材料，谁的力度大谁扔得远；不同的材料，谁的轻谁扔得远，但有些特别轻的材料不适合投掷……

第三阶段：投一投

环境：健康运动营。

材料：树枝、石头、松果……

孩子们对于投掷活动特别感兴趣，但人多的时候不适宜玩，会砸到别人。《纲要》指出，教师应"善于发现幼儿感兴趣的事物"，创设安全又有趣味的游戏，于是，我们在运动营里开设了新的游戏区域，在凉亭周边的墙面挂上圆靶，带领幼儿用山上的自然材料尝试投掷，引发幼儿思考：怎样才能投得准？哪些材料可以进行投掷？将答案记录在表格里，激起幼儿探索的兴趣。结合其他区域活动中绘制的树叶，作为奖励徽章，调动幼儿的兴趣，给予其自信心。

我们的想法：见图1-47。

图1-47　我们的想法

分析与支持：

1. 投掷一般可分为掷远和掷准，在活动中受幼儿专注度、手臂力量、身体素质等因素的影响。掷准相较掷远要求更高，难度也更大。孩子们捡拾生活中的物品作为游戏材料（见图1-48至图1-53），探索不同材料投掷的效果，激发好奇心和强烈的运动兴趣。

2. 本活动通过让幼儿自由探索，尝试不同的材料、不同的方法，从中提取投掷的动作要领并进行理解和练习，提高幼儿参与的积极性、主动性，增强幼儿的灵活性，培养幼儿的探索精神。

建议：

要选择适合幼儿的投掷物，注意其质量大小及安全性。

图1-48 发现石头　　　　图1-49 发现松果　　　　图1-50 发现树枝

图1-51 找藤条　　　　图1-52 放石头　　　　图1-53 比一比

领地争夺战

进入大班后，孩子们的基本动作有了进步。随着体育活动的开展，幼儿的参与性有了提高，他们敢于尝试、探索各种动作，他们喜欢有挑战、有刺激性的游戏。在运动的同时，给予幼儿想象和创造的机会、同伴间的合作，而将各种功能融为一个整体的组合器械就能起到这个作用。

活动目标：

1. 通过与环境、材料和器械的互动，培养幼儿交往合作技能，使幼儿体验合作游戏带来的成功与快乐。

2. 在自主选择、自由组合、自发探索的过程中，培养幼儿大胆、自信、勇敢的心理品质及合作精神。

3. 激发幼儿运动的兴趣，帮助幼儿积累运动经验，发展运动能力。

活动现场：

第一阶段：排兵布阵

环境：健康运动营。

材料：纸、笔、竹梯、长条板、木椅、轮胎、油桶、树叶徽章。

带领幼儿们认识健康运动营里的零散器械，进行讨论：可以怎样组合？引导幼儿们分组合作，一组绘制器械组合图，一组合作搭建器械。当器械组装完成后，幼儿一个跟着一个进行挑战，完整走完所有器械的得树叶徽章一枚。

我们的想法：见图1-54。

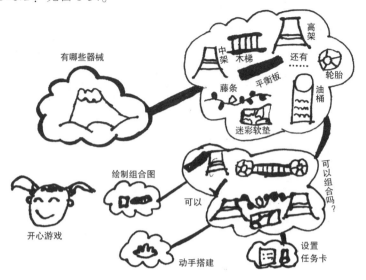

图1-54　我们的想法

第二阶段：设置关卡

环境：健康运动营。

材料：纸、笔、印章。

通过讨论，绘制任务卡放置在组合器械上，幼儿到达此关卡需完成相应的任务，然后盖上印章，占得此地，每周五的下午筛选出领地占有次数最多的人。

分析与支持：

运动器械是幼儿园开展体育活动的重要材料，是激发幼儿参与运动的基本条件。适当运动可以使幼儿的基本技能得到更好的锻炼，幼儿身体的协调能力得到相应的提高。本活动中，幼儿通过已有的生活经验，与同伴友好协商、合作完成游戏场地的搭建和设置（见图1-55至图1-58）。一次活动结束后拆掉，下一次重新搭建，这样合理而不重复的搭配不仅能提高幼儿活动的兴趣，还可以达到多项锻炼的目的。在这个游戏活动中，幼儿体验到了合作成功的快乐，也能找到由于合作不好而导致失败的原因，让幼儿在游戏中学会建立相互之间的友谊，形成一些共同的游戏规则，学会解决游戏活动中的纷争。

图1-55　木架阵　　　图1-56　竹梯阵　　图1-57　石头阵　　图1-58　通过关卡

建议：

检查每个组合器械，确保摆放平稳，保证幼儿的安全。

野战医院

在游戏活动过程中，适量的运动有利于幼儿身体的发育、动作的发展。如果在运动游戏中，幼儿一味地进行奔跑、躲闪等高强度的训练，有可能对体质较弱，易感冒的幼儿造成运动过量的损害。"勇者训练营"是孩子们喜爱的游戏，尤其是男孩子，穿着迷彩服，身上背把枪，在阵营里冲锋陷阵，小模样帅气极了。一会儿阳阳冲上前去打一枪，一会儿宁宁悄悄躲进迷宫里进行偷袭，小朋友们玩得乐此不疲，汗水很快就打湿了头发、衣服。这时需要一个场地给孩子们进行能量的补充、适当的休息，所以在游戏中需要增加更多合理的元素。

活动目标：

1. 知道运动后要休息、及时补充水分。

2. 遵守游戏规则。

活动现场：

第一阶段：定时休息

环境：健康运动营。

材料：沙漏。

我们为孩子设置了一个15分钟的沙漏，游戏开始后沙漏开始漏沙，沙漏完了，便组织小朋友们休息，喝水。在这个过程中，总有小朋友打打闹闹的现象发生，有的孩子没有事情做就用脚踢地上的泥土，结果尘土飞扬，空气里充满了泥土的味道。怎么会有这种现象出现呢？

第二阶段：趣味休息

环境：健康运动营。

材料：纸、笔。

1. 梳理问题，建立小组。

小朋友们一起想一想，为什么休息的时候有小朋友用脚踢地上的土啊？我们有什么办法让休息变得有趣起来？

2. 根据问题，自主探索。

幼儿根据问题七嘴八舌地讨论起来，有的说是这个小朋友不遵守纪律，有的说土被踢起来很脏，有的提议大家玩轮流休息游戏……

第三阶段：合理游戏

环境：健康运动营。

材料：帐篷、木椅、迷彩垫、医院儿童游戏玩具、医生的衣服。

小朋友们自主商议后，由趣味休息的话题一直讨论到趣味休息的方式，比如可以躺着休息，可以喝水。什么人会躺下呢？受伤的人。什么人需要喝水？玩累了的人。受伤的人需要谁？医生。休息的时间谁来管啊？老师。除了老师还可以是谁呢？护士。医生、护士都在哪里工作啊？医院。战场上的医院可以叫什么名字？战地医院……通过一个个的问题引导，小朋友们自主玩起了"战地医院"的游戏。孩子们找来帐篷布置成战地医院，将两个木椅一拼作为休息的床铺，一起寻找、收集医院里还需要用到的工具（见图1-59至图1-63）。

图1-59　快躺下　　　　　　　　　　图1-60　测一测心跳

图1-61　你负伤啦　　　　图1-62　张开嘴巴　　　　图1-63　战地医院

分析与支持：

由于是幼儿自主创设的游戏主题，其中的规则得到了他们的理解和认可，在玩的过程中会发现游戏不合理的地方，就需要幼儿开动脑筋来不断地调整。大家玩勇者训练营的同时也玩野战医院，这两个游戏动静交替，运动量更加合理，小朋友们的兴趣与日俱增。

游戏的生成往往与问题的发现息息相关，幼儿的思维比较分散，教师作为观察者、陪伴者、支持者，就要及时发现问题并推动解决问题，对于幼儿建立游戏直接的联系起到良好的推进作用。

建议：

提醒幼儿在医院里要保持安静，不能大声说话。

迁移活动

区域游戏：野战商店

游戏目标：

1. 能够根据自己的需要选用替代物与游戏材料，自制简单的野战用品。

2. 能用正确的方式与同伴进行游戏协商。

3. 大胆发挥想象，感受游戏的乐趣。

游戏准备：

1. 拓展营地：快乐生活营。

2. 有在健康运动营中的探险经验。

3. 野战商店设施和用品。

4. 工作人员的服装、野战标记、供幼儿自制或替代的物品材料。

游戏玩法：

1. 角色分配。

孩子们通过协商确定商店营业人员和制作人员。

2. 经验回忆。

（1）制作人员想一想之前在健康运动营中探险时可能需要哪些工具。

（2）销售人员想一想自己在商店买东西时，别人是如何推销商品的。

3. 动手做一做，张嘴说一说。

销售人员成功推销出商品后，协助制作人员一同完成探险工具。

4. 作品展示。

将孩子们的作品放置在班级中进行展示，下次开展健康运动营中的探险活动时孩子们可以带上自己制作的探险工具。

基地体验手记：足球联赛

活动时间：一个半小时体验

活动地点：户外足球基地

我们的问题：

"老师，我们想出去玩足球。"

"上次的足球游戏我们还要玩，老师我们什么时候去呀？"

"老师，我想要像电视里的哥哥们一样踢，他们太帅了。"……

我们的准备：

足球若干、球衣、球门两个、标志桶若干。

我们的活动：

孩子们来到球场，迫不及待地换好服装开始了热身活动。准备就绪后，我们开始了这场激烈的三人足球赛。第一场开球后，双方队员展开了激烈的交锋，孩子们相互配合传球，不放过每一次射门的机会。两队实力相当，战况胶着，每一个孩子都想为自己的队伍贡献一分力量（见图1-64、图1-65）。终于在比赛开始的第8分钟，"精英队"的前锋一记漂亮的抽射破门，斩获了本场第一个进球。在一旁"观战"的孩子们也兴奋地欢呼起来。

图 1-64　飞起一脚　　　　　　　　图 1-65　带球过人

"哦！我们是冠军！"经过一个多小时四场比赛的角逐，冠军队伍终于诞生了。

我们的收获：

足球是一项考验团队配合的运动，这次活动中孩子们表现得非常出色。每一支队伍进球后，小队员们都会兴奋地跳起来，为自己的队伍感到高兴。孩子们对比赛的规则有很好的认识，每一支队伍都在努力朝着胜利进发，他们不放过任何一个可以射门的机会，将激情与汗水挥洒在绿茵场上。通过这次活动，孩子们的耐力得到了极大的锻炼，慢跑、冲刺的结合对孩子们的体力是极大的考验。孩子们的团队意识也得到了极大的提高，他们明白，个人的力量是渺小的，只有依靠团队的力量才能收获最后的成功。队员之间还会商量战术，你往哪边踢，我往哪边走，大家合理分工，各司其职，共同赢得比赛。每当有小队员出现失误时，队友还会上前加油鼓励。我想，这也许就是足球的魅力，也是足球带给孩子们最大的收获吧！

主题成效与感悟

运动是一切生命的源泉，能促进孩子运动能力的发展，同时与孩子的情感、社会性等方面的发展密切相关。《指南》指出：即使是适合于幼儿的体育活动，在幼儿的运动过程中，我们仍然要考虑幼儿运动量的大小是否适宜，并要考虑幼儿的年龄差异和个性差异。在运动过程中，成人应根据幼儿面色、出汗量、心率、呼吸状态、动作质量、精神状态等方面的状况，随时对运动量进行调整。

"小小特种兵"不是单一的体能训练，而是一种综合的游戏实践活动，教师随时根据幼儿在活动中和活动后的外显指示，对活动量和活动强度进行调整。健康运动营里开展的体育活动具有空间大、活动性强的特点，因此，教师需要精心设计，创造出良好的体育活动气氛。教师应多考量户外游戏的趣味性和游戏玩法，分析孩子的身心规律，注意幼儿身体和心理发展上的个体差异，尊重幼儿的发展速度，选择幼儿喜闻乐见的活动形式，支持幼儿在活动中自主游戏。

四、　家园互动与评价

"运动乐陶陶"有感

孩子的健康是家长最为关心的问题。当听到孩子们兴奋地描绘在笪家山上进行的奇妙旅行，在树林间经历的历险过程，和同伴一起扮作小动物的愉快游戏，变身特种兵作战的激烈情景时，家长心里乐开了花。他们常常对老师说，孩子们真幸运啊，有笪家山这块宝地，孩子们可以尽情地跑、尽情地跳、尽情地爬，身体越来越棒，天天笑呵呵地嚷着要来幼儿园上学呢！通过家长调查表，我们发现幼儿积极情绪达到98%；动作发展平衡达到96%；动作发展协调达到95%；认识安全标志达到93%；主动躲避危险达到90%；合作玩达到92%！所以，家长对笪家山上开展的各项活动频频点赞，高度认可！

笪家山趣事

大一班家长　吴丽娅

"妈妈，我今天太开心了，老师妈妈又带我们上笪家山活动啦……"还没有到家，小家伙就在幼儿园门口迫不及待分享她今天的趣闻趣事。

镇江市实验幼儿园面积不大，但是笪家山真是大自然赋予他们的宝库，可爱智慧的老师们，利用这独特的地理环境，带着一群孩子开展各种户外活动，丰富孩子们的幼儿园生活。

"你知道我今天扮演的是什么角色吗？是我最喜欢的医生哟！"小果果一直有个医生梦想，没想到，在幼儿园的活动中，可以真实地体验一把。"哎，今天红队太可惜啦！"小家伙又打开了她的话匣子。"怎么可惜了？"我打趣地问道，"给妈妈介绍一下你们今天的活动吧！""我们今天的活动是勇者训练营，老师把我们分成红队和蓝队，展开对抗，小士兵们配上小木枪，拿上特制子弹，穿上防弹衣，活动就开始啦！但是你知道吗？蓝队的小士兵，在游戏前就商量好了，怎么和红队对抗，他们兵分两路，避免自己的队员全军覆没，一部分小士兵做掩护，另一部分做好攻击。真是很厉害呢！所以，今天蓝队赢啦！"其实下午的时候，我就看到了幼儿园老师发在班级群里的游戏照片，还真不是随意玩玩的，孩子们着装整齐，穿上了小制服，戴上训练帽，还真像英姿飒爽的小士兵，个个小士兵脸上都洋溢着灿烂的笑容。场地的设置更不一般，一看就是下了功夫的，场地进行了很细致的划分，训练营区域设有"天罗地网"，真的有模有样。迷宫区域，障碍阻挡做到了一人高，小家伙们钻进去，就像脱缰的野马，想抓到呀，还得费点力气。但是听了果果的这段话，我发现这有趣的游戏，老师的设计不仅让他们获得了快乐，更让小小年纪的他们学会了团队合作，有计划地分配工作。红队这一次虽然输了，我觉得呀，下一次还真的不一定呢！在战地医院区域，我一眼就看到了果

果小朋友，她穿着医生的服装，脖子上挂着听诊器，正在认真地帮伤员进行治疗。听果果介绍，被子弹击中的伤员，会被送到战地医院，不能因为想多玩，而不顾受伤，这个是规则。小朋友的规则意识，就这样建立起来了。受伤的小士兵怎么才算康复呢？原来，在医院有沙漏，沙漏流完需要五分钟的时间，无论"伤员"多么迫切地想继续游戏，都要耐心地等待五分钟。老师精心的设计，不仅符合游戏情景，也锻炼了孩子的"延迟满足"能力和时间观念，真是一举两得！

看着孩子开心的笑脸，听着她滔滔不绝的介绍，我知道，她在幼儿园的游戏活动中，真的很快乐。感谢老师的用心，让孩子快乐地成长，这应该是真正意义上的玩中学，学中玩吧，真的很棒！

放飞梦想　快乐成长

大一班家长　任驭阳

幼儿园的成长是健康的。在幼儿园里，有你喜欢的早点、有你贪恋的午餐和开胃的下午茶。每天回家你都如数家珍告诉我今天你吃了哪些东西，没吃够的时候还让老师再添一份呢，特别是说到豆腐鸭血汤和丝瓜蘑菇汤时，一边说一边伸出舌头舔着嘴唇做出一副馋猫样，总是让我忍俊不禁。在幼儿园你养成了午睡的习惯。睡前，老师带孩子们到幼儿园院子里散步，呼吸新鲜空气，观察花草树木的变化，在大自然怀抱里享受无穷乐趣；或欣赏音乐或讲故事，让兴奋的孩子们在安定的情绪和舒缓的环境中入眠。细心的老师把孩子们睡着的照片发在班级群里，我总能看到你酣睡的小猪样，这让我更加安心、放心。

幼儿园的生活是多彩的。幼儿园的教学活动多种多样。有室内的拼图、剪纸、构建等游戏区，有户外滑滑梯、踢球、滚轮胎、攀爬等体育活动。每天早上你一睁眼就迫不及待地催促我动作快点好早点把你送到幼儿园，说晚到园就选不到自己想玩的游戏项目了。到了班级，你娴熟地找到贴有自己名字的夹子，在多个喜欢的游戏项目前做出艰难的选择，经过短暂的思考慌张又迅速地把夹子夹在选中的项目上，生怕后来的孩子跟你争抢似的。老师经常把孩子们的活动剪影发在群里，从中都能找到你快乐、激情的身影，看到你灿烂、阳光的笑脸。最快乐的事情应该是去幼儿园旁边的筼筜山了。天气适宜的时候，在老师带领下，孩子们手拉手有说有笑有序地往山上走，脸上洋溢着兴奋的笑容。春天的山上郁郁葱葱，繁花似锦，是远离水泥地面接近自然的绝佳地，那里有迷宫、靶场、战地医院等各种各样的游戏场所，可以攀爬、闯迷宫、搭鸟巢、走独木桥、彩绘自行车，各种玩法应有尽有、其乐无穷。你的最爱当然是勇者训练营，这是勇敢者游戏，有点小冒险哦。游戏开始了，你在道具上分别进行走、跳、转、跑、蹲、爬等动作，走在独木桥上，你沉着冷静，一步一个脚印从桥的一端成功地走向另一端。通过挑战，你感到了刺激和成功的喜悦。丰富的活动使你享受了快乐、增强了体质、开发了智力。

幼儿园的收获是丰硕的。进入幼儿园是你成长过程中首次步入集体生活，你学会了与人交往、学习互助、合作分享、遵守纪律。你每次放学回家后，都会开心地聊聊老师教了什么知识、和同学玩了哪些游戏、在幼儿园交了哪些朋友等有趣的事情。你慢慢成长，逐渐有了自己的个性和思想。在班级运动会上，你积极参与运球游戏，竭尽全力为自己班级荣誉而战，我看到了你的集体意识和不到最后不放弃不服输的坚韧品性。在大班升旗仪式上，你担任小指挥，你为此反复排练，精益求精，就怕出一丁点差错。在升旗的那天，你雄赳赳、气昂昂地走上指挥台指挥，声音洪亮、口齿清晰、动作自如，完美地完成了任务。我看到了你强烈的责任感和自信心。为了演出话剧《新冠病毒》，你在家努力背诵台词，有时为了一句话没记准，反复练习，饭都不吃，直到记住为止。我看到了你不成功不罢休的毅力和恒心。

感谢镇江市实验幼儿园，感恩幼儿园老师，这里是你人生的起点。

附录1：家长的话

1. 孩子在达学园里快乐地嬉戏和成长的照片让我们印象深刻。在这片小天地里，每一个有创意的点子都与自然和生态完美结合，孩子们能够在此运动并生活，必然能够使得他们身心健康地成长！

2. 我们看到：孩子脸上的微笑是灿烂的；孩子们快乐玩耍的劲头是显而易见的；孩子对笪家山的美好记忆是真真实实的。教育与健康，运动与发展，就这样融合在了一起。问孩子：你最喜欢幼儿园的什么地方？他脱口道出"达学园"。达学园的那个"天堂"也许就这样铭记在了心里，虽然孩子已经告别幼儿园，但是仍然想念她。

3. 最喜欢笪家山上老师们精心设计的小游戏和各项运动啦。动动小手，动动脚，小朋友的身体越来越灵活，越来越健壮，每个小脑袋里都装满奇思妙想。哇，原来幼儿园活动这么精彩！活动中，小朋友学会了默契配合，团结友爱，体现了集体活动的力量。

附录2：

健康运动营健康与运动调查表							
				时间：	班级：		
姓名	情绪状态		动作发展		自我保护	社会适应	
	胆怯	高兴	平衡	协调	认识安全标志	主动躲避危险	独自玩	合作玩

五、 健康运动营的精彩瞬间

图 1-66 至图 1-81 为健康运动营的精彩瞬间。

图 1-66　奋力攀登

图 1-67　精准射击

图 1-68　勇闯荡桥

图 1-69　我爱踢球

图 1-70　飞跃滑索

图 1-71　跨过障碍

图 1-72 穿越封锁线

图 1-73 绕行奔跑

图 1-74 快乐荡秋千

图 1-75 攀爬小达人

图 1-76 设计关卡

图 1-77 野战医院

图 1-78　勇者训练营

图 1-79　站住！不许动！

图 1-80　迷宫探险

图 1-81　阵地争夺战

（健康与运动课程案例由丁芸、袁玥、乔晶晶、蒋辰婷、杨沁茹、朱雅瑄、周军、吴莎莎提供）

第二篇

智慧与探索课程——小小智多星

一、智慧与探索课程简介

(一) 课程背景

自然环境是孩子主动学习和健康成长的关键。伟大的科学家爱因斯坦说:"科学是一种探索,而探索是非常有趣的。"可见,自然又充满童趣的科学教育环境是非常重要的。

"笪家山"——资源丰富,孩子们眼中的"快乐乐园"。春天,花红柳绿;夏天,绿树成荫;秋天,硕果累累;冬天,银装素裹。有趣的虫子、多变的云朵、尖尖的山峰、漂亮的花朵、嫩绿的树叶,孩子对它们充满了好奇。大自然的奥秘无穷无尽,能够不断地激发幼儿探索的求知欲。

幼儿科学探索活动是幼儿尝试探索、发现问题、解决问题的过程。在科学探索活动中幼儿的主动性、创造性和实践能力得到发展,幼儿的好奇心和探索欲是所有探索活动的关键。"达学园"课程就是让幼儿在自然游戏环境中自主探索,在那里孩子们听听鸟声、看看云朵、挖挖虫子、吹吹泡泡,在不断的体验中获得认知和感受快乐,幼儿成为主动的探索者、发现者,真正成为科学的小主人。

(二) 课程目标

1. 通过开发和利用笪家山的自然资源,让幼儿在接触自然环境的过程中积累一定的科学经验,从而喜欢亲近自然,对自然产生强烈的探索欲。

2. 结合"达学园"自然环境,幼儿能感知并理解数、量和数量关系;对阅读产生浓厚兴趣,能在适宜的环境中进行阅读和表达,从而提升语言能力。

3. 幼儿通过参加探索活动,具备初步自主和合作探索能力;掌握基本的观察方法,具有观察和分类能力;能进行简单的推理和分析,懂得热爱、尊重和敬畏自然。

4. 幼儿能安静地倾听他人发言,敢于提出问题,养成独立思考、努力克服困难的良好学习习惯和学习品质。

二、智慧与探索课程网络图

结合《指南》,依据课程背景与目标,观察幼儿,发现幼儿在自然探索中的兴趣点,将零散的探索经验归纳梳理成有价值的"智慧与探索"课程内容(见图2-1、图2-2)。

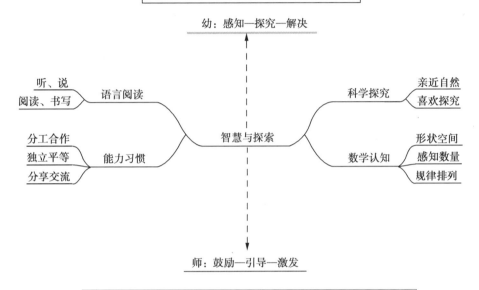

图 2-1　"达学园"智慧与探索学习路径图

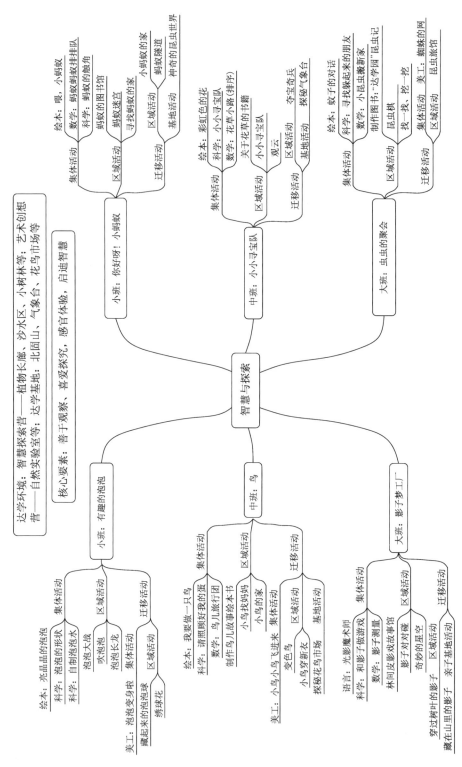

达学环境：智慧探索营——植物长廊、沙水区、小树林等；艺术创想营——自然实验室等；达学基地：北固山、气象台、花鸟市场等

核心要素：善于观察、善爱探究、感官体验，启迪智慧

图 2-2 智慧与探索课程项目图

三、主题设计与活动反思

小班主题活动一：你好呀！小蚂蚁

问题搜索

我知道：

蚂蚁总是一个大家庭生活在一起。

蚂蚁是很爱劳动的昆虫。

蚂蚁喜欢住在地下。

我还知道：

蚂蚁用触角打招呼。

蚂蚁喜欢储存粮食。

蚂蚁的家有很多个房间。

我想知道：

蚂蚁之间有什么不同的地方？

怎么养蚂蚁？

蚂蚁最喜欢吃什么？

主题引导

中午餐后散步时，我带领孩子们在草地上活动。突然，有一群孩子围在一起好像发现了什么，我走过去一看：是一小群蚂蚁在搬家。而这个在孩子眼中并不常见的场面，显然已经深深地吸引了幼儿。在孩子们追随小蚂蚁的目光中，我发现孩子们长大了，开始用他们敏锐的观察力和特有的嗅觉来感受周围的事物，并带着好奇主动地进行探索活动了。

《指导纲要》"科学领域"的目标提出："对周围的事物、现象感兴趣，有好奇心和求知欲；能运用各种感官，动手动脑，探究问题。"在幼儿科学教学中，老师要满足幼儿动手和交往的需要，要重视对幼儿主动探索与操作能力的培养。

集体活动：智慧探索营

小班绘本：喂！小蚂蚁

设计意图：

《喂！小蚂蚁》这个绘本以朴实真诚的对话，讲述了一个平凡而不简单的故事：小男孩和朋友玩踩蚂蚁的游戏，轮到他要踩扁一只小蚂蚁时，他却告诉小蚂

蚁要踩扁它，小蚂蚁也突然说话了，立马向小男孩求饶。由此，他们展开了一场心与心的对话。小蚂蚁说，它其实和小男孩一样，有伙伴，有家人需要照顾，它希望小男孩放过它，不要踩扁它。

生命无所谓大小，无所谓贵贱，都需要我们珍惜和保护。蚂蚁虽小，但它也是一个鲜活的生命，它也有权利享受地球这个母亲赋予它的一切。让孩子们懂得每一个生命的可贵，才能让他们学会照顾自己，丰富自己的生活。

活动目标：

1. 知道蚂蚁身体的基本结构，能仔细观察并通过不同的形式表现小蚂蚁的动态。

2. 体验扮演小蚂蚁的快乐，感受故事中主人公的不同情感。

活动准备：

1. 环境准备：笪家山草地。

2. 故事绘本《喂！小蚂蚁》的图片、铲子、瓶子等。

3. 收集到的蚂蚁。

活动过程：

1. 收集小蚂蚁。

带领孩子来到笪家山的大草坪，挖一挖小蚂蚁。

"大家看一看，小蚂蚁是怎么走路的？"

"我们都来模仿一下吧！"（发散性提问后小结：你们模仿小蚂蚁的动作真可爱！）

2. 绘本阅读，理解故事。

（1）引导观察蚂蚁的外形和动作。

① 提问："它们的身体是由哪几个部分组成的？"

"身体各部分有什么不同？"分解头（圆）、胸（小圆）、腹（椭圆），头上长着一对触角，一双大大的眼睛和一个嘴巴。

图2-3 小蚂蚁在排队

② 出示多张图片，引导幼儿观察小蚂蚁的姿态动作（见图2-3）。

③ 请三名幼儿一组扮演小蚂蚁，三人要抱在一起，紧紧连接在一起。

④ 请扮演较好的2~3组幼儿进行展示。

⑤ 小结：原来我们扮演的小蚂蚁要紧紧地抱在一起不能分开，我们小朋友的合作能力真棒！

（2）欣赏故事。

"下面我们再来听一遍小蚂蚁的故事吧！"

（3）小组讨论。

"如果故事中的事情发生在你身上，你会怎么办？"

3. 幼儿尝试创编故事。

鼓励幼儿创编故事，并大胆与同伴分享。

小班数学：蚂蚁蚂蚁排排队

设计意图：

散步的途中，孩子们惊奇地发现地上有许多小蚂蚁，蚂蚁对幼儿来说是熟悉的、常见的。其实这也蕴含着丰富的教育资源，这种常见昆虫其实也是观察外形特征、练习手口一致点数和掌握大小概念的教学素材。

活动目标：

1. 通过观察法比较不同大小的蚂蚁特征。

2. 在游戏中能礼貌待人，乐于助人。

活动准备：

大小不同的蚂蚁图若干。

活动重点：

在游戏中能手口一致点数，并能按物体大小排队。体验数学游戏带来的乐趣。

活动难点：

通过观察、比较，感知蚂蚁的不同特征，学会对蚂蚁进行大小排序。

活动过程：

1. 导入游戏（开火车）。

"小朋友，今天我们请来了一位小客人（小蚂蚁），有礼貌地和蚂蚁打个招呼吧！蚂蚁家族添了很多新成员，想请你们帮忙排排队。"

2. 练习数数（笪家山上的游戏区，蚂蚁的家里）。

"小朋友，小蚂蚁的家到了。瞧！好多的蚂蚁呀！你能数一数有多少只吗？"（要求幼儿用食指从左到右有顺序地点数，个别幼儿学习点数，纠正数错的幼儿）

3. 蚂蚁分类。

"小朋友们仔细看看，观察这两只蚂蚁有什么不同？"（一只大，一只小）

请幼儿按照蚂蚁的大小进行分类。

4. 蚂蚁排排队。

"小蚂蚁来我们班是想请小朋友帮它们排排队的，我们来试试看，可以怎么排？"

（1）请个别幼儿上来给蚂蚁排排队，要求排整齐了（见图2-4）。

"排好之后说一说，你为什么这么排？"

（2）检查幼儿排得是否整齐，幼儿观察有什么规律。

（3）教师总结。

图2-4　小蚂蚁，我们来排队吧

小班科学：蚂蚁的触角

活动目标：

1. 通过观察、讨论，了解蚂蚁触角的作用。

2. 培养幼儿的观察和思考能力。

活动准备：

1. 蚂蚁的特征视频。

2. 幼儿收集的蚂蚁。

活动过程：

1. 出示幼儿收集的蚂蚁，激发兴趣。

（1）提问："小朋友，看一看盒子里有什么？"（蚂蚁）

"你们知道蚂蚁在干什么吗？"

（2）启发幼儿大胆想象，鼓励幼儿大胆表达自己的想法。

2. 视频演示：蚂蚁的特征。

（1）小朋友想知道蚂蚁是怎样长大的吗？

（让幼儿互相讨论）

（2）观看视频，了解蚂蚁的生长过程。（卵—蛹—幼虫—蚂蚁）

3. 探究的问题：蚂蚁的触角有什么作用？（户外寻找观察）

（1）幼儿讨论：

蚂蚁的触角有什么用？

蚂蚁可以没有触角吗？

（2）教师讲解蚂蚁触角的作用。

蚂蚁的触角比盲人的竹竿还灵。（这对触角有两种功能：一种是触觉功能，通过触角接触外界，就能探明前面物体的轮廓、形态和硬度，以及前进道路的地形起伏等情况。另一种是嗅觉功能，通过闻味进行识别。原来，蚂蚁一边走路，一边从腹部末端的肛门和腿上的腺体里，不断分泌出少量的、带有特殊气味的化学物质，叫作标记物质，沾染在路上，留下痕迹。远离蚁巢的同窝蚂蚁，回巢的时候，就用它的特殊鼻子——触角，来闻着这条气味路标前进，这叫"气味导航"。）

（3）帮助幼儿理解蚂蚁：没有触角就找不到家了，没有触角就找不到吃的。

（4）游戏：蚂蚁找食物。

幼儿戴上触角的头饰扮演蚂蚁，从"家"中爬出去找吃的，找到后搬回"家"中，用触角告知同伴去搬运粮食。

区域活动

蚂蚁的图书馆

蚂蚁，在生活中随处可见，孩子们在路边，在笪家山上，到处可以找到它们的身影。蚂蚁天生就很友善，一直过着群居的生活。在它们的大家庭里，每只小蚂蚁都有自己的位置。

在学习了绘本《喂！小蚂蚁》之后，孩子们不由得产生了很多的疑问："后来小蚂蚁们怎么样了呢？""小蚂蚁们现在在干什么呢？"因此，我们为孩子们准备了很多昆虫，以及与小动物相关的绘本供孩子阅读，满足他们的好奇心，同时也拓宽了孩子们的知识面，使他们对大自然有更深的了解。

活动目标：

1. 幼儿自由选择笪家山上比较安静的休闲阅读区域进行阅读活动。

2. 幼儿能够通过各种与蚂蚁有关的图书获得关于蚂蚁的知识，促进语言的发展。

3. 幼儿能大胆想象创编故事，并用画笔画出来。

我们的想法：见图2-5。

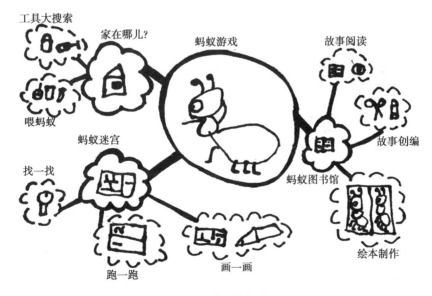

图 2-5　我们的想法

活动现场：

第一阶段：蚂蚁故事阅读

环境：智慧探索营——自然阅读区。

材料：各种关于蚂蚁的图书（包括各种绘本）。

幼儿可以独自阅读，也可结伴阅读（见图2-6、图2-7）。结合画面进行故事讲述，讨论画面的相关内容，并可以进行对话表演。

有的孩子在看了绘本之后，有着层出不穷的问题："小蚂蚁是怎么出生的呢？""它们长得都一样，蚂蚁妈妈们是怎么认出自己宝宝的？""小蚂蚁挑食吗？""它们最喜欢吃什么呢？""小蚂蚁天天在外面跑，会不会迷路啊？"

图2-6　阅读自制绘本（一）　　　　图2-7　阅读自制绘本（二）

进入"蚂蚁图书馆"后，随着阅读量的增加，孩子们又有了新的讨论："原来昆虫世界这么好玩啊！""其他昆虫也是像小蚂蚁们这样生活的吗？"就这样，通过讨论，孩子们有了更多的想法，自然而然地把小蚂蚁的故事继续了下去。

第二阶段：蚂蚁故事创编

环境：智慧探索营——自然阅读区。

材料：油画棒、卡纸、白纸、胶棒。

孩子的问题：小蚂蚁们怎么样了？它们生活得好吗？

根据之前的阅读经验，孩子们开始进行讨论，并进行大胆创编，大胆想象故事里后来小蚂蚁们是怎样生活的。"我觉得，小蚂蚁后来去到了昆虫王国，在里面认识了很多新朋友。""我想小蚂蚁后来走得太远，迷路了，在大家的帮助下，它回到了自己家人的身边。"孩子们你一言我一语，互相讲述着自己对故事的想象，并试着把这些想象连在一起，最后他们开始在纸上进行创编，把自己的想象用画笔画出来（见图2-8、图2-9）。

图2-8　创编绘本（一）　　　　图2-9　创编绘本（二）

第三阶段：蚂蚁绘本制作

环境与材料：智慧探索营——自然阅读区。

油画棒、卡纸、白纸、胶棒、硬纸板。

孩子的问题：画好的小蚂蚁的画，可以变成故事书吗？

前一阶段，孩子们大胆创编并画出了自己的想象，画着画着，他们又有了新的想法，"我们画得这么好看，想让更多的人看到我们的故事"，在此基础上，他们想到了要制作自己的与小蚂蚁有关的故事绘本。

于是，孩子们一起合作，把自己画好的小蚂蚁的画粘贴到卡纸上，互相配合，你画我剪，你剪我贴，为他们的"书"排好顺序，还加上了封面，最终做成了属于他们自己的故事书，放在阅读区给大家阅读（见图2-10、图2-11）。

图 2-10　制作绘本（一）　　　　　图 2-11　制作绘本（二）

分析与支持：

《指南》针对"语言领域"指出：

1. 为幼儿提供良好的阅读环境和条件。

提供一定数量、符合幼儿年龄特点、富有童趣的图画书。

提供相对安静的地方，尽量减少干扰，保证幼儿自主阅读。

2. 在阅读中发展幼儿的想象和创造能力。

鼓励幼儿依据画面线索讲述故事，大胆推测、想象故事情节的发展，改编故事部分情节或续编故事结尾。

鼓励幼儿用故事表演、绘画等不同的方式表达自己对图书和故事的理解。

鼓励和支持幼儿自编故事，并为自编的故事配上图画，制成图画书。

寻找蚂蚁的家

在学习了《喂！小蚂蚁》绘本故事之后，小朋友们对蚂蚁有了兴趣，他们开始时时刻刻都搜寻着小蚂蚁的身影，在草丛、树丛里钻来钻去，寻找蚂蚁。不久就听到有孩子发出惊呼："草丛里有小蚂蚁！""老师快看，台阶上有小蚂蚁在搬吃的。""哇，枇杷树下面有一大堆蚂蚁哎！""老师，你看，小蚂蚁在排队，它们要去哪儿？"

看到孩子们的兴致如此高昂，于是我们就提供了各种挖掘工具，让孩子自己动手去找一找蚂蚁的家在哪里。

活动目标：

1. 能熟练掌握一些挖虫工具：铲、勺等。

2. 激发孩子的好奇心和探索蚂蚁的欲望。

活动现场：

第一阶段：蚂蚁大搜索

环境：智慧探索营——小树林。

材料：铲、勺、水枪、桶等工具。

孩子的问题：哪里能找到小蚂蚁？

带着这些问题，小朋友们开始自动分组结伴寻找蚂蚁，想找到蚂蚁的家。刚开始，他们毫无章法，随处乱挖，走一步挖一个坑，笪家山上布满了孩子们挖出的小坑。渐渐地，他们发现潮湿一些的地方、石头下面、有食物残渣的地方，更容易发现小蚂蚁们的身影（见图2-12、图2-13）。总结出经验，收获就多了起来，他们发现的蚂蚁越来越多，有时还真能找到疑似蚂蚁的家的地方呢！孩子们好不兴奋，个个都乐坏了。

图 2-12　找到小蚂蚁了（一）

图 2-13　找到小蚂蚁了（二）

第二阶段：喂蚂蚁

环境：智慧探索营——小树林。

材料：蚂蚁容器、放大镜、大叶子、米粒、食物残渣等。

孩子的问题：小蚂蚁爱吃什么呢？小蚂蚁是怎样吃东西的呢？

在山上发现蚂蚁的家之后，孩子们有了更多的问题，他们很好奇小蚂蚁到底爱吃些什么，是怎么进食的。所以，我们鼓励孩子们去大胆试一试，想一想自己觉得蚂蚁爱吃些什么，用准备好的食物喂小蚂蚁（见图2-14、图2-15），使他们在愉快的活动中感知小蚂蚁的形状和特征，帮助孩子们获得新的体验。

图 2-14 蚂蚁在吃米粒啦 (一)

图 2-15 小蚂蚁在吃米粒啦 (二)

分析与支持:

1. 支持幼儿在接触自然、生活事物和现象中积累有益的直接经验和感性认识。和幼儿一起通过户外活动、参观考察、种植和饲养活动,感知生物的多样性和独特性,了解它们的生长发育、繁殖和死亡的过程。给幼儿提供丰富的材料和适宜的工具,支持幼儿在游戏过程中探索并感知常见物质、材料的特性和物体的结构特点。

2. 引导幼儿在探究中思考,尝试进行简单的推理和分析,发现事物之间明显的关联。引导幼儿根据常见物质、材料的特性和物体的结构特点,推测和证实它们的用途。

蚂蚁迷宫

小朋友在户外活动,有的爬攀岩墙,有的爬垫子,还有几位小朋友在玩轮胎。突然有小朋友发现地上聚集了一堆密密麻麻的蚂蚁,几位小朋友都围了过来,也纷纷找起蚂蚁来。孩子们在场地上到处寻找蚂蚁,比赛谁找到的蚂蚁多。

活动目标:

1. 了解迷宫的基本结构,尝试用不同的方式自主设计迷宫。

2. 具有初步的创造能力。

第一阶段:找蚂蚁

环境:智慧探索营——小树林。

材料:铲、勺、水枪、桶等。

孩子的问题:小蚂蚁在哪儿呢?小蚂蚁的家在哪儿?

带着这些问题,小朋友们开始分组结伴,分头活动,寻找蚂蚁,找到蚂蚁的家(见图 2-16、图 2-17)。

图2-16　找蚂蚁（一）

图2-17　找蚂蚁（二）

第二阶段：蚂蚁赛跑

环境：智慧探索营。

材料：纸盒、蚂蚁、笔。

孩子的问题："找到了这么多小蚂蚁，怎么办？"

随着蚂蚁收集得越来越多，怎样利用这些蚂蚁成了孩子们最近的难题。

孩子们经过讨论，找来了一个纸盒子，在纸盒里放上两只蚂蚁，让蚂蚁进行赛跑，然后不断升级，开展了一系列的比赛（见图2-18、图2-19）。

图2-18　蚂蚁，加油！

图2-19　小蚂蚁在干吗？

第三阶段：设计蚂蚁迷宫

环境：智慧探索营。

材料：纸杯、箱子、积木、绘画纸、笔等。

有小朋友在公园里玩了几种不同的迷宫游戏，尤其是体验了一番大型迷宫游戏，玩得意犹未尽。回到幼儿园，孩子们便提议要让小蚂蚁也玩一玩迷宫游戏（见图2-20、图2-21）。

尝试与同伴合作运用积木、纸盒等材料摆出不同的迷宫路线，和同伴一起玩蚂蚁迷宫游戏。

图 2-20　我来设计迷宫图

图 2-21　我在这里放个障碍

分析与支持：

1. 有意识地引导幼儿观察周围事物，学习观察的基本方法，培养观察与分类能力。

支持幼儿自发的观察活动，对其发现表示赞赏。通过提问等方式引导幼儿思考并对事物进行比较观察和连续观察。引导幼儿在观察和探索的基础上，尝试进行简单的分类、概括。

2. 支持和鼓励幼儿在探究的过程中积极动手动脑寻找答案或解决问题。

鼓励幼儿根据观察或发现提出值得继续探究的问题，或成人提出有探究意义且能激发幼儿兴趣的问题。支持和鼓励幼儿大胆联想、猜测问题的答案，并设法验证。

支持、引导幼儿学习用适宜的方法探究和解决问题，或为自己的想法收集证据。

3. 鼓励和引导幼儿学习做简单的计划和记录，并与他人交流分享。

支持幼儿与同伴合作探究与分享交流，一起讨论和分享自己的问题与发现，一起想办法收集资料和验证猜测。引导他们在交流中尝试整理、概括自己探究的成果，体验合作探究和发现的乐趣。

区域游戏：蚂蚁隧道

设计意图：

身体虽不大，力气可不小，有时搬粮食，有时挖地道，团结又互助，勇敢又勤劳。这是什么小动物呢？猜对了——是小蚂蚁。这段时间，我们了解了蚂蚁的生活环境，知道蚂蚁洞穴的特点。现在我们要尝试用绘画的方式画出蚂蚁洞穴，体验为蚂蚁造家的乐趣。

游戏目标：

1. 利用各种材料，制作蚂蚁隧道。

2. 培养幼儿相互合作的能力。

游戏准备：

1. 拓展营地：艺术创想营。

2. 奶粉罐、大可乐瓶、纸杯、扑克牌、箱子、积木、绘画纸、笔等材料。

游戏玩法：

选取自己需要的材料，尝试动手制作，设计蚂蚁隧道，然后一起制作蚂蚁隧道。

区域游戏：小蚂蚁的家

游戏目标：

1. 乐意扮演角色和小朋友一起玩。

2. 知道扮演的角色应该承担的责任和任务。

3. 能与同伴友好合作，能够配合同伴的角色行为。

游戏准备：

1. 拓展营地：快乐生活馆。

2. 幼儿有了初步扮娃娃家的经验。

3. 炒锅、铲子、砖块、佐料罐子、树叶等。

游戏玩法：

幼儿自行分组，2~3名幼儿扮演"工蚁"，负责用砖块搭建旅馆厨房的"灶台"；1~2名幼儿扮演"工蚁"，在笪家山寻找山上的花草树叶作为"家"中厨房的食材；1~2名幼儿扮"家"中的厨师，小厨师可以根据客人所点的菜，用采集来的食材给"小蚂蚁"准备美味的食物（见图2-22、图2-23）。最后请小厨师依据找到的食材的种类、数量、质量等为"工蚁"进行评分，得到最高分的"工蚁"可获得"最佳劳动奖"。

图 2-22　盐要少放点　　　　　　　图 2-23　装在这里吧！

基地体验手记：神奇的昆虫世界

活动时间：半日体验

活动地点：南山景区北大门

我们的问题：

"老师，山上有蚂蚁吗？蚂蚁多不多？"

"老师，蚂蚁是住在洞里吗？还有哪里可以找到蚂蚁呢？"

"天冷了，蚂蚁会躲起来吗？他们会躲在哪里呢？"

"小蚂蚁出来玩，能找到回家的路吗？"……

我们的准备：

小朋友们，你们知道吗？小蚂蚁只是大自然中的一分子，在虫虫的世界里还有很多很多神奇的事情，让我们一起去发现吧！

我们的活动：

初秋时节，实幼小班的小朋友跟着老师和爸爸妈妈一起来到了南山北大门。在凉爽的天气里，孩子们和爸爸妈妈带着小铲子、小桶等工具来到公园里准备大干一场。"老师，这片叶子好漂亮！""老师，你看我挖一个大虫子给你。"说干就干，小朋友们挥动着手中的工具挖的挖，铲的铲，忙得不亦乐乎。"老师，你看，这只蚂蚁好大啊，跟我们在幼儿园看到的不一样！""这个虫子好奇怪，我一碰，它就变成一个小球球了，好好玩。"

图2-24　大家一起来找蚂蚁吧

都说大自然是最好的老师，果不其然，孩子们边挖边找，边找边学，找到了很多没有见过的虫虫，品种不同的蚂蚁，还捡了很多漂亮的落叶，收获满满（见图2-24至图2-27）。

图2-25　找到一只小虫虫

图2-26　我们一起找吧

图2-27　圆圆的小虫虫

我们的收获：

1. 提供有趣的探究工具，引导接触大自然，激发其探究欲望。

《指南》指出：幼儿的科学学习是在探究具体事物和解决实际问题中，尝试发现事物间的异同和联系的过程。幼儿在对自然事物的探究和运用数学解决实际问

题的过程中，不仅获得丰富的感性经验，充分发展形象思维，而且初步尝试归类、排序、判断、推理，逐步发展逻辑思维能力，为其他领域的深入学习奠定基础。

2. 和幼儿一起发现并分享周围新奇、有趣的事物或现象。

幼儿的思维特点是以具体形象思维为主，应注重引导幼儿通过直接感知、亲身体验和实际操作进行科学学习。本次活动不仅开阔了幼儿的视野，增长了知识，而且增进了幼儿间的情感，增进了幼儿与家长之间的情感。亲近自然、感受生活，让孩子们在与大自然的接触中感受人与自然的和谐，活动中引导幼儿去发现昆虫世界的精彩，而不是走马观花，在此过程中幼儿的知识得到了积累。在回来的路上，几个家长深有感触地说，今天的活动非常有意义，他们也好似回到了童年，玩得意犹未尽！

主题成效与感悟

1. 在课程的过程中支持和鼓励幼儿的探索行为。

《指南》指出：经常带幼儿接触大自然，激发其好奇心与探究欲望。"你好呀！小蚂蚁"这个主题，就是由孩子的兴趣点和好奇而自主生成的。孩子年龄小，对于蚂蚁等虫子充满了好奇，所以教师要善于观察和发现孩子的兴趣点，在实施过程中也要鼓励幼儿，保护其好奇心和探索欲。课程的开展要征求孩子的意见，即使他们的意见与成人不同，也要认真倾听。在保证安全的情况下，支持幼儿的想法，同时教师应该提供必要的条件，帮助孩子实现自己的想法。探索过程不是一蹴而就的，而是一个漫长、量变的过程，我们应尽可能地鼓励他们，帮助孩子树立自尊和自信，让孩子齐心努力，在探索的过程中，体验一定的成就感。

2. 自然的环境有利于幼儿的成长。

活动始终以大自然的环境，以幼儿的生活经验为依托而进行。教育的作用从来都不是要教师去教会孩子学什么，而是幼儿主动观察、主动探索的过程。教师在课程中创设幼儿喜欢的、乐于探索的环境，发现孩子们想要做什么，喜欢做什么，能够做什么，支持他们，鼓励他们，并提供帮助。整个活动以"蚂蚁"为线索，幼儿通过听、看、触摸、动手操作、直接参与、亲身经历感知蚂蚁世界的奇妙，激发了孩子们对生物世界的热爱，增强了孩子们探索大自然的欲望。在这样一个充满乐趣、自然的环境中，淡化了教与学的界限，使幼儿真正成为活动的主人，幼儿体验到了自主探索的兴趣。

小班主题活动二：有趣的泡泡

问题搜索

我知道：

擦肥皂会有泡泡。

妈妈洗碗的时候，用洗洁精会有泡泡。

我有一个小猪佩奇的泡泡棒，可以吹出泡泡。

我洗澡的时候，擦沐浴露也会有泡泡。

我还知道：

泡泡会飞。

泡泡太调皮，我总是抓不到它。

泡泡会破、会"炸掉"。

我想知道：

泡泡从哪里来？

是不是所有的水都能吹出泡泡？

怎么制作泡泡水？

泡泡都是圆的，还有其他形状吗？

主题引导

　　每次孩子在洗手擦拭肥皂的时候，都会和旁边伙伴议论："你看，我手心有个大泡泡。""我手上好多呢！""我的泡泡还没有破呢！"孩子们对泡泡非常感兴趣，就"泡泡"这个话题，我们进行了一次探讨，然后开启了一场泡泡的探索之旅。儿童有着与生俱来的好奇心和探索欲望，而好奇、好问、好探索是幼儿的年龄特点。《纲要》指出：科学教育要密切联系幼儿的实际生活进行，教师要利用身边的事物与现象作为科学探索的对象。"泡泡"来源于幼儿的生活，是他们童年中最好玩、最难忘的游戏。本主题意在不断地操作、探索培养幼儿的好奇心及探究问题、发现问题、解决问题的能力，培养幼儿良好的科学素养。

　　《指南》指出："幼儿科学学习的核心是激发探究兴趣，体验探究过程，发展初步的探究能力。"因此，在科学活动中，激发幼儿探究兴趣，应该是幼儿园科学活动实施的首要目标。探究既是幼儿科学活动设定的活动目标，也是幼儿科学活动正常开展的前提。

集体活动：智慧探索营

小班绘本：亮晶晶的泡泡

设计意图：

　　吹泡泡是孩子们最喜欢的游戏之一，近期的游戏主题活动中，孩子们对吹泡泡有着异常的热情，百玩不厌。但孩子自我意识强，在与朋友交往过程中，容易忽略别人的感受，不懂得如何和同伴相处。绘本《亮晶晶的泡泡》通过有趣的故事情节，引导幼儿应该如何与同伴交往。

活动目标：
1. 观察图片理解故事，用较完整的语言讲述大白鹅找朋友的经历。
2. 愿意和同伴友好、礼貌的交往，感受找到朋友、和朋友在一起的快乐。

活动准备：
1. 经验准备：观察过生活中的泡泡。
2. 材料准备：故事 PPT《亮晶晶的泡泡》、音乐《找朋友》，泡泡水，泡泡器。

活动过程：
1. 游戏：吹泡泡，在情境中引入主题。
带领孩子到笪家山大草坪。
"你想吹大泡泡吗？两个小朋友一瓶泡泡水，我们一起来吹泡泡吧！"
"发生什么事情啦？"
"那发生矛盾了我们应该怎么办？"
2. 阅读绘本，理解内容。
（1）集体观察图片并讨论。
"大白鹅来到了哪里？想找谁做朋友？它们愿意和大白鹅做朋友吗？从哪里看出来的？"
重点学习词语：摇摇尾巴、眨眨眼睛、拍拍翅膀。引导幼儿表演出来。
"为什么小鸡、小鱼、小鸟都不愿意和大白鹅做朋友？"
小结：大白鹅伸长脖子，戆戆地大叫，吓着了小动物，它们不敢跟它做朋友。
"大白鹅怎么了？它感觉怎样？（引导幼儿模仿大白鹅难过、哭的表情）后来大白鹅找到朋友了吗？"
小结：大白鹅找到朋友，心里真高兴。它还要谢谢我们小朋友，帮助它找到了朋友。
（2）小组讨论。
问题一：大白鹅看到了什么？想些什么？又会怎么做？
问题二：这些泡泡哪儿来的？
问题三：泡泡是从红房子里飘出来的，是谁在吹泡泡呢？大白鹅怕小姑娘不愿意跟它做朋友，它该怎么做呢？（引导幼儿帮助大白鹅与小姑娘有礼貌地说话）
问题四：小姑娘愿意和大白鹅做朋友吗？从哪儿看出来的？小姑娘打开门，出来了好多朋友，都有谁呀？数数看有几个朋友？为什么小姑娘会有这么多的朋友呢？
3. 完整欣赏故事，讨论主题。
"刚才我们看的这个故事有一个好听的名字，叫《亮晶晶的泡泡》。大白鹅是怎样找到朋友的？为什么故事叫这个名字呢？"
讨论：怎样才能找到朋友呢？
小结：只要我们大胆有礼貌地与他人交往，就一定能找到很多朋友。

4. 音乐游戏，情感体验（艺术创想营）。

"我们一起去'小舞台'变成泡泡，有礼貌地去找一个新朋友一起做游戏吧!"
（播放音乐《找朋友》进行互动游戏）

小班科学：泡泡的形状

活动目标：

1. 通过吹泡泡，发现各种各样形状的泡泡工具吹出的泡泡都是圆的，体验玩泡泡的乐趣。

2. 具有大胆尝试、预测并验证的能力。

活动准备：

1. 环境准备：自然探秘室里布置若干泡泡。

2. 材料准备：三角形、圆形、心形泡泡工具，已配好的泡泡水（见图2-28至图2-31）。

图 2-28　泡泡材料（一）

图 2-29　泡泡材料（二）

图 2-30　泡泡材料（三）

图 2-31　泡泡材料（四）

活动过程：

1. 导入活动，幼儿边听音乐边进入自然探秘室，激发幼儿的兴趣。

"你们看见了什么？它是什么样子的？"

2. 出示泡泡工具，引导幼儿观察。

"你们猜一猜，用这些工具吹出来的泡泡是怎样的呢？"

3. 请个别幼儿示范并讲述自己的发现。

引导幼儿讲述出：我用星形的工具吹出圆形的泡泡……

小结：各种形状的工具吹出来的泡泡都是圆形的。

4. 游戏：吹泡泡（见图2-32至图2-34）。

"你们想玩吗？让我们一起去户外吹泡泡吧!"

图 2-32 吹泡泡啦！（一）　图 2-33 吹泡泡啦！（二）　图 2-34 吹泡泡啦！（三）

小班科学：自制泡泡水

设计意图：

吹泡泡、拍泡泡是孩子们玩的时间最长的游戏之一。他们乐此不疲，直到泡泡水吹完才会结束游戏。市面上的泡泡玩具有很多很多，有海豚造型的，也有小猪造型的，有音乐自动吹泡的，也有嘴巴吹泡的，各大公园、游乐场的门口应有尽有，孩子们人手一个，泡泡水吹完后这些器皿随之也被扔掉。孩子们只有玩的乐趣，缺少了自己动手探究的兴趣。就"泡泡水用完后还能怎么玩"这一话题，孩子们提出想要自己制作泡泡水。

活动目标：

1. 能结合已有的生活经验和各种材料，大胆尝试制作泡泡水（见图 2-35、图 2-36），体验探索的乐趣。

2. 愿意在同伴面前交流自己的发现。

活动准备：

1. 经验准备：有吹泡泡的经验。

2. 材料准备：肥皂、洗衣粉、洗发水、油、食盐、醋、胶水、杯子等。

图 2-35 调制泡泡水（一）　图 2-36 调制泡泡水（二）

活动过程：

1. 谈话导入——回忆经验。

"你喜欢吹泡泡吗？""你吹的泡泡大吗？""哪些材料可以吹出大泡泡呢？"

2. 分类介绍材料——丰富经验。

请小朋友向大家介绍自己认识的材料，说说自己是怎么知道这种材料可以做泡泡水的。说到一种就示范一种，有的材料如油、食盐、醋等是不会产生泡泡的，通过对比探讨原因，丰富孩子的经验（见图 2-37）。

3. 积极探索——运用经验。

图 2-37 搅拌一下

（1）在探索活动正式开始前，教师对其余材料做简单介绍，介绍操作步骤、要求，并做示范。

（2）孩子探索过程中，教师要注意的问题：

① 观察孩子们使用材料的情况。

② 及时根据孩子们的探索情况给予指导和帮助。

③ 在注意安全的前提下，引导幼儿用多种感官感知泡泡，并鼓励孩子表达自己的探索结果。

④ 发现幼儿有不同的操作方法时，及时让其他幼儿分享这些信息。

4. 交流分享——体验快乐。

（1）当有的幼儿制作出泡泡时，教师可以引导幼儿和同伴、教师分享自己的快乐和经验。

（2）和孩子们一起玩"吹泡泡"的游戏。

泡泡大战

中班的孩子正处于自我意识发展的阶段，他们自我意识萌发，思维和身体力量变得越来越强。这个时候，他们想通过自我表现来证明自己，所以他们之间难免会产生冲突。作为父母和老师，我们怎样理解并帮助孩子去解决呢？让我们走进绘本《泡泡大战》，参加森林王国的吹泡泡比赛吧！

活动目标：

1. 通过泡泡大战点燃孩子的童心。

2. 帮助孩子在交友的过程中树立正确的竞争观。

3. 帮助孩子提升社交能力，拥有快乐的人生。

活动现场：

第一阶段：阅读

环境：自然探秘室。

材料：若干绘本读物。

孩子的问题：鲁宾和菲利克斯他们想出了什么办法？最后谁赢了呢？

带着这些问题，孩子们开始了阅读，集体阅读和小组阅读同时进行。

第二阶段：讨论

环境：阅读区。

孩子的问题：鲁宾和菲利克斯是好朋友，他们发生矛盾怎么办？

孩子们在阅读大营地里针对自己的疑问展开了激烈的讨论。"我也喜欢吹泡泡比赛。""我不要向鲁宾他们学习，我不要比赛，输了赢了有什么关系呀？""我们都是好朋友，我们不要比赛。""我们好朋友之间要互相帮助。"孩子们你一句我一

句地讨论着……

第三阶段：表演

环境：小舞台。

材料：泡泡水等。

孩子的问题：如果我们遇到同样的问题，我们应该怎么办呢？

根据之前的谈论，孩子们各自组队进行表演，他们又开始了讨论："我们表演的时候不要比赛，我们都是好朋友。"在孩子们的讨论和老师的建议下，孩子们按照自己的意愿进行表演。大家都明白了：原来合作比输赢更加重要，不择手段地获取胜利，只能两败俱伤，是毫无乐趣的。

分析与支持：

1. 提供环境的支持和引导，包括心理环境和物质环境。

自主阅读是幼儿根据幼儿原有经验自觉主动地调动感官参与阅读活动的全过程。教师提供一个阅读的环境支持，包括心理环境和物质环境。关于物质环境，我们需要创设自由自在自主的阅读氛围和情景，提供供幼儿选择的书本、卡片等。

2. 充分挖掘绘本本身隐含的教育价值。

根据孩子提出的各种问题，通过各种方法如游戏、表演、操作等来解决活动的重点。《泡泡大战》这本书可以激起孩子玩游戏的兴趣，一场轻松欢乐的泡泡大战点燃了孩子们的童心。故事也让孩子们知道了如何在交友过程中树立正确的竞争观，寓教于乐。

吹 泡 泡

"吹泡泡"是童年里最好玩、最难忘的游戏活动之一，孩子们都非常喜欢这个游戏。孩子们在玩吹泡泡游戏时，有的发现自己的泡泡吹得很大，有的发现自己的泡泡在阳光下变得五颜六色的，有的发现泡泡被风吹得很高。孩子们的发现越来越多。

活动目标：

1. 尝试用不同的材料吹泡泡，观察泡泡的颜色和大小。

2. 能与同伴相互合作，有自我保护意识和安全意识。

3. 感受游戏吹泡泡的快乐。

我们的想法：见图 2-38。

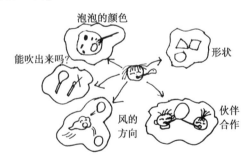

图 2-38　我们的想法

活动现场：

第一阶段：泡泡小实验

环境：玩水区。

材料：泡泡水、泡沫、吸管、筷子、铁丝、漏勺等（见图2-39至图2-42）。

图2-39 吹泡泡的 图2-40 吹泡泡的 图2-41 吹泡泡的材料（三） 图2-42 吹泡泡的
材料（一） 材料（二） 材料（四）

孩子的问题：哪些材料可以吹出泡泡？

带着这些问题，孩子们开始了吹泡泡实验。孩子们自发带来了很多材料，有漏勺、吸管、水果网等。有的孩子还请家长帮忙制作了泡泡器。孩子们都在兴奋地进行泡泡实验，蘸一蘸，吹一吹。有的孩子吹出了大泡泡，有的孩子没有吹起来。大家都在思考、探索着吹出泡泡的秘诀。后来大家总结出：原来只要有洞洞就能吹出泡泡，吹出泡泡和材料是不是镂空的有关呢。

第二阶段：泡泡变变变

环境：玩水区。

材料：泡泡水、铅丝做成的各种形状的泡泡器（见图2-43、图2-44）。

图2-43 心形泡泡器　　　　　图2-44 圆形泡泡器

孩子的问题：用不同形状的泡泡器能不能吹出不同形状的泡泡？

孩子们最喜欢来到玩水区。今天，我们带着用各种材料制成的泡泡器，又来到了这里进行吹泡泡游戏。孩子们带来了和爸爸妈妈一起用铅丝制作的泡泡器，有正方形的、长方形的，还有菱形的。我们来试试吧！栋栋说："我用正方形的泡泡器，吹出的怎么也是圆形的呢？""是啊，我用的是长方形的泡泡器，吹出的也是圆形的泡泡。"孩子们发现不管用什么形状的泡泡器吹出的泡泡始终是圆的。"这是为什么呢？""我们再来试试看。"孩子们你一句我一句地边讨论边尝试着

图2-45 我来做个大泡泡

（见图2-45）。

第三阶段：多彩的泡泡

环境：玩水区。

材料：泡泡水、各种材料、泡泡器。

孩子的问题：为什么泡泡在阳光下是彩色的？

阳光正好，今天我们又带着泡泡水和泡泡器来到了笪家山，开始玩吹泡泡的游戏。对于游戏孩子们始终都有着浓厚的兴趣，百玩不厌。今天孩子们发现泡泡的颜色很漂亮，都说："哇，我的泡泡有红色、蓝色、黄色，真好看!""我的泡泡是五彩色，各种颜色的，真漂亮。"今天的泡泡怎么这么漂亮呢？大家展开了讨论。

孩子们通过实验发现，阴暗处吹出的泡泡是透明的，没有颜色，只有在阳光下泡泡才会有五彩斑斓的颜色。原来太阳光是由七种颜色组成的。泡泡如同一面面小镜子，阳光经过折射，被分解成了赤、橙、黄、绿、青、蓝、紫七种颜色，所以，我们就看到阳光下的泡泡是五彩缤纷的。

分析与支持：

1. 发散思维，激发幼儿想象力。

《指南》指出："幼儿科学学习的核心是激发探究兴趣，体验探究过程，发展初步的探究能力。"幼儿在玩泡泡的过程中发现问题，提出问题，促使幼儿积极思考、主动探索，从而幼儿产生更加积极的探索欲望。

2. 根据幼儿需要层层递进，由浅入深。

在活动中，孩子们通过观察、思考、实践、创新，获得了有益的个性品质，他们体验到了快乐。同时，教师利用幼儿的兴趣点引导和支持幼儿，保护他们对科学探究的浓厚兴趣和强烈的求知欲，以及对生活、学习、社会积极的情感态度，构建了幼儿的良好人格。

泡泡长龙

吹泡泡游戏已经开展了一段时间，孩子们都特别喜欢。孩子们在游戏中都知道了怎样将泡泡吹大，怎样吹高，怎样合作。游戏的开展过程中，孩子们都带来了各种材料进行尝试。有一个孩子带来了一只袜子，她将袜子放在肥皂水里浸湿，尝试后发现吹出的泡泡跟大家不一样，这是怎么回事呢？我们来看一看、试一试。

活动目标：

1. 通过不断尝试，探索如何用材料吹出长长的泡泡。

2. 体验吹泡泡的乐趣和相互合作的快乐。

活动现场：

第一阶段：长龙泡泡初体验

环境：玩水区。

材料：矿泉水瓶、各种袜子、泡泡水（见图2-46、图2-47）。

图2-46　袜子　　　　　　　　图2-47　矿泉水瓶

孩子的问题：怎样才能吹出泡泡？怎样才能吹出长龙泡泡呢？

带着这些问题，孩子们进行了吹长龙泡泡的体验和探索。他们剪掉矿泉水瓶底部，然后用废旧的袜子套在瓶身上，用这个自制的工具去蘸泡泡水，孩子们不断探索着怎样才能吹出一条长龙（见图2-48、图2-49）。终于成功了！他们纷纷说到："老师，我吹得长吗？""老师，我的更长！"

图2-48　比一比谁吹得最长（一）　　图2-49　比一比谁吹得最长（二）

第二阶段：彩虹长龙泡泡

环境：玩水区。

材料：矿泉水瓶、泡泡水、颜料、各种袜子。

孩子的问题：泡泡长龙是怎么变成七彩色的呢？

孩子们看到有的小朋友吹出的泡泡真好看，就问我："老师，阳阳的泡泡怎么是红色、蓝色的，怎么这么好看呢？"我说："要不你们想一想或者来试试看吧！"孩子们就拿来了水粉、水彩等颜料，加在泡泡水里，实验成功了，孩子们吹出的泡泡真好看（见图2-50）。

图2-50　彩虹长龙泡泡

分析与支持：

《纲要》中提出："在活动中教师应更多地培养幼儿对知识主动探究的能力，而不应仅仅是技能的传授。"心理学家皮亚杰说过："儿童就是科学家。"幼儿是天

生的探究者，从一出生就开始不断地探究周围世界，建构自己的知识。幼儿的科学探究是引导幼儿发现问题，解决问题，获得知识和经验，体验获得的乐趣，从而满足自己内在成长的需要。教师应该真诚地接纳、多方面支持和鼓励幼儿的探索行为。活动中，教师提供足够幼儿操作的材料，让幼儿不断操作实践，不告诉幼儿彩虹长龙泡泡是加了什么，而是让孩子在实际操作中获得经验，激发幼儿探索欲。

迁移活动

小班美工：泡泡变身啦

设计意图：

泡泡在生活中很常见，幼儿对五颜六色的泡泡也非常感兴趣。我们班幼儿在美术活动中已经用很多种材料画过泡泡，如水彩笔、油画棒、棉签、海绵印章等，但对于一些特殊的绘画方式还需教师的引导。吹泡泡是每个孩子都喜爱的游戏，因为泡泡的色彩很绚丽，仿佛每个泡泡都是一个奇妙的世界，里面有好看的风景和有趣的故事，美丽的泡泡漫天飞舞带来浪漫的气息并引起孩子们无尽的遐想……

活动目标：

1. 用多种颜色吹泡泡、印泡泡，并尝试对印出的泡泡进行添画。

2. 感受泡泡变身的乐趣，发展想象力。

活动准备：

1. 拓展营地：艺术创想营。

2. 经验准备：会吹泡泡。

3. 材料准备：纸、吸管、勾线笔、有颜色的泡泡水。

活动过程：

1. 魔术导入——吹泡泡，引起兴趣。

"今天，我是小小魔术师，我会用手中的吸管变一个神奇魔术，吹吹吹，变变变，变出了什么呀？原来是泡泡！"

（实录分析：孩子们蜂拥而上围在我身边，高举小手等待着拍打泡泡，由于一根吸管吹出的泡泡比较少，每次也只有靠近我的几个人才拍得到。）

2. 观察泡泡的形状，了解留住泡泡痕迹的方法。

（1）提问："刚才你接住泡泡了吗？泡泡是什么样的？泡泡在哪儿呢？"

（2）引导幼儿了解留住泡泡痕迹的方法。

（实录分析：活动准备时，我已将纸放在了孩子们的操作桌上，当我问"如何留住泡泡"这个问题时，幼儿联想到了我的方法。）

3. 介绍工具，学习用吸管吹泡泡、印泡泡，尝试对泡泡进行想象添画。

（1）学习吹泡泡、印泡泡的方法。

（实录分析：重点引导幼儿和我学习"吹"的动作，慢慢吹，重复练习2～3次。）

（2）创设情境，对泡泡进行添画。

4. 提出要求，幼儿操作，教师指导。

"让我们一起来给泡泡变身吧！"

（实录分析：大多数幼儿一开始都吹不出泡泡，很着急，于是我走到跟前示范，教他们方法，当他们吹出第一个泡泡时，笑得很开心、很满足。）

5. 展示交流，感受泡泡变身的乐趣。

[实录分析："老师，你猜猜我这是什么？我这个是蓝精灵（彩色项链、小兔子……）。部分幼儿有自己的想法，能够独自进行添画并大胆讲述。]

区域游戏：拓印绣球花

游戏目标：

用吸管吹的技能，拓印出一朵朵绣球花。

游戏准备：

1. 拓展营地：艺术创想营。

2. 彩色颜料、小瓶子（见图2-51）、吸管（见图2-52）、彩色泡泡水、纸。

图2-51 玻璃瓶

图2-52 吸管

游戏玩法：

1. 将洗洁精和彩色颜料混合，制作彩色泡泡水。

2. 将吸管插入泡泡水中吹出大量泡泡，气泡要足够厚并高出容器边缘。

3. 将卡纸放在气泡上轻轻按压，重复几次将印迹留在纸上（见图2-53至图2-55）。

图2-53 制作绣球花（一） 图2-54 制作绣球花（二） 图2-55 制作绣球花（三）

区域游戏：藏起来的泡泡球

游戏目标：

1. 能主动积极地参与体育游戏活动，体验攀爬运动的乐趣并能坚持参加活动。

2. 能大胆地尝试不同难度的器械进行攀爬练习，动作灵活、协调。

游戏准备：

1. 拓展营地：健康运动营。

2. 经验准备：掌握一定的攀爬技能。

3. 材料准备：小背篓、泡泡球、攀爬架（见图2-56至图2-58）。

图2-56　小背篓　　　　　　图2-57　泡泡球　　　　　　图2-58　攀爬架

游戏玩法：

孩子们背上背篓，爬上攀爬器械，寻找泡泡球（见图2-59至图2-61），谁的背篓里泡泡球最多，谁就获得胜利。

图2-59　找泡泡球（一）　　图2-60　找泡泡球（二）　　图2-61　找泡泡球（三）

主题成效与感悟

美国著名教育家布鲁姆认为，学习中经常取得成功，可能导致更大的学习兴趣。应支持幼儿自发的观察活动，对其发现表示赞赏。游戏中，幼儿无意中将带来的泡泡水洒在了地上，孩子们发现泡泡水是滑的，不适宜在室内游戏。我们便通过讨论将游戏环境选择在孩子最喜爱的"达学园"。在本主题实施初期，孩子们在一起吹泡泡、拍泡泡、玩泡泡，乐此不疲，后来泡泡水玩没了，孩子们很失望，于是我们借助"泡泡是怎么来的？"这个开放性问题，自然生成"制作泡泡水"的科学活动。教师通过提问等方式引导幼儿思考并对事物进行比较观察和探索。

教师将幼儿生活中的泡泡迁移到产生泡泡、留住泡泡、泡泡的变化等几个主题中，激发幼儿主动探索泡泡的形状、泡泡的颜色……根据小班幼儿的年龄特点设计了适合小班幼儿的游戏和探索活动，鼓励幼儿充分调动已有的经验，在玩中学，学中玩，发挥幼儿的主动性和积极性，尝试探索，体验成功的快乐！

中班主题活动一：鸟

问题搜索

我知道：

笪家山上有各种鸟，有的是益鸟，有的是害鸟。

鸟会飞来飞去。

鸟会筑巢。

鸟会捉虫。

鸟儿会成群结队地飞行。

我还知道：

鸟儿会迁徙。

鸟儿要吃虫。

啄木鸟是森林医生。

鸟妈妈会捉虫给小鸟吃。

我想知道：

笪家山上藏着什么鸟？

鸟儿都在笪家山的哪些地方？

鸟儿为什么要迁徙？

小鸟住在哪里？

小鸟晚上要睡觉吗？

小鸟会冬眠吗？

小鸟会下蛋吗？

主题引导

经过一整个冬天的沉寂，笪家山上的小花、小草开始复苏，又恢复了热闹的景象。伴随着它们的苏醒，山上一阵阵叫声引得孩子们驻足寻找。"是谁在叫啊？""是鸟的叫声。""老师，你看，在那棵树上有一只小鸟。""那里有个小篮子。""快看，篮子里还有个蛋呢！""这一定是小鸟生的蛋！""那鸟妈妈在哪里呢？""它为什么不和宝宝在一起呢？"……一时间，孩子们都参与了讨论，也开始了他们的想象。就这样，你一言，我一语，孩子们开始了鸟的探索之旅（见图 2-62、图 2-63）。

《指南》中指出：要尽量创造条件让幼儿实际参加探究活动，使他们感受科学探究的过程和方法，体验发现的乐趣。孩子们在笪家山上寻找关于鸟类的资源，老师则根据孩子们的发现开展适合孩子探索的活动。从听鸟声出发，到找鸟窝，做鸟窝，送鸟蛋，通过亲近自然，幼儿在活动中自觉萌发了爱鸟护鸟的愿望。

图 2-62　瞧，小鸟！　　　　　图 2-63　我们来找一找

集体活动：智慧探索营

中班绘本：我要做一只小鸟

设计意图：

孩子们在笪家山听到鸟鸣，他们喜欢观察鸟儿飞翔。看到大树上的鸟儿，他们也想"飞"上枝头，看看下面的景色；看到五彩缤纷的羽毛，也幻想自己能有一双翅膀。于是，我和孩子们开启了绘本阅读《我要做一只小鸟》。

活动目标：

1. 在笪家山的自然情景中，通过绘本阅读，了解绘本图画的内容。

2. 学习词语"孤零零""光秃秃"。

3. 喜欢和同伴交流绘本内容，体会妈妈的爱。

活动准备：

绘本《我要做一只小鸟》、故事录音、欢快的音乐。

活动过程：

1. 游戏：寻找小鸟。

带领幼儿去笪家山寻找鸟。

提问：你找到小鸟了吗？小鸟是什么样子的？小鸟是什么颜色的呢？小鸟是怎么叫的？我们一起学学小鸟叫。

2. 集体阅读。

（1）和幼儿一起看书，了解内容，体会故事中的情感。

（2）观察图片，讲述图片内容，幼儿大胆想象。

（3）提问：当听到小鸟说"不可能！要到我身边，一定得是一只小鸟"时，小男孩会怎么回答呢？（可是我没有翅膀、那我就变成小鸟……）从这里，我们可以看出，小男孩是一个什么样的人？（善良、有爱心……）

（4）提问：妈妈问他："为什么要做小鸟？"小男孩会怎么回答呢？（去安慰树上那只孤独的小鸟，去温暖它的羽毛和它的心，去飞翔）

（5）提问：小男孩真的会飞吗？为什么？妈妈会让他去飞吗？你们的妈妈爱你们吗？（爱）每个妈妈都是爱自己的孩子的。

（6）提问：当你要做一件事遭到拒绝后，你会怎么做？小男孩有什么不一样？

（7）完整讲述剩下的故事内容。

讨论：你的妈妈在你出门前，会对你说些什么？做些什么呢？你的心里是什么感受呢？（暖暖的）这暖暖的感觉就是妈妈的爱。

3. 幼儿分组交流和讨论。

4. 完整欣赏绘本故事。

在笪家山自然环境中，交流阅读绘本故事的感受。

中班科学：请照顾好我的蛋

设计意图：

孩子们在笪家山上发现了一个鸟窝，里面有两只蛋。鸟妈妈用翅膀护着一只，还有一只蛋在外面（见图 2-64、图 2-65）。这个蛋怎么这么小？这个蛋能吃吗？蛋宝宝的妈妈是谁呢？它不会破掉吗？一个小小的蛋引发了孩子们一连串的问题。抓住这个教育契机，我设计了科学活动"请照顾好我的蛋"。

图 2-64　鸟妈妈和蛋宝宝（一）　　图 2-65　鸟妈妈和蛋宝宝（二）

活动目标：

1. 通过小实验，知道蛋的特性，并能根据问题自主记录实验的结果。

2. 在探究活动中，体验发现的乐趣。

活动准备：

1. 实验材料：砖头、积木、沙子、海绵、泡沫盒、稻草、桌子、棉花。

2. 实验记录表（每人一张）、鸡蛋（若干）、投影仪、统计表。

活动过程：

1. 大胆猜想，引发幼儿实验的愿望。

小朋友，这是蛋宝宝。想一想、猜一猜，蛋宝宝从树上落下来会怎么样呢？为什么？（幼儿大胆猜测）

教师小结：蛋宝宝落在地上会碎，那鸡蛋落在其他地方会怎么样呢？

2. 学会预测并用自己喜欢的方式记录结果。

（1）探究问题：是不是鸡蛋落在所有的地方都会碎呢？幼儿在记录表上预测。

师："老师准备了一些鸡蛋，它们和鸟蛋是一样的。我们用鸡蛋来做个实验吧！"

（2）请幼儿大胆分享预测结果。

3. 动手操作，激发幼儿对科学探索游戏的兴趣。

（1）探究活动：是不是鸡蛋落在所有的地方都会碎？

幼儿动手尝试，教师提醒：及时把结果画在表格里。

实验过程中，教师巡回观察，发现能力较弱的幼儿及时给予帮助。

（2）实验结果分享。将实验记录单进行统计，并用投影仪展示。

教师小结：从实验的结果我们可以看出，鸡蛋落在砖头、积木、桌子上容易碎，因为它们都是硬的，而落在海绵、棉花、沙子、泡沫盒这些软的物品上就不容易碎。

4. 送蛋宝宝回家。

（1）蛋宝宝容易碎，我们可以用哪些材料来保护它呢？幼儿和同伴共同讨论。

（2）实际操作。孩子们选择合适的材料，送蛋宝宝回家。

中班数学：鸟儿旅行团

设计意图：

《纲要》中强调，应引导幼儿在生活或游戏的真实情景和解决问题的过程中逐渐感知数学，形成数学意识。在主题"鸟"的学习中，孩子们对鸟产生了浓厚的兴趣，他们知道一些鸟儿要南飞，它们会成群结队，也会单独飞行。在笪家山上的小鸟飞来又飞走，分分合合。幼儿通过观察、动手和材料互动，真正做到在玩中学，在学中做，促进其逻辑思维能力的提高。

活动目标：

1. 能结合笪家山的自然情境，初步体会加法的含义，并能用加法解决简单的问题。

2. 熟悉5以内的分合。

活动准备：

1. 环境：智慧探索营——小树林。

2. 课件：5以内的分合、2~5的数字组成式。

活动过程：

1. 笪家山散步，边走边玩碰球游戏，复习5以内的组成。

2. 创设情境，引导探究。

（1）闯关要求。

"今天，有一群小鸟要去旅游了，你们想不想和它们一起去？"（想）"可是小鸟说，今天的旅行需要我们闯关前行。每成功闯过一关，才可以去下一个地方。我们出发吧！"

（2）闯关游戏

（出示课件）"现在我们来到了一片森林，你们听到了什么声音？哦，是小鸟飞来了。它们是一起飞来的吗？"（不是）"它们是怎么飞来的？"（先飞来2只，又飞来3只）"那现在一共有几只小鸟？"（3和2合起来就是5）"谁能说一段完整的话？"

"太棒了，先飞来2只小鸟，又飞来3只小鸟，现在一共有5只小鸟。"

"下面小鸟会带我们去哪里呢？它会给我们出什么闯关题呢？"

鸟："欢迎大家成功闯过第一关，现在我们来到了大海上，这里有我的好朋友海鸥。看，它们来了。它们是怎么飞的呢？"（幼儿尝试说一段话）教师依次出示闯关任务卡（1和4，2和3，4和1）。

3. 成功过关奖励。

"恭喜大家成功闯过4关，我们今天的旅行结束了，小朋友们太厉害了，赶紧去领取奖励吧。"

制作鸟儿绘本书

鸟是孩子们日常生活中非常容易见到的动物，他们经常会聚在一起谈论鸟儿的故事："我家的鸟是黑色的。""我家的鸟儿叫声好听。""我家的鸟要吃虫子。"……引得家中没有鸟儿的孩子羡慕不已。有个孩子说："老师，我家里有关于鸟的图画书，你讲给我们听吧！"于是，孩子们纷纷带来了与鸟有关的书籍，孩子们在"达学园"的自然环境中开始了鸟的探索之旅。

活动目标：

1. 幼儿自由选择图书，了解更多关于鸟的知识。

2. 能安静有序地阅读图书，能和同伴做简单的交流。

3. 尝试用画笔画鸟，并用所画图画制作鸟儿绘本书。

我们的想法：见图 2-66。

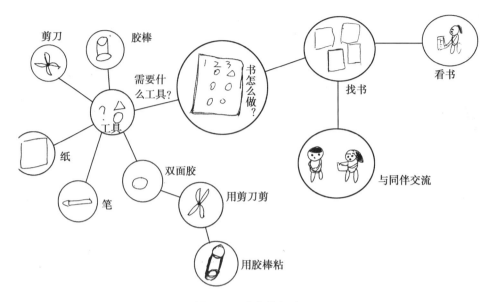

图 2-66 我们的想法

活动现场：

第一阶段：鸟儿图书大搜索

环境：智慧探索营——自然阅读区。

材料：各种关于鸟类的图书。

孩子的问题：小鸟为什么会飞？它们是什么颜色的？它们吃什么？晚上小鸟住在哪里？为什么小鸟要迁徙？它们会迁徙到哪里去？

带着这些问题，孩子们进行了一场鸟的图书大探索（见图 2-67 至图 2-69）。他们纷纷从家里带来各种与鸟有关的图书，有的还带来与鸟有关的各种卡片，他们把带来的书和卡片放在智慧探索营的阅读区，和其他幼儿一起看。

图 2-67 鸟的图书 大搜索（一） 图 2-68 鸟的图书 大搜索（二） 图 2-69 鸟的图书 大搜索（三）

第二阶段：创编鸟儿故事

环境：智慧探索营——自然阅读区。

材料：绘画纸、彩笔。

孩子的问题：小鸟们住在哪里呢？小鸟们飞到南方后会怎么样呢？我可以画一画它们吗？

再次进入阅读区后，对小鸟很熟悉的幼儿想自己动手画一画鸟的故事。他们画了好多鸟，边画还边说发生了什么事，其他幼儿也纷纷参与了讨论，"我家的鸟是彩色的，你应该画一只彩色的鸟。""我家的鸟住在笼子里，你要给它画个笼子。""我看到小鸟是飞在天上的，你要画个天空，还有云朵。"……就这样，你一句我一句，一幅幅鸟的图片就完成了。

第三阶段：制作鸟儿绘本书

环境：智慧探索营——自然阅读区。

材料：与鸟有关图片、胶棒、订书机、各种彩色纸。

孩子的问题：我们可以把这些与鸟有关的图片装订在一起，变成一本书吗？

孩子的想法：

孩子们画了好多图片之后，都散落在阅读区的架子上，每次看都不方便，于是有了把图片装订到一起的想法。他们先把图片整理整齐，然后尝试用胶水粘，发现等待时间较长；有幼儿说看到老师用的是订书机，于是他们也用订书机装订，发现又快又好。就这样，一本鸟的绘本书就制作完成了。他们把书放在书架上，有空还把书拿出来讲给其他幼儿听。

分析与支持：

1. 引导幼儿寻求更多获取知识的渠道，激发幼儿主动获得知识。

《指南》指出："应为幼儿创设自由、宽松的语言交往环境"，"丰富其语言表达能力，培养阅读兴趣和良好的阅读习惯，进一步拓展学习经验"。在幼儿讨论小鸟的时候，老师不要急着告诉孩子相关知识，应通过孩子们的聊天掌握孩子的认知情况，同时用孩子的好奇心，激发孩子学习的积极性，这样比直接告知效果要好得多。

2. 鼓励幼儿进行大胆想象，勇敢创作。

《指南》指出，幼儿在阅读中萌发初步的书写意愿，能够通过观察和注意周围环境中的文字信息，逐步积累一些初步的书面语言知识，并愿意用图画和符号表达自己的愿望和想法。在阅读区里，孩子们根据看到的图书通过想象，创作更多的属于孩子们的鸟儿故事。这是孩子们学习结果的经验迁移，对孩子提升语言学习能力大有帮助。

小鸟找妈妈

开心果家的窗台上有一只受伤的鸽子，有心的妈妈拍了照，并让我放给孩子们看。孩子们边看边说："鸽子好可怜，它的妈妈在哪里？它的妈妈是谁？"鹏鹏说："幼儿园笪家山上也有一个鸟窝，老师你带我们去看看吧！"于是孩子们准备去"达学园"看看。

活动目标：

1. 能够根据情境，合作讨论设计迷宫草图，并选择相应的材料建构迷宫。

2. 能按照规则进行游戏，体会探究的乐趣。

活动现场：

第一阶段：送小鸟回家

环境：智慧探索营——小树林。

材料：各种树枝、树叶。

孩子的问题：为什么小鸟找不到妈妈？它是不是迷路了？它的妈妈在哪里？

孩子们来到智慧探索营寻找小鸟的妈妈，可是怎么都找不到。"我们先找小鸟的家，它妈妈一定在家里等它。"于是，孩子们纷纷找小鸟的"家"。最后在树枝上发现了一个鸟巢，他们很肯定地说，这就是小鸟的家。小鸟的家太难找了，就跟迷宫一样转来转去（见图2-70、图2-71）。于是，孩子把他们走的路用树枝在地上画出来，真的就像个迷宫。"要是小鸟换地方了，你们还能找到吗？""能！"孩子们很肯定地回答，"我们走迷宫可厉害了。"说完孩子们兴致勃勃地拿起树枝在地上画迷宫。

图 2-70　帮助小鸟走迷宫（一）

图 2-71　帮助小鸟走迷宫（二）

第二阶段：迷宫制作大讨论

环境：智慧探索营。

材料：纸、笔。

孩子的问题：迷宫怎么做？用什么东西做？

孩子们已有玩迷宫的经验，知道迷宫是一个有入口和出口的很复杂的路。孩子们在土地上画出了好多纵横交错的路，然后还画了一只小鸟，拿着小鸟在"路"上走（见图2-72），边走边告诉旁边的幼儿说："从这里走，然后拐弯，然后往前走……这样就出来了。"小野不小心用脚踢了一下，一条"路"

图 2-72　在这里开个出口

没有了。"不能踢。""画在地上不好，会被弄坏的。""我们找张纸画下来，下次玩就不需要再画了。"……于是，童童找来纸和笔，开始了新的迷宫草图绘制。由于孩子的迷宫草图太小了，于是老师引导孩子将图纸放大，并放在了棋盘里，这样孩子就可以重复玩了。

分析与支持：

鼓励幼儿通过直接感知、操作进行游戏活动。《指导纲要》指出，幼儿是积极的活动者和主动的学习者。在区域活动中，它让每个孩子都有机会接触符合自己学习特点和愿望的活动。在这个游戏中，孩子是游戏的主导者，他们积极参与游戏，获得了直接的经验。

小鸟的家

每个人都有家，小鸟也有家。它们的家在哪儿呢？通过集体活动，孩子们知道了小鸟的家需要自己寻找材料，自己动手搭建，于是孩子们萌发了在"达学园"为小鸟搭个窝的想法。我们鼓励孩子自己寻找材料进行搭建。

活动目标：

1. 幼儿大胆想象，尝试用各种自然材料为小鸟们制作鸟窝。

2. 通过活动，对于各种鸟儿的居住环境有一定的了解。

3. 在活动中，愿意和别人分享、交流自己喜欢的鸟窝的样子。

活动现场：

第一阶段：材料收集

环境：智慧探索营。

孩子的问题：笪家山上有什么东西可以做鸟窝？

带着这个问题，孩子们走进了笪家山，开始寻找有用的材料。通过观察笪家山树枝上的鸟窝，孩子们发现，鸟窝有软的材料，还有硬的材料。小树枝、石子、枯草、树叶都是孩子们眼中的材料，这些都可以给小鸟做个窝。于是，他们将这些材料都收集起来，准备给小鸟做窝（见图2-73）。

第二阶段：制作鸟窝

环境：智慧探索营。

材料：树枝、小石子、枯草树叶等自然材料、麻绳。

孩子的问题：我们怎么做鸟窝？鸟窝是什么形状的？

孩子们都只看过鸟窝，从来没有动手做过。他们再次观察小鸟自己做的鸟窝后发现小鸟用硬的树枝在外圈交错编织，慢慢围合起来，然

图2-73　自然材料

后在里面铺上柔软的材料，如树叶、枯草等（见图2-74至图2-77）。孩子们开始动手制作了。看似简单的操作，在孩子们手中，一点也不听话，有的孩子怎么也没有办法将树枝编到一起。小宇说："老师，我可以用绳子将树枝扎到一起吗？""你可以试试看！"于是，小宇用绳子将树枝都捆绑到一起，围成了一个半封闭的样子，他还铺上树叶，看上去棒极了。

图 2-74　我们这样圈起来

图 2-75　铺上软软的"床铺"

图 2-76　加固鸟窝（一）

图 2-77　加固鸟窝（二）

第三阶段：鸟窝大比拼

环境：智慧探索营。

材料：砖头、纸箱、帽子、无纺布、奶粉罐等。

孩子的问题：我可以用酸奶盒做鸟窝吗？我可以给小鸟做个大大的家吗？

中班的孩子已经有了初步的合作意识，他们已不满足于简单的小制作了，他们收集更多的材料，准备给小鸟做个更大的"家"。他们用砖头建造出各种家具，例如沙发、餐桌，还有围墙，他们将纸箱一个一个摆放、垒高，然后再封闭。有的孩子想象力非常丰富，用奶粉罐垒成了两根柱子。在游戏中，孩子们有的是合作完成一个作品，有的是单独制作，但是不管怎样，孩子们的动手能力都得到了提高（见图 2-78 至图 2-81）。

图 2-78　鸟窝大比拼（一）

图 2-79　鸟窝大比拼（二）

图2-80　为小鸟设计家具（一）　　　　图2-81　为小鸟设计家具（二）

分析与支持：

1. 丰富幼儿生活经验，加深对建构物体的印象。

建构游戏是幼儿利用各种不同结构材料动手进行组合造型的活动，通过建构实现对现实生活的反映。在建构"小鸟的家"活动中，孩子们通过观察鸟窝，收集材料，动手搭建，最后延伸到建个大的"鸟窝"。活动中幼儿手的技能和思维水平都有了很大的提升。

2. 积极评价，促进幼儿多种能力的发展。

游戏评价是活动的重要组成部分，也是帮助幼儿掌握各种技能的方式之一。活动结束后，教师及时给予建构作品评价，展示成功的经验，帮助大家共同进步。这样有经验的孩子可以巩固自己的认知，其他孩子则通过这样的方式学习感知经验。

迁移活动

中班美工：小鸟小鸟飞进来

设计意图：

在一次散步时，幼儿们偶然发现笪家山上有小鸟的叫声，可是没有找到小鸟，他们想用为小鸟造一个家的方法，吸引小鸟来和自己做朋友。在经过初体验的失败、讨论分析原因、做计划、收集材料、再体验、专家指导等过程后，幼儿在经验、技能方面都得到了明显的提升，这时户外美术活动"小鸟的家"使我们的故事达到高潮，幼儿从着手探究和解决问题之中获得了自信。

活动目标：

1. 按照设计制作一个家，在回顾以往经验的基础上探索固定的方法。

2. 巩固扎、粘等技能，用喜欢的方式去建造自己心目中安全、舒服、美观的家。

3. 愿意与同伴分享自己的经验与感受。

活动准备：

1. 经验准备：孩子已经有了鸟巢的制作基础，知道建构鸟巢的材料。

2. 材料准备：树枝、树叶、干花、麻绳、废旧筷子、冰棒棍、吸管、双面胶、单面胶、白乳胶、黏土、毛根、纸、笔（见图2-82至图2-84）。

图 2-82　收集制作鸟窝的
材料（一）

图 2-83　收集制作鸟窝的
材料（二）

图 2-84　收集制作鸟窝的
材料（三）

活动过程：

1. 明确目标、熟悉材料。

（1）明确目标。

今天我们来做什么？

（2）结合幼儿事先做好的设计图，引导幼儿将材料的选择与家的要求相对应。

关于小鸟的家你们都知道什么？

如：安全——树枝，你找到了安全的材料吗？舒适——树叶，美丽——鲜花、黏土等。

哪个小组来和我们分享一下你们的设计？

幼儿介绍小组的设计，包括人员、分工、材料等方面。

2. 幼儿分组完成：小鸟的家（可分1~2次活动完成）。

（1）幼儿分组创作：幼儿按自由结对的小组进行制作。

每个小组都设计了自己认为的小鸟最喜欢的家，接下来请根据设计选择合适的材料开始搭建。

（2）教师关注各组进度，给予不同层次建议。对于分工明确、合作有成效的小组，老师可以提出更高要求，如大小、美观。如有需要，在适当的时候可加入其中一组参与活动。

"我也想做一个小鸟的家，你们欢迎我和你们一起做吗？"

将做好的小鸟的家挂在笪家山上，供幼儿欣赏。

已经完成的"小鸟的家"挂上吊牌，幼儿们选择各自认为小鸟喜欢的位置挂上去，看看小鸟会不会住进来。

3. 经验分享、作品欣赏。

小鸟会最喜欢哪个家，为什么？

鼓励幼儿说出小鸟会喜欢的家，可以是自己小组的作品，也可以是其他小组的，重点要说明理由。在幼儿讲述后，老师从不同角度给幼儿示范如何去欣赏作品。

老师从安全、舒适、美观等角度对幼儿作品进行评价，示范怎么去欣赏别人的作品。

基地体验手记：探秘花鸟市场

活动时间：半日体验

活动地点：镇江市花鸟市场

我们的问题：

"老师，花鸟市场里有什么？"

"花鸟市场里有滑滑梯吗？"

"那里是不是有好多花，好多鸟啊？"……

我们的准备：

孩子们，你们知道吗？在我们镇江南山风景区里有一个花鸟市场，里面有各种花草、虫鱼，还有好多的鸟。我们一直在学习关于鸟的知识，看到很多鸟的图片，今天我们一起走进花鸟市场，看看里面有多少种鸟，我们认识哪些鸟，好吗？

我们的活动：

带着种种疑问和激动的心情，镇江市实验幼儿园中营校区大班的小朋友在父母的陪同下走进了镇江市花鸟市场。进入市场大门，两边都是卖花卖鱼的商贩，孩子们被这些花花草草吸引住了，有些还能说出花名。各种鱼儿也引得孩子们驻足观赏。继续前行，一只只架在一起的笼子吸引了孩子的目光，哦，笼子里有各种鸟儿，孩子们兴奋极了："这个老师给我看过图片，这是鹦鹉，它会学人说话。""这只鸟的羽毛好漂亮啊！""妈妈，我可以买一只回去吗？"……

我们的收获：

走进大自然的课堂，孩子们充满好奇的眼神和兴奋的笑脸，都在告诉我们：这里太好玩了，我还想再来。花鸟市场对于孩子们来说是新鲜的：怎么可以有这么多种鱼，怎么会有这么好看的花，怎么会有这么奇怪的草，为什么这么多鸟儿关在笼子里。在市场里，他们看、闻、摸、逗，一切都是那么的快乐（见图2-85至图2-87）。

图2-85　羽毛好漂亮！　　图2-86　选购鲜花（一）　　图2-87　选购鲜花（二）

这样的亲子活动，给了家长和孩子相处的时间，也让孩子们多了亲近自然的机会。通过实地考察，他们解开了心中的疑惑，对鸟儿也有了更深层次的了解。

主题成效和感悟

通过"达学园"一系列关于鸟的探索活动，孩子们深深地感受到了鸟对大自然的好处，也知道了鸟是人类的好朋友，激发了他们爱鸟、护鸟的愿望。《指南》指出，"学习"是主体通过与环境相互作用导致能力或倾向相对稳定变化的过程。在主题开展过程中，孩子是学习的主体，作为老师，我们应尽量放手激发幼儿去探索，去发现，去寻找，通过与"达学园"环境的互动，寻鸟、送鸟回家等，孩子的认知得到了提高。我们要认真倾听孩子的问题，从问题中寻找有价值的教育契机，让孩子的问题真正成为开启智慧之门的钥匙。

中班主题活动二：小小寻宝队

问题搜索

我知道：

笪家山上有很多宝贝，有很多的花、草、果子。

有的果子能吃，有的果子不能吃。

天上的云朵像棉花糖。

我还知道：

有的植物是可以制药的，有药用价值。

山上的云朵会变彩色。

我想知道：

为什么每片树叶都长得不一样呢？

哪些花有毒，哪些花是可以食用的呢？

哪些植物可以做成药呢？对我们有什么用处呢？

哪些果子是可以吃的，哪些果子有毒呢？

主题引导

"笪家山"——幼儿园新开发的"宝藏"之地，在孩子眼里它永远充满了新奇。"老师，你看这朵花茎上有小刺！""老师，我挖到了蚯蚓！""我挖到白色的小珍珠了。""老师，我发现这里有条小路！"……笪家山上有这样一群"寻宝专家"，他们找呀找，挖呀挖，探索着笪家山里的花花草草，连土里的"宝贝"也不放过。

正如《指导纲要》中所强调和倡导的：教师要保护幼儿对周围事物和现象及其相互关系的好奇心、认识兴趣和探索欲望。孩子从出生起就对世界万物充满好奇，他们周围处处都是新鲜的事物。教师应该根据幼儿的心理需求，以支持者、合作者、引导者的身份参与活动，充分调动幼儿学习的主动性和积极性，鼓励幼儿大胆尝试，亲历和体验科学探究的过程和方法，激发探索的乐趣。

集体活动：智慧探索营

中班绘本：彩虹色的花

设计意图：

笪家山有许多非常漂亮的小野花，孩子们非常喜欢观察它们，孩子们对野花充满了好奇，乐于大胆地探索和试验，观察杂草和野花，比较它们的颜色、形状、气味等，感受大自然的美。看着他们对野花爱不释手，于是我们为孩子们带来了绘本《彩虹色的花》，这个故事告诉小朋友们：我们要助人为乐，主动去帮助身边需要帮助的小朋友。绘本故事充分激发了小朋友阅读文本和讲说故事的兴趣，相信这部作品也会使孩子们将一颗"帮助"的种子深深地埋在自己的心底。

活动目标：

1. 观察山中小野花，与同伴分享小野花的外形特征。

2. 合作阅读绘本，能理解内容，完整地用语言表述花瓣所起到的作用。

3. 通过合作表演的形式表现彩虹花重生后的快乐。

活动准备：

PPT、图书、配乐。

活动过程：

1. 摘野花。

带孩子们前往笪家山，让他们自由玩耍、自由采摘野花，引导孩子们观察和比较花朵的形状和颜色。

2. 阅读绘本，理解内容。

（1）幼儿观察彩虹色的花（见图2-88、图2-89），与幼儿手中的小野花做对比，引出故事主题。

图 2-88　彩虹色的花（一）　　　图 2-89　彩虹色的花（二）

提问：这是一朵什么样的花，看到它你有什么感觉？

（2）出示花瓣逐渐变少的组图。

提问：我这里还有许多有关它的图片，看看彩虹色的花有什么变化呢？除了花瓣还有哪些地方也发生了变化？

3. 重点理解图书中的重点情节。

（1）幼儿自主阅读时可以拿自己手中的小野花进行操作。

（2）集体阅读，帮助幼儿了解花瓣的不同用处。

提问：现在让我们看看彩虹花帮助了谁？

提问：它用什么颜色的花瓣帮助了谁？做了什么？小动物怎样了？

（3）讨论彩虹花帮助动物后的心情。

提问：小动物在彩虹花的帮助下都得到了快乐，想想这时候彩虹花会是什么心情呢？为什么？

4. 合作表演故事。

（1）尝试与同伴合作表演故事中的部分。

（2）引导幼儿用自己采摘的小野花表现"彩虹色的花"。

（3）引导幼儿用动作表现雪花。

（4）请几个小朋友当被彩虹色的花帮助过的小动物，把想说的话说出来。

（5）幼儿合作表演"雪花拥抱彩虹花"的后半部分。

中班科学：小小寻宝队

设计意图：

我国著名儿童教育家陈鹤琴先生曾说过："大自然，大社会都是我们的活教材。"

笪家山是一座充满野趣的小山坡，花花草草自然生长，碎石瓦砾也随处都是。孩子们常常自由地在山坡上挖挖找找，也常常有一些令人惊喜的发现，并且把这个过程称之为"探宝"，并且自己命名为"寻宝队"。

为了让孩子更清晰地建立"寻宝"的概念，了解寻宝到底是一个什么样的过程，我们设计了这个"小小寻宝队"的活动。

活动目标：

1. 主动参与"寻宝"活动，初步了解寻宝工作的内容。

2. 能熟练使用一些挖掘工具如铲、勺、小锹、小棒等。

3. 通过挖挖找找，培养观察能力和对大自然的兴趣。

活动准备：

1. 经验准备：了解各种寻宝工具的主要用途。

2. 材料准备：铲、勺、小锹、小棒、小桶、小包等挖掘工具。一小段寻宝的视频，有关寻宝的图片。

活动过程：

1. 交代"寻宝"任务，导入活动。

小小寻宝队出发啦！山上的宝贝真多呀，我们去山上挖一挖、找一找。把找到的"宝贝"放在自己的小包里，一会儿跟大家分享一下（见图2-90）。

　　2. 分享寻宝成果，集体讨论。

　　（1）分享："大家一起来说一说，你挖到了什么？"

　　（2）查询视频资料，了解有关寻宝队的小常识。

　　提问：什么是寻宝？

　　小结：寻找和挖掘古迹、古文物等有历史价值的东西。

图 2-90　寻宝队出发啦！

　　寻宝队挖到了什么？

　　小结：石头、瓷片、蜗牛壳等。

　　寻宝常用的工具有哪些？

　　小结：寻宝专用铲，还有小刷、棒、探针等。

　　3. 第二次寻宝。

　　（1）讨论。

　　提问：你刚刚在笪家山挖到了什么（见图2-91、图2-92）？

　　（2）根据幼儿的答案进行简单的分类，可在黑板上画出简略的分类图。

　　如：瓷片、砖瓦、蜗牛壳、铁钉铁片……

　　（3）制作标志。

　　4. 结束活动。

　　"挖掘结束以后应该做什么？"

　　做好现场的清理工作，将工具归位并洗手。

图 2-91　来看我们的战果！

图 2-92　我发现宝贝啦！

中班数学：花草小路

设计意图：

　　笪家山到处鲜花盛开，树叶与花朵相映成趣，泥土与小石子排列有序。小朋

友经常一蹦一跳地走在花草相间的石子小路上，"大石头、小石头、大石头、小石头……""咦！老师，石头好像在排队呢！"《指导纲要》提出"在自然环境中让幼儿能掌握排数的学习"。本次活动根据中班幼儿的年龄特点，结合生活实际，以游戏情景贯穿活动，激发幼儿的兴趣，引导幼儿观察并发现规律，促进幼儿观察、比较、思考及创造能力的发展。

活动目标：

1. 能够发现并清楚讲述树叶和花朵的排列规律。

2. 学会按树叶的1~2个特征有规律地排序。

3. 能运用有规律排序的方法装饰树叶，感受生活中树叶排序的规律美。

活动重点：学会按树叶花朵的1~2个特征有规律地排序。

活动难点：能够发现并清楚讲述树叶与花朵的排列规律。

活动准备：

1. 经验准备：幼儿已有初步有规律排序的经验，观察过生活中有规律排序的物品。

2. 材料准备：树叶、花朵（见图2-93、图2-94）。

图2-93　材料（一）　　　　　　　图2-94　材料（二）

活动过程：

1. 观察山上的事物，引导幼儿发现规律。

"我们一起来看一看，笪家山上你发现了哪些有趣的规律呢？"

2. 幼儿分组操作活动（见图2-95、图2-96）。

图2-95　看我发现了什么　　　　　图2-96　走一走

（1）收集树叶，引导幼儿进行分类。

①"现在我们把收集到的小树叶和花朵进行分类，相同的树叶和花朵需要放在一起。"

② 幼儿分组进行分类操作。

（2）请个别幼儿展示树叶排序，集体讨论。

（3）幼儿操作，教师巡回指导，鼓励能力强的幼儿大胆创编排序规律。

3. 幼儿自由选择材料排序。

（1）带领幼儿自由选择笪家山上的事物进行自由排序。

（2）讨论总结，结束活动。

关于花草的图书

你知道哪些花儿喜欢开在潮湿的山谷里？哪些花儿喜欢开在阳光充足的田野里？花朵由哪几部分组成？这些花朵的知识我们只能先从绘本中学到，等学会了，我们就可以照顾笪家山上的小花朵们啦！孩子们可以自由选择笪家山中比较安静的休闲阅读区域进行阅读活动。

活动目标：

1. 幼儿能够通过各种花草的绘本获得关于花草的知识，促进语言的发展。

2. 能随着绘本的内容，在达学园中找到相应的花草树木。

活动现场：

第一阶段：绘本中的花花草草

环境：智慧探索营——自然探秘室。

孩子的问题：这些花朵好漂亮，它们为什么会开出不同的颜色呀？

幼儿边看绘本书边讨论着："绘本书上这些花朵的颜色好漂亮呀！""你看，红红的小花朵像一盏灯笼。""不对，那朵紫色的小花像小喇叭。""白色的小花像一顶帽子。"孩子们七嘴八舌地聊起了那些漂亮的小花朵，它们为什么会开出不同颜色的花朵呢？

第二阶段：寻找花朵

环境：智慧探索营。

材料：自然花草、绘本。

孩子的问题：笪家山有没有这些花花草草？

孩子边阅读边结合画面进行故事讲述，苹果说："快来看呀，这个黄色的小花是我在绘本书上看到的小野花，它们叫蒲公英，种子会被风吹得飞来飞去。"叶宝晨则说："这是喇叭花，哔哔叭叭吹喇叭呢！笪家山也有！"孩子们讨论绘本的相关内容，并进行对话表演，在笪家山边看书边去找书中的花草，他们对花草有了

更直观的认识（见图 2-97 至图 2-99）。

图 2-97　花草比对中（一）

图 2-98　花草比对中（二）

图 2-99　花草比对中（三）

分析与支持：

1. 提供丰富的花草书籍，让幼儿获取知识并分享。

《指南》建议："当幼儿遇到感兴趣的事物或问题时，和他一起查阅图书资料，让他感受图书的作用，体会通过阅读获取信息的乐趣。"教师要引导幼儿学习在书本中寻找所需信息，使阅读成为其他活动的资源库，让幼儿深刻感受到我所需的知识都能从阅读区的图书中获取。

2. 教师应进行平行阅读的示范指导。

笪家山自然环境相对较安静，空旷的山体会使幼儿阅读时分神，所以教师应该寻找机会与幼儿一起阅读，通过教师的言传身教和以身作则来让幼儿感受一种阅读的氛围。

小小寻宝队

"小小寻宝队"的队员发现了很多不同形状的树叶。它们形状不同，叶脉、生长方式也就不同。孩子们为了更好地了解树叶的形状、生长方式、叶缘特征等，拿着放大镜在树叶与树叶之间进行对比，制作出一张张小树叶的姓名卡片。在达学园寻宝游戏中，孩子们总是愿意探索和研究各种各样的小树叶。游戏有趣极了！

活动目标：

1. 尝试观察各种不同形状的树叶，并能和同伴分享经验。

2. 运用多种感官进行观察和想象，培养观察力和想象力。

3. 对自然和树叶产生探索欲和浓厚的兴趣。

我们的想法：见图 2-100。

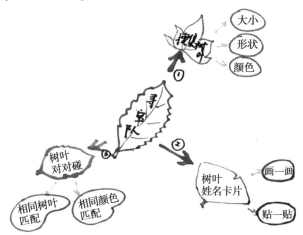

图 2-100　我们的想法

活动现场：

第一阶段：叶子大搜索

环境：智慧探索营。

孩子的问题：为什么叶子的大小不一样？它们的形状怎么也不同呢？

带着这些问题，孩子们开始了叶子大搜集并做了记录（见图 2-101、图 2-102）。幼儿对一些植物的树叶有了一定的认识，他们在捡树叶的时候聊了起来。"老师，你快来看，这棵树上靠近下面的位置树叶很大，越往上树叶越小，这是什么原因呢？"涵涵问道。苗苗说："我知道，越往上的树叶是新树叶，往下的树叶是老树叶，我妈妈告诉我的。"这时果果说："每棵树的名字不一样，所以树叶长得当然不一样啦。"孩子们搜集的树叶越来越多。

图 2-101　找一找　　　图 2-102　我们的记录

第二阶段：画画贴贴小树叶

环境：智慧探索营——自然探秘室。

材料：树叶、树叶名称卡、牛仔挂袋、放大镜（见图 2-103 至图 2-106）。

图2-103　材料（一）　图2-104　材料（二）　图2-105　材料（三）　图2-106　材料（四）

孩子的问题：树叶的名字是什么呢？

孩子们在"达学园"将各种各样的树叶一片片收在牛仔包里，他们一边分类一边说："老师，这是银杏叶，我认识这个树叶，像扇子。""哇，枫叶像小手，红红的，我捡了好多。""这个跟针一样的是松树叶，我家有棵小的，跟圣诞树一样的呢！"孩子们你一言我一语，同时将认识的树叶画在了自己的卡片上，将自己不熟的树叶粘贴在卡片上，树叶卡片就做得越来越丰富。

第三阶段：树叶对对碰

环境：智慧探索营。

材料：牛仔挂袋、树叶、姓名卡片。

孩子的问题：我们怎么快速地将树叶和名字相匹配呢？

根据幼儿已知经验，他们能将认识的树叶快速配对放在牛仔挂袋上（见图2-107、图2-108），将不怎么熟悉的树叶放在后面进行讨论确认之后才敢配对。虽然速度是赢的关键，但为了保证正确率，孩子们需要反复确认，不敢贸然决定。

图2-107　树叶对对碰（一）　　　　图2-108　树叶对对碰（二）

有的孩子说：我们能不能通过奖励小红花的方式来比赛，哪个队的小红花多哪个队就赢了。幼儿分成男孩女孩两队，看哪个寻宝小队的队员能将各种树叶按照相同的叶形与兜里的卡片进行快速配对并且全部正确，先配对好为获胜的一方并在记录本上画朵小花。一场激烈的寻找树叶的竞赛在笪家山上有序地展开了……

分析与支持：

1. 提供自然的环境，让孩子感受和欣赏美丽的山中景色并愿意去发现。

《指南》"科学探究"领域中指出：亲近自然，喜欢探究；喜欢接触新事物，经常问一些与新事物有关的问题；能在探究中认识周围事物和现象；能感知和发现动植物的生长变化及其基本条件；常常动手动脑探索物体和材料，并乐在其中。

2. 创造条件，支持幼儿自发的探索。

幼儿通过观察、交流，获取了叶子不同的玩法。在孩子想了解树叶名称时，适当地引导、建议，能让幼儿从自主探索游戏到与同伴相互合作完成配对游戏。

奇妙的云朵

最近天气晴朗，便经常带着小朋友在筥家山进行户外活动。有一天，我们刚到山上，沫沫忽然喊起来："快看天上！"我们朝着她手指的方向看去，天上的云朵一层一层的，非常好看。小朋友们停下了脚步，在山上边看边跳，显得特别兴奋。

活动目标

1. 喜欢观察云朵，知道天空中的云朵形状是随时变化的。

2. 能对云朵的形状展开想象，体验想象的乐趣。

3. 初步学会记录，激发对自然的兴趣。

活动现场：

第一阶段：云朵飘飘

环境：智慧探索营。

孩子的问题：这些云朵（见图2-109至图2-111）真好看！它们像什么呢？

图2-109　有趣的云朵（一）　　图2-110　有趣的云朵（二）　　图2-111　有趣的云朵（三）

小朋友们七嘴八舌地说开了。有的小朋友说，自己看到的云像一颗花生米；有的小朋友说，自己看到的云像一个大妖怪；还有的小朋友介绍自己看见的云朵像花一样好看。为此孩子们还展开了与云朵有关的活动，他们将自己看到的云朵画在记录本上，孩子们的记录本上出现了各种各样的云朵，有老虎、小猫、兔子、树叶，还有小花朵，真是太丰富了。

第二阶段：多彩的云朵

环境：智慧探索营。

材料：彩色玻璃眼镜、画笔、记录本。

孩子的问题：我的云朵变成红色了，还会变成什么颜色呢？

小朋友们对白云越来越有兴趣，有的孩子说："我看到过粉色的云"，"我还看见过黑色的云"。这时羊羊说："不可能，你们说的云我都没看到过。"还有的孩子也说没有见过彩色的云。沫沫说："老师，我想到办法了，虽然今天的云朵是白色的，但是我们可以戴上彩色的眼镜呀。"睿睿也说："对对对，以前我们学过绿色眼镜的故事，戴上绿色眼镜看到的世界就是绿色的。""那我们来试一试吧！"孩子们开始制作彩色的眼镜，用制作好的眼镜自主去观察云朵（见图2-112、图2-113）。有的孩子说云朵变成蓝色的，有的说云朵变成橙色的了，真神奇！

图 2-112　戴上彩色玻璃眼镜　　　　图 2-113　真神奇！

分析与支持：

《指南》"科学领域"中指出：具有初步的探究能力，能对看到的事物或现象进行观察比较，发现他们的相同与不同之处。教师尊重幼儿探究的愿望，提供物质和环境的支持。幼儿对云朵产生了极大的兴趣，通过观察、交流、制作、尝试等，激发了幼儿的探索欲。我们将继续探索云朵是如何形成的。

迁移活动

夺宝奇兵

中班幼儿的活动能力逐渐增强，喜欢玩有竞争性的游戏，且已有一定的合作意识。在笪家山这么好的环境中，幼儿通过自主创设情景，与同伴交流分享自己喜欢玩的游戏，他们想到了一个好玩的游戏："帮助国王夺取宝藏"，自己保护宝藏的同时还不能被坏人袭击，他们在愉悦的游戏活动中发展了自己的跑、躲闪、投掷等运动能力。

游戏目标：

1. 通过体育游戏，训练幼儿的快速反应能力。

2. 在与同伴游戏时，遵守游戏规则。乐意与同伴一起游戏，体验与同伴共同游戏的快乐。

3. 使小朋友们感到快乐、好玩，在不知不觉中学习知识。

游戏准备：

1. 拓展营地：健康运动营。

2. 经验准备：幼儿会玩丢沙包游戏。

3. 材料准备：沙包、球、宝藏地图、望远镜一个，热身、游戏、放松音乐各一首（见图2-114至图2-116）。

图2-114 材料（一）　　　图2-115 材料（二）　　　图2-116 材料（三）

游戏玩法：

① 发现隧道。幼儿进洞寻宝，两名强盗出现向幼儿投掷炸弹（沙包）。被炸弹炸到者出局，成为强盗的俘虏。② 讨论夺宝策略。两名小强盗投掷炸弹，守住宝藏。队长带领小分队进入隧道成功夺宝，运出隧道放置筐里即获胜。

基地体验手记：探秘气象局

活动时间：半日体验

活动地点：镇江市气象局

我们的问题：

"老师，气象局是什么？"

"是不是有望远镜呢？"

"那里的设备有什么用途呢？"

我们的准备：

孩子们，你们知道吗？在离我们幼儿园不远处有一个有趣的地方，它就是——镇江市气象局。气象局是负责监测天气情况的，明天下不下雨，温度是多少，都是气象局的叔叔阿姨们通过仪器监测出来的哦！

我们的活动：

"爱科学要从娃娃抓起"，为了培养幼儿热爱科学的精神，普及气象知识，开阔视野，并充分利用周边资源，本园中班小朋友及家长参观了市气象局。

参观前，班级教师结合《指南》精神，围绕"天气预报是怎么来的？""天空为什么会下雨？"等问题，利用图片、视频、多媒体等多种形式，进行了为期一周的科普知识教育及讨论活动，使孩子们对相关气象知识有了简单的了解，为实地参观活动做了很好的铺垫。

活动中，孩子们参观了气象预报演播厅，收看了天气预报，聆听气象专家讲

解天气预报的整个过程。随后在气象局工作人员的带领下，参观了气象局的观测场，了解了能见度仪、蒸发皿、日照计、温湿度传感器等常见气象的观测仪器。参观过程中，小朋友们提出了许多问题，工作人员进行了认真回答，孩子们把自己看到的、听到的内容用自己的方式记录了下来。

我们的收获：

我看到了，我忘记了；我听到了，我记住了；我做过了，我理解了。在回园的路上，孩子们尽情分享着自己的所见所闻，户外大课堂更让孩子们得以释放。经过半天的参观、学习，小朋友初步懂得了一些气象科学知识，了解了气候变化与人类生活的关系，探索了气象"风云变幻"的奥秘。虽然他们年龄还小，但在气象局现场看到的这些景象，让他们在惊喜之余更表现出一种对科学知识无限的向往，激发了孩子们探索未知世界的兴趣，家长们也感到自己受益匪浅。

主题成效与感悟

本次主题是探索笪家山上的"宝贝"，在寻宝中幼儿能通过自己所学到的知识去自我探索未知的世界，在增强幼儿动手能力的同时也培养幼儿探索发掘的精神。"寻宝"对中班孩子来说，充满了挑战，也迎合了孩子们的好奇、好动的心理特点，是百玩不厌的游戏。孩子们对类似"寻宝"的游戏产生了浓厚的兴趣，对于与同伴一起合作游戏也有了初步的意识与欲望，因此，孩子们设计了以"宝藏"为线索的夺宝奇兵游戏活动。"小小寻宝队"活动中，孩子们在笪家山上寻找美丽的树叶和花儿，这是一次理论和实际的结合，幼儿们不仅能从书本上学到花的相关知识，更能直观感受到花的美丽。在山中我们也找到不同种类的"宝石"，拼成笪家山地图；寻宝是寻不完的，但我们一定会继续在笪家山寻宝中学习新的知识，接受新的事物，去感受新的大自然，培养幼儿坚持不懈、不怕困难的精神，这才是我们"寻宝"的初衷。孩子在玩中学会了独立或合作地解决问题，并体验到了成功的快乐。

大班主题活动一：虫虫的聚会

问题搜索

我知道：

笪家山上有各种虫虫，有的是昆虫，有的不是昆虫。

虫虫有的在树叶里，有的在土里。

蜘蛛喜欢织网，虫虫粘上就跑不掉。

蚯蚓喜欢躲在土里。

我还知道：

夏天，蚂蚁搬家，就要下雨了。

山上的虫虫，有的是益虫，有的是害虫。

蚂蚁是用触角打招呼的。

蚊子最喜欢有水的地方。

蝴蝶是毛毛虫变的。

我想知道：

笪家山上藏着什么虫虫？

这些虫虫平时都躲在笪家山的什么地方？

我们用什么方法可以找到它们？

蜘蛛可以网到什么虫虫？

虫虫怎样才能躲过蜘蛛？

蝴蝶是怎样采花粉的？

下雨了，虫虫都喜欢躲在哪里？

我们怎么保护这些虫虫？

蚊子太多怎么办？

主题引导

春季，万物复苏，笪家山上呈现出一片生机勃勃的景象。惊蛰之后，各种虫虫开始活跃起来。孩子们带着好奇去探秘春天的笪家山。草丛中一个圆溜溜的小东西立刻吸引了孩子们，胆大的小米把它捡了起来："这是什么？""快放手！那是虫子！"明明喊道。"这是什么虫子？""它会咬人吗？"……孩子们一大堆的疑问接踵而来，他们对笪家山上的虫虫充满了好奇。

兴趣是幼儿学习和发展最好的老师。《指南》中指出：要尽量创造条件让幼儿实际参加探究活动，使他们感受科学探究的过程和方法，体验发现的乐趣。生机勃勃的笪家山对于孩子们来说，就是一个巨大的宝藏，他们迫切地想要去探寻在这座笪家山上到底有多少虫虫，它们的家到底在哪里。既然如此，作为教师的我们将为孩子们的探究活动提供支持和帮助，我们和幼儿一起讨论，针对他们感兴趣的内容，预设相关的活动内容。同时随着活动的不断深入，突发的问题和新的发现也生成了新的内容。我们根据幼儿对虫虫的兴趣，将活动融入各个领域当中，幼儿可以获得更全面的发展。

集体活动：智慧探索营

大班绘本：蚊子的对话

设计意图：

笪家山上树多、草多，蚊子也多。孩子们还喜欢自言自语地说："蚊子真多！""蚊子为什么要吸血？"……面对孩子们的疑惑，我们找到了绘本《蚊子的对话》，

开展了语言教学活动。

活动目标：

1. 善于观察绘本，了解绘本图画的内容，并能大胆地用语言表达自己的想法。

2. 在笪家山自然环境中认识防蚊工具，进行打蚊子游戏，充分体验游戏带来的快乐。

活动准备：

绘本，防蚊工具的道具。

活动过程：

1. 谜语导入。

小飞贼，水里生，干坏事，狠又凶，偷偷摸摸吸人血，还要嗡嗡叫几声。（蚊子）

2. 出示绘本书。

出示三只蚊子在聊天的图片，师："猜猜看它们在说什么呢？"幼儿大胆猜测。

老师完整讲述绘本内容，幼儿倾听并熟悉故事内容。（依次出示绘本图片）

提问："故事发生在什么时间啊？"（夏天）"它们在哪里聊天啊？"（污水沟旁）"那个女人是用什么打死蚊子的？"（引导幼儿看图片，认识苍蝇拍）"那个女人为什么要打死蚊子？故事里她是怎么说的？"（想叮我，没门儿）"三只蚊子又说什么了？为什么这么说？"（故事里的那个女人蠢。因为公蚊子只吸植物的汁液，母蚊子才吸人血）

3. 讲述故事，认识工具。

提问："这些工具你们都认识吗？它们可以干什么？"（防蚊子，杀死蚊子）"看，这只蚊子看到这些工具，它的表情是什么样的？"（害怕，眼睛都直了）

4. 讲述故事直到结束。

5. 经验迁移。

（1）寻找笪家山上蚊子的生活场所（潮湿、阴暗的地方，树上，草地上）。

（2）如果你被蚊子咬了，你是什么感觉？你会怎么办？（拍它）

6. 结束部分。

"小朋友们，今天我们听了一个关于蚊子的故事，你们可以给它起个名字吗？""你们真棒，老师这里准备了一些防蚊的工具，你们想不想去打蚊子？"（拍拍拍、喷喷喷、捏捏捏）

大班科学：寻找躲起来的朋友

设计意图：

通过在笪家山中日常散步时的观察，孩子们发现很多虫虫都喜欢躲起来，想要找到它们不是那么容易，笪家山上到底有多少躲起来的虫虫朋友呢？我们怎样才能找到它们呢？我们针对孩子们的需求，由孩子开展自发的讨论和探索活动。

活动目标:

1. 通过讨论、探索、记录等方式,能够在自然环境中,发现虫虫,获得相关的知识经验。

2. 在探索过程中,能够通过合作的方式进行活动,并积极地分享和交流获得的知识经验。

活动准备:

1. 经验准备:了解各种虫虫的生活习性、寻找虫虫需要哪些工具。

2. 材料准备:探索工具、记录工具（见图 2-117 至图 2-121）。

图 2-117　探索工具（一）　　图 2-118　探索工具（二）　　图 2-119　探索工具（三）

图 2-120　记录工具（一）　　　　图 2-121　记录工具（二）

活动过程:

1. 教师和幼儿围绕笪家山的环境展开关于虫虫的讨论。

问题一:笪家山上有哪些躲起来的虫虫?

问题二:我们怎样才能找到它们?

问题三:如果你发现了躲起来的虫虫,接下来,你会怎么做?

幼儿将自己查找到的相关内容与大家分享。

2. 笪家山的实地探索:寻找躲起来的虫虫。

（1）教师根据幼儿的想法,提供了孩子们探索的工具箱和分类记录表,孩子们可以根据自己的需要选择相应的工具,记录自己的发现。

（2）探索达学园中躲起来的虫虫。幼儿分成几个小组,利用虫虫探索箱在"达学园"进行探索。用小铲子、小耙子等工具将找到的小虫虫放入小瓶子里。用

放大镜观察这些找到的虫虫，根据它们的特征区分昆虫，并将它们的样子、发现地点记录下来。

3. 教师总结和幼儿的经验分享。

在阴冷潮湿的地方，我们可以较快地发现喜欢这种环境的虫虫们，下过雨之后，它们都跑了出来。也有的虫虫喜欢比较热的天气，夏季是它们最为活跃的季节，我们可以发现各种有趣的虫虫。

大班数学：昆虫搬新家

设计意图：

大班幼儿对排序（即序列）处于探索的状态，我们利用笪家山现有的自然资源，引导幼儿通过与自然材料的互动，将获得的相关经验加以统合整理，使幼儿对物体按规律排列的认识提升到一个新的层次，提高幼儿的思维水平，设计了数学活动"昆虫搬新家"。

活动目标：

1. 利用笪家山中自然材料动手操作、比较，发现物体的排列规律并进行排序。

2. 在活动中提高观察、比较能力和初步的判断推理能力及对数学活动的兴趣。

活动准备：

1. 知识准备：幼儿对于 ABAB、AABB、ABAAB 等模式已经掌握得较好。观察过生活中有趣的排序方法。

2. 材料准备：小石子、小树叶若干（见图 2-122、图 2-123），篮子 15 个；昆虫动作图片；排序规律提示图。

图 2-122　小石子

图 2-123　树叶

活动过程：

1. 导入活动，发现虫虫动作规律引出主题。

提问：你们发现虫虫做了什么动作？动作有什么规律，谁能找出来？

小结：看来不同物体在一起，可以按一定的规律来排列。

2. 幼儿利用笪家山中自然物自主探索排序规律（按照原有规律帮助昆虫修补通往新家的道路）。

（1）幼儿分组操作，按规律填补道路。

按照难易程度分成 AAB、AABB、ABAAB，让幼儿自由选择。

（2）交流讨论自己的发现。

提问：你选择路是按照什么规律来排的？

（3）幼儿利用不同的自然材料，尝试根据规律提示图进行排序。

师：还有几条路完全被冲毁了，但是我们可以根据这个道路排序图，帮助它们重新建出一条路，你们可以自由选择材料配对进行搭建。

幼儿根据图纸规律进行排序，然后向大家介绍。提问：你按照什么规律来给小昆虫造新路？

3. 结束活动。

教师总结：我们的小朋友可真厉害，发现了这么多组合规律的路，我们来帮助小昆虫搬家吧。（播放音乐）幼儿选择自己建好的小路走一走，再次感受排序的规律。

昆　虫　棋

昆虫是孩子们在山上喜欢探索的、感兴趣的一种生物。孩子们在班上一有空就喜欢画昆虫。"我喜欢蝴蝶。""我喜欢瓢虫。"孩子们将喜欢的昆虫画在了石头上，放在一起玩游戏，他们说："我们来下棋吧!"于是，我们的昆虫棋游戏就开始了。

活动目标：

1. 利用自己创作的昆虫棋进行游戏，发现新玩法。

2. 喜欢玩棋类游戏，体验和同伴游戏的快乐。

活动现场：

第一阶段：制作昆虫棋子

环境：智慧探索营。

材料：幼儿捡来的石子、彩笔、树桩等。

孩子的问题：用什么做棋子？什么做棋盘？每种棋子各需要几枚呢？

孩子们利用捡来的石子，讨论在上面画什么昆虫。一开始，每个孩子各画各的，结果画出来的昆虫种类很多。他们想到利用树桩作为棋盘，请老师帮忙，在树桩上画上棋盘的格子。刚开始的时候，他们按照制定的规则，两人一组，进行游戏，发现昆虫棋种类太多，没法进行选择，孩子们通过商量调整后，选择其中的 2 种昆虫作为棋子的形象：蝴蝶、瓢虫。洋洋选了 3 枚蝴蝶棋子，豆豆选了 4 枚

瓢虫棋子，洋洋立刻喊了起来："不行不行，你的棋子比我多一枚，不公平！"到底每种棋子应该用几枚呢？两个孩子仔细研究了棋盘，试着下了几次，第一次用到了3枚，第二次用到了5枚，第三次用到了4枚，多次之后，发现每种棋子5枚正好合适。

第二阶段：下棋，调整玩法和材料

环境：智慧探索营。

材料：九宫格棋盘、昆虫棋子。

孩子的问题：大家都想玩怎么办？用什么计数来表示输赢？

昆虫棋的游戏区今天一下子迎来了三个孩子，由于昆虫棋的规则只能两人参与，他们采取黑白配的方式选出了两人。辰辰虽然失败了，但他提出自己可以给他们当裁判，他们商量决定十局定输赢。怎样计数呢？辰辰先想到了用纸和笔，在没有找到纸、笔的情况下，在老师的提示下，他想到了用身边的自然物——小石子。考虑到需要比十次，辰辰快速地捡了十个小石子，谁赢一局，就把小石子放到谁的边上（见图2-124、图2-125）。

图2-124　选择棋子

图2-125　我要赢啦！

分析与支持：

对于大班的孩子来说，他们会在游戏过程中主动寻找解决问题的方法。由于长期的规则意识的培养，他们会用黑白配或者石头剪刀布来解决矛盾。他们需要帮助的时候，会主动寻求老师的支持。同时，幼儿的数学学习也融入游戏当中，通过游戏，孩子们学会了推理分析、推算、统计等。可以由老师，也可以由孩子们来制定游戏规则。

教师给予的支持：在幼儿游戏过程中，适时介入，推动幼儿往更高层次发展。根据幼儿的兴趣，多开设几个类似游戏区，让更多孩子可以参与其中。

找一找，挖一挖

幼儿对于笪家山上的虫虫充满了好奇，探索的热情非常高。由于不同的季节会有不同的虫虫出现，孩子们对于虫虫的探索也会持续很长时间，每次都会有新的发现。

活动目标：

1. 能够运用各种工具，在自然环境中探索发现虫虫的特征、生活环境及彼此的区别，能够根据某一特征进行分类。

2. 对大自然充满好奇，有探索发现的欲望。

活动现场：

第一阶段：探索虫虫的生活环境

环境：智慧探索营。

材料：可斜挎的工具箱（装小铲子、放大镜、带气孔的空瓶子、笔、记录表）。

孩子的问题：虫虫喜欢生活在什么地方？

孩子们带着探索工具箱第一次来到"达学园"寻找虫虫。他们自动分成几个小组，带着自己的工具寻找虫虫们的踪迹。就在大家找了很久都一无所获的时候，就听到田田大喊一声："快看，我找到了一只西瓜虫！"田田在一个枯井里发现了西瓜虫。小米问我："胡老师，为什么只有这个枯井里可以找到呢？"我笑了笑说："你观察一下，这口枯井和其他地方有什么不一样？"小米和其他几个男孩子一起寻找答案，没过多久，他们有了发现：井里的土湿湿的。原来西瓜虫喜欢生活在阴冷潮湿的地方（见图2-126、图2-127）。

图2-126　我找到的西瓜虫

图2-127　井里的虫虫真多！

第二阶段：天气的影响

环境：智慧探索营。

材料：斜挎的工具箱。

孩子的问题：什么时候最容易找到虫虫？

雨后笪家山上的泥土有点湿，孩子们却很激动。小宇兴奋地跑来和我说："胡老师，你知道吗？我们今天说不定会有很大的收获哦！"我好奇地问："你怎么知道？"小宇得意地说："因为昨天下过雨，地上很湿哦！虫虫一定都会出来哦！"说完，他就带着工具箱和小伙伴们去找虫虫了。没过多久，寻找虫虫的孩子们就收获满满。明明说："大树下面也有好多西瓜虫，有的都爬到树上去了。"潋潋说："我发现砖头里面有蜗牛，这里还有好多西瓜虫。原来下雨的时候，蜗牛和西瓜虫都喜欢躲在这里。"（见图2-128至图2-131）

图 2-128　又有新虫子

图 2-129　你看

图 2-130　我发现虫虫啦!

图 2-131　原来躲在砖头里啊!

第三阶段:虫虫发现地点和分类

环境:智慧探索营。

材料:可斜挎的工具箱、虫虫分类放置盒、分类记录表。

幼儿的问题:哪些虫虫是昆虫?

孩子们在寻找虫虫的过程中不断有新的发现。小可:"我挖到了蚯蚓、蚂蚁。"明明:"蚯蚓不是虫虫!"小可:"胡老师,蚯蚓是虫虫吗?"我说:"蚯蚓是环节动物,又叫地龙,不是虫虫哦。"小米在草丛里发现了蚂蚱和瓢虫,可是没有办法捉住它们。"看来我下次要带一个捉虫网。"小米嘀咕着。菲菲发现了停留在花朵上的蜜蜂和蝴蝶。他们将自己的发现记录了下来,并按照昆虫的特征,运用数脚的方法进行分类(见图 2-132 至 2-135)。

图 2-132　找虫虫

图 2-133　做记录

图 2-134　记录表（一）

图 2-135　记录表（二）

分析与支持：

1. 《指南》指出，幼儿应"能对事物和现象进行观察比较，发现其相同与不同"。因此，教师在幼儿探索活动中引发幼儿做有价值的科学探究，例如：引导幼儿发现找到的西瓜虫的地点和其他地方有什么区别。

2. 幼儿在探索过程中，提出了许多的问题，教师要对这些问题进行筛选，鉴别出对于幼儿这次探索活动有价值的问题，引导幼儿针对这个问题进行更加深入的学习。

制作图书——《达学园昆虫记》

孩子们在笪家山探索活动中，发现了很多的昆虫，他们用自己的画笔记录下自己的发现。阅读区里，他们阅读了很多关于昆虫的图书，发现自己找到了很多书中有的昆虫，萌发了想要自己制作一本关于昆虫的书的想法。

游戏目标：

1. 喜欢用绘画的形式大胆表现自己观察到的昆虫形象，并能用连环画形式创编与昆虫有关的故事内容。

2. 愿意和别人合作、分享、交流自己的艺术作品。幼儿能够用绘画的形式记录关于昆虫的故事。

活动现场：

第一阶段：选材，确定书名

环境：智慧探索营——阅读区。

材料：各种彩笔、纸张、剪刀、胶棒等绘画工具，孩子们平时画的昆虫，各种昆虫的形象图书，孩子们捉到的昆虫。

孩子的问题：我们的书名应该叫什么？怎样制作一本书呢？

孩子们开始了第一步——选材。因为孩子们想要制作的是关于昆虫的书，他们收集了笪家山绘画作品，筛选出和昆虫有关的。"这本书的名字叫什么呢？"乐乐问。"叫《昆虫记》，我看过这本书，里面都是写昆虫的。"豆豆说。"不行，不行，这样书名就一样了，应该叫不一样的名字。"明明说。老师提议说："因为这些昆虫都是在'达学园'发现的，我们可以叫《达学园昆虫记》，你们觉得呢？"孩子们都表示赞同。

第二阶段：自制图书

环境：智慧探索营。

材料：绘画工具、孩子们平时画的昆虫、各种昆虫的形象图书、孩子们捉到的昆虫。

孩子的问题：我们的昆虫记里应该有什么样的故事？有哪些昆虫？它们的好朋友是谁？

我们的想法：见图2-136。

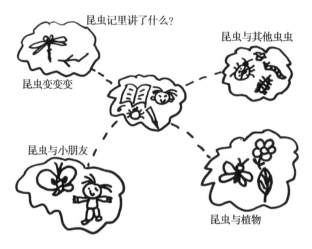

图 2-136　我们的想法

孩子们每次到阅读区活动，会首先讨论自己今天要画一个什么样的故事："我画蝴蝶捉迷藏的故事。""我画小蜜蜂被蜘蛛网缠住了，想办法脱逃的故事。""我画蚯蚓、西瓜虫到蚂蚁家做客的故事。"每次，孩子们都能想到很多有趣的故事，遇到故事中不会表现的形象，他们会找出其他昆虫书中的形象来参考，或者寻求老师的帮助。最后，老师将他们的故事装订成一本本《达学园昆虫记》，孩子们还在自己的作品上署名啦（见图2-137至图2-141）。

图 2-137　我们制作的
图书（一）

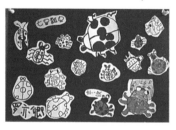

图 2-138　我们制作的
图书（二）

图 2-139　我们制作的
图书（三）

图2-140 我们制作的图书（四）

图2-141 我们制作的图书（五）

第三阶段：阅读图书，继续丰富内容

环境：智慧探索营——阅读区。

材料：绘画工具和制作好的图书《达学园昆虫记》，各种昆虫的形象图书，孩子们捉到的昆虫。

幼儿的问题：我们制作的图书里有什么有趣的故事呢？

孩子们在阅读区可以自由阅读他们制作好的图书《达学园昆虫记》。如果没有看懂，可以请创作者讲述故事。如果孩子们想到新的故事，还可以继续创作。

分析与支持：

《指南》指出：鼓励和支持幼儿自编故事，并为自编的故事配上图画，制成图画书。我们的孩子通过对于昆虫相关作品的阅读，产生了想要创编故事的愿望，作为教师应该给予鼓励，发挥阅读区听、说、读、写的用途。制作图书《达学园昆虫记》也表现了孩子们对于昆虫及其他自然物的认识。通过图书，幼儿相互之间也增进了交流，促进了语言表达能力和阅读能力的提高。

迁移活动

大班美工：蜘蛛的网

设计意图：

有一次苗苗和豆豆沿着大树的根往上寻找西瓜虫，忽然苗苗大声喊道："快看！我发现了一只被蜘蛛网缠住的西瓜虫！"旁边的小伙伴立刻被他的叫喊声吸引了过来，他们针对蜘蛛的网展开了激烈的讨论："蜘蛛的网可厉害了，什么昆虫都逃不掉！""蜘蛛的网是从哪里变出来的呢？""真想看看蜘蛛是怎么做网的。""这个蜘蛛网上的蜘蛛到哪里去了呢？"一个个疑问，引发了幼儿的活动。

活动目标：

1. 通过在笪家山自然环境中观察蜘蛛网的特征，能够利用彩色布条、毛线团编织出蜘蛛网（见图2-142）。

2. 能够创新蜘蛛网的织法，能够尝试合作完成作品。

图 2-142　我们是小蜘蛛

活动准备:

1. 拓展营地:艺术创想营。

2. 经验准备:会用绳子进行简单的编制。

3. 材料准备:麻绳、毛线、彩色布条,每人背一个小包,内放剪刀、毛线或者彩色布条(见图 2-143 至图 2-145)。

图 2-143　编网材料(一)　　图 2-144　编网材料(二)　　图 2-145　编网材料(三)

活动过程:

1. 孩子们对蜘蛛的网进行探究。

幼儿的问题:蜘蛛是怎么织网的?幼儿通过观察笪家山上的蜘蛛网,获得相关经验。

2. 编织蜘蛛网。

孩子们模仿蜘蛛织网学习编织。

幼儿进行第一阶段尝试,利用麻绳、毛线进行缠绕(见图 2-146 至图 2-148)。

孩子们在编织的过程中,会遇到各种各样的问题,他们通过老师帮助、同伴间的相互学习、自己摸索等,渐渐学会了如何缠绕毛线和麻绳。

3. 幼儿在模仿的基础上创意编织蜘蛛网。

"你们可以当设计师,为蜘蛛设计各种各样的网。"

教师根据幼儿的需要,将编织的材料换成了较粗的彩色布条,方便幼儿进行创作(见图 2-149 至图 2-151)。

图 2-146　"小蜘蛛"
在织网（一）　　　　　　图 2-147　"小蜘蛛"
　　　　　　　　　　　　在织网（二）　　　　　　图 2-148　"小蜘蛛"
　　　　　　　　　　　　　　　　　　　　　　　　在织网（三）

图 2-149　创意编网（一）　　图 2-150　创意编网（二）　　图 2-151　创意编网（三）

4. 孩子们进行了第二阶段尝试：利用彩色布条进行蜘蛛网创意编织。

在这个阶段中，孩子学到了很多新的编织方式和方法。

5. 作品交流与分享。

教师和幼儿共同欣赏作品，请个别幼儿介绍自己的作品和创作方法，幼儿间相互交流。

区域游戏：昆虫旅馆

游戏目标：

1. 在昆虫旅馆的情境中，知道扮演的角色应该承担的责任和任务。

2. 乐意和小朋友一起玩角色扮演。能与同伴友好合作，能够配合同伴的角色行为。

游戏准备：

1. 拓展经验：快乐生活营。

2. 经验准备：

（1）幼儿有了扮娃娃家的初步经验。

（2）在生活中有看家人做饭烧菜的经验。

3. 材料准备：各种炒锅、铲子、砖块、佐料罐子、树叶等。

游戏玩法：

幼儿自行分组，2~3名幼儿负责用砖块搭建旅馆厨房的"灶台"，1~2名幼儿负责在笪家山寻找山上的花草树叶作为昆虫旅馆的厨房食材，2~4名幼儿扮演昆虫旅馆的厨师，小厨师可以根据客人所点的菜，用采集来的食材给小"昆虫"们准备美味的食物（见图2-152）；最后请小"昆虫"客人们通过菜的"色、香、味"给厨师们做的菜肴评分，得到最高分的厨师可获得"虫虫最佳厨师奖"（见图2-153）。

图2-152　多放点树叶　　　　　　　图2-153　我是最棒的厨师

主题成效与感悟

《指导纲要》"科学领域"的指导要点强调：要尽量创造条件让幼儿实际参加探究活动，使他们感受科学探究的过程和方法，体验发现的快乐。探究既是幼儿科学学习的目标，也是幼儿学习的方法。因此，我们在这个主题实施过程中适时抓住教育中的契机，有效激发幼儿参与活动的兴趣。同时，我们将《指南》的目标和意图蕴藏在环境中，幼儿通过环境，与人和物互动，模仿、体验、探究，自然地耳濡目染、潜移默化，向着《指南》建议的方向发展。

《指南》中指出：要善于发现和保护幼儿的好奇心，充分利用自然和实际生活机会，引导幼儿通过观察、比较、操作、实验等方法，学习发现问题、分析问题、解决问题。因此，在幼儿主题实施过程中，教师适时地介入和指导能更好地帮助幼儿进行科学探究。可以说，幼儿的主动探索与教师的指导作用是相互依存的。

1. 教师在活动中及时抓住幼儿的兴趣点，提供材料，引导幼儿持续探索。例如：教师在探索前谈话，一起讨论，引导幼儿清楚地了解自己即将进行的探究活动需要哪些准备，孩子们将带着问题去探究，去发现。教师捕捉幼儿讨论的问题，搭建支架，为幼儿的探索提供后续的支持，以不同的材料提供满足幼儿不同阶段的需要。

2. 教师在幼儿探索活动中引导幼儿进行有价值的科学探究。例如：引导幼儿发现找到的西瓜虫的地点和其他地方有什么区别，幼儿通过比较发现西瓜虫的生活习性——喜欢阴冷潮湿的地方。

3. 幼儿在探索过程中，出现了许多问题，教师要对这些问题进行筛选，鉴别出这次探索活动中有价值的问题，引导幼儿针对这些问题进行更加深入的学习。孩子们都很有想法，老师会针对孩子们想法，找出有价值的继续探讨。例如，幼儿说："和它拍个合影。"教师引导："怎样拍?"孩子们想到的解决策略有：把虫虫放在手心里，靠近它拍；把虫虫装进瓶子里合拍；等等。

4. 幼儿在探究活动中有机会尝试自己的想法，及时发现、纠正错误。

通过这些活动，幼儿获得的不仅是科学探索能力的提升、科学知识的丰富，在语言表达能力、社会交往能力、艺术表现能力等方面都有很大的进步。

大班主题活动二：影子梦工厂

问题搜索

我知道：

人、动物和植物都有影子。

影子有时候长，有时候短。

每个人的影子都没有眼睛鼻子嘴巴。

我还知道：

影子会动。

影子是黑色的。

阴天的时候影子就不见了。

我想知道：

影子是怎么形成的?

是不是只有人和动植物才有影子?

能不能变出彩色的影子?

影子的长短大小可以测量吗?

主题引导

在阳光灿烂的日子里，孩子们在户外玩耍，一些孩子总是边跑边往后瞧，还时不时互相讨论着奇怪的问题，我凑过去一听，原来是这个问题："黑黑的东西怎么老跟着我呢?"终于在笪家山户外活动时，孩子们叽叽喳喳成群结队地跑到我的身边，把自己发现的问题大胆提了出来。有的说有小朋友老是追着自己身后的黑东西跑。有的小朋友说自己在踩影子……就这样，孩子们关于影子的问题接踵而来，他们对这个一会儿在前面一会儿在后面的黑东西产生了浓厚的兴趣。

《指导纲要》提出：鼓励幼儿用不同艺术形式大胆地表达自己的情感、理解和想象；引导幼儿接触周围环境和生活中美好的人、事、物，丰富他们的感性经验和审美情趣，激发他们表现美、创造美的情趣。幼儿园大厅里多彩的光源，吸引了经常路过的孩子们，当灯光照射到桌面呈现出五彩斑斓的彩色光点时，孩子们

的眼神中透露出一种"不可思议",他们惊讶于光与色的美妙融合,禁不住伸出手想要去触摸。我们抓住幼儿这一强烈的好奇心,让孩子结合他们已有的经验,不断在探索中学习,了解光和影子的关系,通过各种形式的操作知道影子的千奇百怪。

集体活动:智慧探索营

大班绘本:光影魔术师

设计意图:

影子一直是孩子们感兴趣的话题,将科学教育融于幼儿生活中,设计活动旨在让幼儿通过探索影子,了解影子与光的密切关系,激发幼儿对影子的好奇与兴趣。所有的孩子都在笪家山的科学探索活动中体验到了成功的乐趣,培养了自信心。

活动目标:

1. 通过欣赏、比较光影的相关绘本作品,体验笪家山自然环境中的光影现象,感受并发现自然中光影的关系。

2. 通过观察绘本,能够大胆用语言表达自己的想法。

活动准备:

1. 不同形态的动物或人物的剪影。

2. 自然探秘室中户外自制幻灯箱一个,由手电筒、卡通外形的硬纸箱、透光纸组成。自制幻灯片两张,美术书一本。

3. 小橡皮、一块黑布。

活动过程:

1. 导入:笪家山上有个神奇的"小精灵",它特别喜欢和我们捉迷藏。我们一起来找一找。

幼儿通过游戏,发现"小精灵"——影子。

2. 在笪家山自然环境中体验、感受绘本内容中光影的关系。

教师根据绘本内容和幼儿一起在笪家山中体验绘本里的相关内容。

(1)探索发现影子形成的原因。

(2)探索发现影子长短变化的原因。

(3)草坪上的不同效果影子的感受。

(4)观察树枝放入木桶中影子的变化。

3. 光影实验

幼儿进入笪家山自然探秘室,进行光影的实验。

拿一片小树叶放在手心里,然后把所有的光全部遮盖住,用眼睛看一看,你会发现什么?

提问:①为什么会出现影子?②影子的兄弟是谁?

4. 结束活动

运用自然探秘室的投影仪，初步了解绘本中光影折射原理，感受光影神奇的变化。

大班科学：和影子做游戏

设计意图：

光影游戏是幼儿非常喜欢的科学探究活动之一，孩子们都迷上了玩影子游戏，比如摆影子造型、手影表演、踩影子、画影子等，他们对影子的形成、变化等问题充满了兴趣。"影子怎么都是黑色的呢？为什么影子一会儿长，一会儿短呢？"为了保持幼儿的探究兴趣，推动幼儿光影经验的不断建构，我们利用"达学园"相关环境设计了本次活动。

活动目标：

1. 幼儿尝试解决影子变化的问题，感受光的传播。

2. 乐于探究，大胆表达自己的发现，对自然中光和影的现象产生继续探索的兴趣。

活动准备：

1. 经验准备：幼儿最近玩过与影子有关的游戏，如手影游戏、猜影子等；听过故事《高个子》。

2. 物质准备：记录单 1 张（见图 2-154）、动物纸偶若干，花、树叶、手电筒若干。

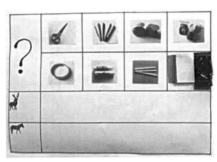

图 2-154　记录单

活动过程：

1. 找找影子，聊聊影子，梳理幼儿对光影的经验。

提问：这两天我们一直在笪家山玩影子，你们有没有发现什么和影子有关的秘密？

小结：我们发现了影子出现的原因、颜色、大小、变化等好多有意思的秘密。

2. 故事中抛出问题：探究如何让梅花鹿和斑马的影子变出花纹。

(1) 欣赏故事《高个子》，引出并讨论问题。

森林里的梅花鹿和小斑马遇到了什么问题？你们能不能来帮帮它们？怎么样

可以让它们的影子出现相应的斑纹呢？

（2）介绍材料，交代操作要求。

"你们看，今天我也给你们准备了一些工具和材料，这些东西可能会帮到你们，等会儿你们可以去试试，看看能不能用这些材料让梅花鹿和斑马的影子变出斑纹。"

（3）分享交流探索的发现。

① 孩子们，你们的梅花鹿的影子变出斑点了吗？你是怎么做的？

② 师幼一起梳理可以让梅花鹿的影子变出花纹的工具并思考原因。

3. 走进笪家山，探究如何让山中的树叶、野花也有花纹。

"现在要给笪家山里的小树叶和小野花装饰上会发光的花纹。"

幼儿操作，用已有经验探究如何让山里的花瓣和树叶也穿上有花纹的衣服。

4. 总结评价。

幼儿交流自己的发现。

大班数学：测量影子

图2-155　小鸟飞呀飞

设计意图：

在幼儿的实际生活中，幼儿利用身边的事物与现象作为科学探索的对象。影子是光学现象，是日常生活中常见的现象，是幼儿所熟悉的，是幼儿几乎每天都能见到的（见图2-155），影子时大时小、时隐时现等各种各样的变化都能引起幼儿强烈的好奇心和探究欲望。幼儿发现时间不同，影子的长度会有所改变，因此，我们根据幼儿的这一疑问设计了测量影子的活动。

活动目标：

1. 使用同一种材料、首尾相接的测量方法比较影子的长短。

2. 幼儿对进行影子测量感兴趣。

3. 在活动中教育幼儿互相学习、协作，共同完成老师布置的操作任务。

活动准备：

1. 绳子、量尺、自然界中的事物。

2. 在前一天描画一些自然物的影子。

活动过程：

1. 活动导入：找影子。

提问：我们的笪家山有哪些影子？（树木、花草等）怎样知道它们的长短？（量一量）用什么工具可以量呢？（绳子、树枝、树叶等）

2. 活动指导。

（1）尝试选择各种材料测量影子。

① 选择测量工具：绳子、树枝、树叶等。

② 测量影子，记在记录表上。

（2）幼儿交流自己使用的材料和测量方法。

① 请幼儿演示测量方法。幼儿讨论发现问题。

② 运用各种自然物作为测量工具，学习首尾相接的测量方法。

3. 比一比。

（1）用同一种测量工具，测量笪家山上不同有影子的事物。

引导幼儿通过合作的方式，比一比。

提问："与使用同样测量工具的朋友比一比不一样的事物，看看谁的影子长，谁的影子短。"

（2）交流自己的发现。

4. 在不同时间段，发现同一影子的不同。

提问："昨天画的影子和今天画的一样吗？（不一样）不一样是因为昨天和今天的时间不同。明天同一时间再来画影子（见图2-156），与今天的影子比一比，看看影子是不是一样。"

5. 教师活动总结。

图2-156　画影子

区域游戏

林间皮影戏故事馆

笪家山上的孩子们在帐篷里玩游戏，由于阳光的照射，映衬出孩子们游戏动态的身影，他们说："这个好像皮影戏啊！"皮影戏是中国民间传统艺术，它集说、唱、演为一体，具有深厚的艺术内涵和很高的文化价值。这样，孩子们开始了"达学园"的林间皮影故事馆游戏。

游戏目标：

1. 在笪家山自然环境中，尝试制作皮影戏的游戏材料，探索新的皮影戏玩法。

2. 能够对动手制作皮影和表演皮影戏产生兴趣。

活动现场：

第一阶段：搭建林间皮影戏台

环境：智慧探索营。

材料：较薄的白布、竹枝、木棍。

孩子的问题：皮影戏表演需要准备什么？

孩子们带着对皮影戏的好奇，通过观看皮影戏表演录像，交流区域活动经验，不仅对皮影戏所需的材料进行大胆猜测，还对皮影戏表演的原理有着浓厚的兴趣。他们请老师帮忙找来白布，但是发现在阳光下，白布透光性不强，后来换成了比

图 2-157　做个屏幕支架

较薄的白布。他们又找来了各种竹枝，利用麻绳捆绑，开始制作幕架（见图 2-157）。为了能够有很强的透光性，他们把戏台放置在阳光比较充足的地方。

第二阶段：皮影人儿动起来

环境：智慧探索营。

材料：制作好的皮影戏台、各种彩色透明塑料纸、记号笔、剪刀、充电手电筒。

孩子的问题：皮影人物怎么做？怎么能让皮影人动起来？怎么能让观众从白幕布上看到皮影人？

有的孩子说是用皮影人放在幕布后面表演，有细心的孩子则发现是通过线和木棍让皮影人动起来的，还有的孩子发现皮影戏表演时主角出场一定要有灯光，等等。孩子们纷纷开始动手画起来，萌萌画了她最擅长画的公主，然后放在白幕布上比画。"怎么动不起来呢？"萌萌自言自语道。"要用木棍！""公主的四肢要分开来才可以动啊！""阳光不够怎么办？""可以用手电筒。"在孩子们热烈的讨论和合作帮助下，萌萌的"公主"终于在灯光的照射下在白幕布上动起来了！

第三阶段：林间皮影戏故事馆

环境：智慧探索营——阅读区。

材料：剧本《白雪公主》、相关皮影人、白幕布、直射灯。

孩子的问题：我们可以用皮影讲故事吗？怎么样分工可以让表演更出色？

经过第一阶段知识经验的积累和第二阶段实践操作，孩子们用透明塑料纸做了他们想表演的剧本《白雪公主》里的角色，在老师的引导下合理分配了表演者，根据剧本在白幕布后面开始了他们的第一次皮影戏表演。虽然后台有些混乱，但是孩子们通过自己的尝试和合作还算顺利地表演完了《白雪公主》。

台下的小观众还对表演的内容分别从故事情节、皮影制作及故事展现的效果等方面进行了评价。

分析与支持：

美国心理学家班杜拉认为，人类的大多数行为是通过观察习得的。在皮影活动中，孩子把室内的皮影戏表演搬到了大自然中，运用自然的光感知皮影戏，探索自然环境中皮影戏的表演形式，观察、讨论后亲自尝试制作皮影人，并且用自己制作的皮影人表演故事剧（见图 2-158）。一系列的活动从各方面培养了幼儿的语言表达能力，提高了幼儿动手能力。通过师幼的互动，能促进幼儿探究能力、合作能力的发展，也是对幼儿勇于克服困难、迎难而上精神的一种考验。

图 2-158　表演皮影戏啦！

影子对对碰

　　幼儿几乎每天都能见到影子。影子时大时小、时隐时现，各种各样的变化都会引起幼儿强烈的好奇心和探究欲望。大班的孩子有着强烈的好奇心和动手创新能力，孩子们在笪家山玩影子的过程中探索发现，想出了许多玩影子的方法。

　　活动目标：

　　1. 根据影子猜测动物，并能将它的外形轮廓画下来，进行装饰。

　　2. 乐意根据影子进行讲故事活动，体验同伴间交流的快乐。

　　活动现场：

　　第一阶段：猜影子

　　环境：智慧探索营。

　　材料：各种动植物的实物或者卡片、简易白幕布。

　　孩子的问题：哪些地方有影子？影子是怎么出现的呢？影子会变吗？

　　带着这些问题，孩子们开始亲自探索影子。大班的孩子已经具备了一定的生活经验，知道影子的出现需要光源，于是孩子们随机抽出一张动物卡，在笪家山有阳光照射的地方，放置简单的幕布，躲在幕布后面，请另一位幼儿猜一猜是什么动物的影子。

　　第二阶段：影子对对碰

　　环境：智慧探索营。

　　材料：笪家山上的动植物，例如树叶、花朵、虫虫等。

　　孩子的问题：如何快速寻找到相同的动植物？如何提高寻找的难度？

　　孩子们把他们在笪家山上找到的动植物放到幕布后面，让其他小伙伴寻找，多次的对对碰大比拼后，孩子们有了很多新发现，能够帮助他们快速地找到相同的动植物。例如，妮妮突然说："虫虫的影子远离幕布会变大（见图 2-159），能够更清楚地看出是什么虫虫。"孩子们发现，在阳光的照射下，光线的强弱、物体的位置不同都会影响影子的形态。为了增加游戏的难度，孩子们开始想办法，于是新的探索开始了，比如改变照射的方向，离幕布近一点，将两种物品重合摆放，等等。

图 2-159　这只虫虫好大！

　　分析与支持：

　　《指南》"科学领域"中指出：探究既是幼儿科学学习的目标，也是幼儿科学学习的途径。本活动正是以幼儿的兴趣为出发点，以幼儿的自主探索为主要形式，以体验其探索、游戏的乐趣为最终目标的。通过观察想象影子的形态，在自然环境中游戏，探索影子的各种变化，并将这些变化再运用到游戏中去，层层深入，让幼儿在一次次探索、体验中，积极地参与，主动地学习，在获得对影子变化经验的同时，充分体验了探索、游戏的乐趣。

奇妙的星空

孩子们在户外休息的时候常常抬着头看天，边看边互相讨论。只听见一个孩子说："我还是喜欢白天，天蓝蓝的。""晚上天上才漂亮呢，有好多星星！"另一个孩子说道。而每个孩子眼中的星空都是独特的，为了迎合孩子们对星空的喜爱，我让孩子们在美丽的笪家山上找一找奇妙的星空，让孩子们的想象力、动手能力得到发展，转变对夜晚的看法，发现透过树叶的奇妙"星空"。

活动目标：

1. 学习观察记录的方法，让幼儿充分感知晴天、阴天的光线不同对影子形成的影响。

2. 鼓励幼儿积极参与探索活动，主动参与并与同伴合作发现"星空"的奇妙。

活动现场：

第一阶段：透过树叶的美丽"星空"

环境：晴天的笪家山。

材料：阳光，大树，干树枝。

孩子的问题：星星会藏在笪家山的哪里呢？树下的影子有什么不一样？树的影子为什么会有那么多洞洞？

在一个阳光灿烂的日子，孩子们来到了笪家山，阳光透过郁郁葱葱的大树照射下来，到处都是树的影子。有的孩子觉得树的影子很大，大到可以遮阳，有的小朋友则发现阳光透过树叶照下来会有一个一个的小洞洞，"亮亮的小点点好像星星撒在了地上。"萌萌高兴地喊起来。"快看！树叶的缝里也会一闪一闪的。"抬头看树的小宇惊奇地叫起来。"撒在地上的星星好多呀，我们来数数吧？"心语说，"可是用什么数呢？"旁边的诺诺举起地上的树枝，"把这个当画笔刚刚好嘛！"孩子们一听，纷纷去找树枝，认认真真地找起地上的"星星"了。

第二阶段："星空"不见了

环境：阴天的笪家山。

孩子的问题：阴天还会有"星空"吗？

孩子们基于在晴天找星空的兴致，阴天再一次来到笪家山，失望地发现散落在地面的"星星"不见了，树叶缝隙里闪闪亮亮的星空也不见了。"阳光不强所以树叶的影子都不见了。"诺诺失落地说。"还是晴天来这里才会有星空吧。"孩子们虽然有些失望，但还是你一言我一语地讨论着消失了的"星空"。

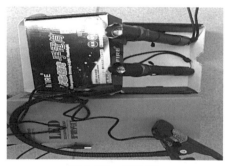

图 2-160 手电筒

第三阶段：把星空留下来

环境：傍晚的小木屋。

材料：手电筒（见图 2-160）、直射

灯、黑色和白色大卡纸、带洞的卡纸。

孩子的问题：光线和"星星"的亮度有关吗？

孩子们在晴天和阴天的比较下发现，光线的强弱对影子的形成有着很大的影

响，孩子们在之前的实践中发现，晴天光线透过茂密的大树可以形成一个个小洞洞，虽然用树枝画了记号，可是阴天再来的时候"星空就不见了"。"我们可以把星空留下来吗？""我们可以把手电筒当太阳。"聪明的心语想到了好办法。接下来通过讨论，同时在老师的建议下，孩子们开始用带洞的卡纸和黑、白卡纸研究起如何将星空留下了（见图2-161）。

我们的想法：见图2-162。

图 2-161　星空在哪里

图 2-162　我们的想法

分析与支持：

《指南》"科学领域"中指出：在给予孩子自由、自主的空间的条件下，孩子的探索才会变得更加自发和积极主动。孩子们在找寻"星空"的过程中都有着无限的想象力，并没有将"星空"仅仅禁锢在天上。发现"星空"后的喜悦和更强烈的探索欲望促使孩子们更深层次地去探究影子的奥秘，进而在探索过程中不断地发现光与影之间的关系。幼儿具有强烈的好奇心和求知欲，基于对已知经验的掌握，幼儿对影子的形成有了较为初步的认识，再加上对"星空"的好奇心进一步激发了幼儿的想象力和创造力，孩子们用自己的智慧把"星空"留了下来。

基地体验手记：藏在山里的影子

活动时间：半日亲子体验

活动地点：镇江市北固山风景区

我们的问题：

"北固山里会有哪些影子呢？"

"大山的影子会不会太大，都看不见了。"

"我想去北固山找一些奇怪的影子。"

我们的准备：

孩子们，你们知道吗？北固山，是镇江三山名胜之一，远眺北固，横枕大江，石壁嵯峨，山势险固，因此得名北固山。而且山体以险峻著称的北固山，也因三国故事而名扬千古。山上亭台楼阁、山石洞道，一定会有很多奇奇怪怪的影子在等着你和你的"大朋友"。

我们的活动：

带着强烈的好奇心和激动的心情，大班的孩子们牵着"大朋友"的手一起来到了北固山。北固山下，明太祖朱元璋曾在此召选儒生水经的凤凰池碧波荡漾，水鸟翔集。"看！我发现小鸟的影子在湖面上。""湖面上还有树的影子。""湖面上的影子会不停地动来动去呢！"孩子们找到了不一样的影子。一旁的试剑石平整如削，石上三字清晰可辨。很多孩子都走到试剑石大大的阴影下面。"这块大石头的影子里可以站好多人啊！"孩子们和爸爸妈妈一起玩起了站影子游戏。接下来孩子们和父母一路走一路找影子。"影子会爬楼梯耶！""这里的影子可真多啊！""对，还有好多奇奇怪怪的影子。""我们比一比谁找的影子多吧！"孩子们你一言我一语，乐此不疲（见图2-163、图2-164）。

图 2-163　踩着大树的影子

图 2-164　找影子比赛

我们的收获：

走进大自然找影子，孩子们充满了无尽的欣喜与激情，一双双会发光的眼睛、一张张微笑的脸，无不流露出他们对北固山里一草一木的好奇，一切对他们来说都是那样新鲜。在北固山里，他们找到了在达学园没见过的影子，他们感受着大自然的乐趣；一花一树一草一木，都成为他们眼中神奇的所在，他们觉得这是一个隐藏在大自然中的影子世界，这是一座生在花丛中的影子王国。

通过这样的活动，孩子们感受到游学的快乐，体验了在大自然中找影子的快乐，他们在观察中、活动中、玩耍中验证他们的猜想，在体验中、合作中、游戏中了解不一样的影子王国。

区域游戏：穿过树叶的影子

游戏简介：

孩子们在探索过程中发现，光源从树或者花的上方照射下来，地面会出现密密麻麻的影子，孩子们用粉笔将植物的轮廓描画下来，就呈现出一幅特别的影子画。

游戏目标：

1. 通过调节自然光源的角度让影子呈现出不同的形态。

2. 幼儿在活动中愿意和他人合作，分享自己的发现和创作。

游戏准备：

1. 拓展营地：艺术创想营。

2. 有阳光的天气、粉笔、各种装饰的物品。

游戏玩法：

有阳光的时候来到笪家山，寻找阳光照射下出现影子的植物，用粉笔或者其他自然物，勾画出植物在阳光照射下的影子（见图2-165），还可以用各种材料进行装饰。

图2-165 大树的影子

主题成效和感悟

影子是幼儿生活中常见的科学现象，也是幼儿较感兴趣的。其实生活中很多有趣的问题是教师难以预设的，它们也许就是幼儿生活中不经意产生的一点小冲突。作为教师应该多关注幼儿的冲突，有时候冲突就是我们的教育契机，只要抓住机会并充分发挥其教育价值，就会产生意想不到的效果。

幼儿园教育应该尊重幼儿，让科学生活化，让幼儿在"做"中学。《指导纲要》中强调："要尽量创造条件让幼儿实际参加探究活动，使他们感受科学探究的过程和方法，体验发现的乐趣。"对学龄前儿童来说，探究是学习科学的主要方式，在教师设定的环境和材料中，自由地按自己的想法去支配材料，亲历科学探究的过程。教师应该提供以研究为基础，以探究为中心的经历，帮助幼儿建构经验，体验发现的乐趣。强调将科学教育与儿童的生活联系起来；强调科学教育是儿童的一种发现操作，尝试主动实践的活动；强调科学教育的探索性与体验性，科学教育应该是群体经验共享的过程。让幼儿在"做"中体验求知的乐趣，并不

断产生"做"的需要，以不断获得新的动力，不断得到新的发展。如此借助自由活动的契机，在宽阔的场地上，将高结构的集体教学转变为低结构的自由探索。孩子们在做做玩玩中学习，在游戏中发现、感悟、体验，从而得到提升。

四、家园互动与评价

你好啊，笪家山

中四班　顾梓煜妈妈

孩子们很幸福，也很幸运，在幼儿园里有一座小小的后山——笪家山。

常听梓煜说："妈妈，今天我们去后山给虫虫造房子啦！""妈妈，今天我们去后山探险啦！好酷！"看着孩子一脸灿烂的笑容，我知道，这些都要感谢实验幼儿园的小后山，更要感谢幼儿园老师们孜孜不倦地设计活动，带领孩子们回归自然，与自然相拥。

实验幼儿园的笪家山"大自然教育"非常丰富。孩子们可以在笪家山"生活区"的虫虫旅馆进行角色扮演，给虫虫们烧饭做菜；亦可在"探索区"认真观察虫虫，了解虫虫的习性；还可在"美工区"设计虫子爬画，在"建构区"为虫虫们搭建小房子；等等。全面的活动区，多彩的活动计划，让孩子们在与大自然亲密接触的同时，深刻地感受到自然的美妙、人与自然和谐共处的美好。

同时，笪家山一系列的活动，也充分培养了孩子们的好奇心、责任感、专注力，十分有利于孩子身心健康。在高楼大厦耸立的城市中，孩子们拥有了一个幼儿园里的"纯天然小天地"，可以随时随地接触花鸟虫草、阳光雨露，感受四季的变化，倾听自然的声音，从而在他们的人生启蒙阶段，充分理解大自然，初步养成保护大自然的意识。

我的幼儿园生活，也是在京口幼儿园（前实验幼儿园）完成的。三十年过去了，我仍会记得小后山上的沙堆、花草和各种有趣的石头，以及阳光之下，我和小伙伴们肆意快乐的笑声、无限欢腾的奔跑。那些，也都成为我人生最难忘的灿烂回忆。由此可见，孩子们的启蒙时期，与大自然多元的接触，是多么重要而影响深远。

同时，作为实验幼儿园孩子的家长，也期待在未来的日子里，可以有更多的"大自然教育"活动，更多元地培养孩子各方面的能力。比如让小朋友们自己种植蔬菜，在锻炼身体、学会劳动的同时，也能让他们深刻理解"粒粒皆辛苦"的道理，成为更优秀的祖国的希望。

感谢笪家山，让一代代的实验幼儿园幼儿们，以最亲密的方式接触了大自然。

感谢实验幼儿园，让每一个孩子都能在阳光、和谐的环境中，得到教育和成长，并印上深深的、纯粹的、来自大自然的烙印，受教一生。

所以，你好啊，笪家山。

再次，谢谢你，笪家山。

2020 年 8 月 17 日

家园共建，爱在"达学园"

在活动开展初期，家长通过孩子们到"达学园"的智慧探索营的活动获得相关信息，主动和我们老师交流，我们向家长介绍了"达学园"的活动，同时向家长们了解他们的想法。根据家长们提出的建议，我们在活动安排上进行了调整。

家长疑问：

1. 蚊虫太多怎么办？

2. 安全问题怎么解决？

3. 家长如何配合老师工作？

4. 户外活动可以获得哪些发展？

解决：

1. 准备相关的防蚊工作：在智慧探索营固定位置摆放灭蚊水，幼儿穿长袖长裤参加活动，幼儿进入营地前在营地周边喷防蚊水（杀虫水），等等。

2. 通过家长会、网络交流等方式向家长介绍自然界中的户外活动对于幼儿发展的益处，争取家长的大力支持。经常上传孩子们的活动图片，定期组织家长和孩子一起参观他们的游戏环境（见图2-166至图2-168）。

3. 家长帮助幼儿收集户外活动所需的材料。

图 2-166 与家长沟通交流（一）

图 2-167 与家长沟通交流（二）

经过一段时间，家长发现了孩子的变化：喜欢大自然的活动，对于平时不太注意的花花草草、虫虫有了更多关注，经常会主动提问，也会告诉家长他们在幼儿园探索的收获。每天上幼儿园都很积极，因为每天都有很有趣的游戏和发现，能学会各种新本领。

一位家长在微信朋友圈中这样说道：这几天洋洋上学特别积极，一直嚷嚷着要去做工程师，要去看昆虫赛跑。原来是我们镇江市实验幼儿园开展了"达学

图 2-168 定期组织家长和孩子一起参观活动场地

园"活动。观察昆虫、小小工程师、静态写生、户外阅读、昆虫象棋、我是厨师，一个个智慧的小主题给孩子们带来了无尽的欢乐，真正让孩子们从自然生活中找到了乐趣，从游戏中学习，为这样人性化的教育、真正为孩子着想的幼儿园点赞。

六、智慧探索营的精彩瞬间

图 2-169 至图 2-183 为智慧探索营的精彩瞬间。

图 2-169　影子装饰画

图 2-170　瞧我找到了什么?

图 2-171　特别的小人

图 2-172　植物收藏家

图 2-173　吹泡泡大比拼

图 2-174　木板拓印画

图 2-175 一起搭建小鸟的家

图 2-176 我找到的虫虫

图 2-177 植物研究室

图 2-178 叶子对对碰

图 2-179 找虫虫啦!

图 2-180 沙趣

图 2-181　吹个超级大泡泡

图 2-182　蚂蚁真有趣

图 2-183　你们看我找到了西瓜虫!

（智慧与探索课程案例由徐灏、胡蓉、段月娥、胡志颖、邱凤萍、朱丽提供）

第三篇

生活与社会课程——我是生活小达人

一、项目课程简介

(一) 背景

孩子从母体来到这个世界的第一声啼哭，标志着他与这个世界有了连接，从此，他将作为一个独立的人，与这个社会发生关系。而他迈出的第一步，方向就是幼儿园，这又标志着他即将离开家庭，踏上社会的征程。

幼儿园既是一个小小的社会，也是促进个人和家庭、社会之间联系的纽带，它的使命是通过各种方式、利用各种渠道、把握各种机会、创造各种条件，帮助幼儿自我意识的觉醒，促进幼儿的成长与发展。

陶行知先生提出："生活即教育，社会即学校，教学做合一。"在幼儿园里，每天上演着各种各样的生活：交到新朋友了，当值日生了，换牙了，会给书签打孔了，播种的菜籽发芽了……这些细小的变化，这些生活中的琐事，构成了孩子们的日常，日积月累，成为供他们成长的营养。

笪家山是一座天然小山体，山上树林荫翳、野草丰茂，是一处独特的野外活动场所，孩子们可以在山上攀爬、嬉戏、和朋友交往，模仿办家家、开音乐会、采草药等生活场景，还可以在山上野餐、劳动、培养生活技能……在我们看来，这不正是一座不可多得的"快乐生活馆"吗？

为了进一步创设促进孩子们生长和发展的生活环境，为幼儿打造适宜的发展空间，供他们学习、探索和创造，我们开发了"生活与社会"这一主题课程。这一课程以快乐生活馆为主要活动场所，融合了健康、语言、社会、科学、艺术等领域的综合内容，通过对幼儿良好行为习惯的培养和良好个性品质的塑造，爱家国等德育理念的展现，生活与生长空间的挖掘，借助自由探索的方式和多样化的交往渠道，使幼儿获得成长，获得提升，收获快乐，在生活中学习生活，在生活中体验成长。

(二) 目标

1. 通过对环境资源的利用，对工具、学具等材料的使用，学习收纳、整理、归类，养成幼儿良好的行为习惯和做事认真、细致、耐心的态度。

2. 通过模仿和扮演家庭角色，感受家庭生活的美好幸福，学会爱护自己，关爱他人。

3. 通过和老师、小伙伴在一起玩游戏的过程，感受幼儿园生活的幸福、快乐，热爱自己的幼儿园。

4. 初步认识自己的家乡和社区，了解一些家乡的民俗民风，认识社区的特点，了解幼儿园和社区之间的关系，培养爱家乡、爱社区的情感。

5. 知道自己是中国人，有强烈的民族自豪感，从小树立热爱祖国、建设祖国、保卫祖国的宏伟壮志。

二、生活与社会课程网络图

结合《指南》，依据课程背景与目标，观察幼儿，发现幼儿在生活活动中的兴趣点，将零散的生活经验归纳梳理成有价值的"生活与社会"课程内容（见图3-1、图3-2）。

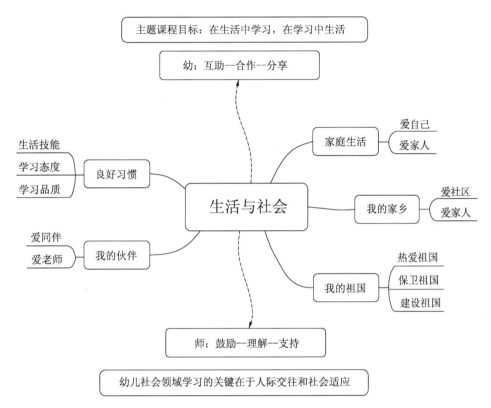

图 3-1 "达学园"生活与社会学习路径图

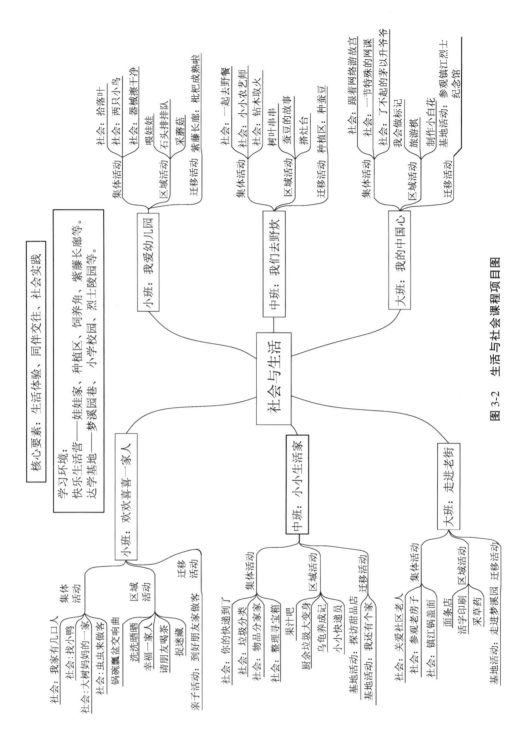

图 3-2　生活与社会课程项目图

三、主题设计与活动反思

小班主题活动一：欢欢喜喜一家人

问题搜索

我知道：

我家住在哪里。

我家有几口人。

我的爸爸妈妈叫什么名字。

我还知道：

我爷爷奶奶叫什么名字。

我爱我的家。

我想知道：

每个人都有家吗？

小鸟、小鱼、小花、小草也有家吗？

家是什么？

主题引导

小班的幼儿刚刚从家庭走进幼儿园，从一个熟悉的地方，进入陌生的环境，难免有着诸多的不适应，哭闹、焦虑时常伴随着他们，教师的主要任务就是缓解幼儿焦虑的情绪，帮助他们尽快适应幼儿园的生活。

我们利用"达学园"这个环境，设置了"生活与社会"这个课程。通过主题"欢欢喜喜一家人"的活动，如谈一谈家里有几口人，和大树妈妈做游戏，和小伙伴一起办家家、捉迷藏等，模仿家庭生活，让孩子们感受家庭生活的温馨与甜蜜，从而减少分离焦虑，体验到集体生活的丰富有趣，尽快适应社会生活。

《指南》中提出，儿童社会领域的学习发展是一个复杂的过程，是在人际交往和与社会环境的相互作用中进行的。儿童学习的一大特点是模仿，因此我们从儿童的年龄层次出发，通过一系列的模仿游戏活动，让幼儿逐渐进入集体环境，适应集体环境。

集体活动：快乐生活营

小班社会：我家有几口人

设计意图：

小班的幼儿刚刚从家庭走进幼儿园，还有很浓的恋家情绪。教师可以利用这

种情绪,对幼儿进行课程训练,如通过携带全家福照片,认一认家庭成员,说一说他们的名字,数一数家里的人口,帮助幼儿缓解恋家的情绪。

教学目标:

1. 能够说出家里的主要人口,会正确地称呼,或者说出他们各自的姓名。

2. 乐意与同伴分享自己对家人的感受,萌发热爱家庭、尊敬家人的情感。

活动准备:

1. 事先请幼儿回家询问自己家的人口、家人的姓名和喜好等情况。

2. 全家福照片。

3. 在生活馆放置一些茶杯等道具。

活动过程:

1. 看一看,猜一猜。

引导幼儿看教师的全家福照片:看看老师家里有几口人?猜一猜分别是谁?

老师示范介绍自己的全家福,说出照片中人物的称谓,以及他们的姓名,最后说一句表达感情的话,如:"我爱我的家人"或"我们是亲亲热热一家人"等。

2. 说一说,谈一谈。

(1)请带全家福照片的幼儿,分别大胆地上台介绍自己的家人,并说一说家里有几口人,最后说一句爱家人的话。

(2)请幼儿和身边的小伙伴介绍一下自己的全家福照片,说一说家里有几口人,分别是谁,表达一下对他们的爱。

3. 操作活动:请家人喝茶。

家里有几口人,就从货物架上拿几个茶杯,并且说一说:我家有×口人,需要×只茶杯,我请他们喝茶。

模仿倒茶的动作,请幼儿模仿角色喝茶。

4. 结束活动。

欣赏歌曲《我爱我的家》。(我爱我的家,弟弟爸爸妈妈,爱是不吵架,常常陪我玩耍……)

小班社会:找小鸭

设计意图:

小班的孩子方位感较差,常常搞不清自己及物品所在的位置,也不会用语言来表达。在山上活动时,我们可以利用山上的地形,刻意训练他们认识方位的能力,如设计找小鸭的活动,以培养他们对方位的感知。

活动目标:

1. 能够在不同位置找到小鸭,培养观察能力。

2. 能够用语言表达出小鸭的方位。

3. 培养孩子在山上游戏的兴趣。

活动准备：

黄色小鸭玩具 2~3 个（其他动物玩具也行）。

活动过程：

1. 导入活动。

"这是什么？小鸭怎么叫？"

学小鸭叫、小鸭走路、小鸭游泳。

2. 游戏：找小鸭。

（1）教师简单交代游戏规则：幼儿闭上眼睛，老师将一只小鸭放在某一个地方，然后指定一个范围，让孩子们去寻找。找到以后，要说一说自己是在哪里找到小鸭的，其他孩子一起学说："小鸭躲在××后面"或"小鸭躲在××下面"。

（2）游戏开始。把小鸭分别放到不同的地方，让孩子们去寻找，训练孩子的观察能力，找到以后说一说"小鸭躲在××后面"……

（3）增加 2~3 只小鸭，请孩子们分别去找，找到以后说一说："小鸭躲在××上面"或"小鸭躲在××后面"。

（4）请个别孩子去藏小鸭，其他幼儿去寻找，找到以后说一说，方法同上。

3. 游戏结束。

学小鸭走回教室。

小班社会：大树妈妈的一家

设计意图：

笪家山这座小山坡，是一个天然的大自然乐园，有许多花草树木。孩子们在其间玩耍，捡拾树叶来玩，和花花草草做游戏，教师可以利用这个契机，和孩子一起玩树叶的游戏，不仅增强幼儿的动手操作能力，也让幼儿进一步认识和亲近大自然。

活动目标：

1. 通过捡拾树叶，初步了解树叶的形状、颜色和纹理等特点。

2. 学习捡拾和粘贴树叶的技能，能帮大树妈妈"找回"许多树叶宝宝。

活动准备：

1. 大白纸、记号笔、胶棒等。

2. 人手准备一个放树叶的小盒。

活动过程：

1. 捡拾树叶。

请幼儿在山上各处捡一些自己喜欢的树叶。提醒幼儿注意安全。

2. 认识、观赏各种各样的树叶。

"这些树叶是什么样子的（颜色、形状）？像什么？"

带领幼儿认一认，说一说。

3. 故事导入。

"有一棵大树妈妈,她有许多树叶宝宝。树叶宝宝很顽皮,偷偷地溜出去玩了,我们帮她把树叶宝宝找回来好吗?"

幼儿们尝试粘贴树叶。

(1)教师在大白纸上勾勒出大树妈妈的身体:画出树干、树枝。

(2)请幼儿挑选自己喜欢的树叶,蘸上胶,粘贴在大树妈妈身上。

提醒幼儿注意:小心别把胶水弄在身上。

4. 欣赏、交流。

"现在,大树妈妈的树叶宝宝们都回来了,大树妈妈非常感谢小朋友,你们可以对大树妈妈说什么?"

幼儿们分别对大树妈妈说一句话。

5. 活动结束。

和幼儿一起把作品挂到主题墙上,供大家欣赏。

指导幼儿收拾物品,洗手。

小班社会:虫虫来做客

设计意图:

娃娃家是孩子们最喜欢的活动,在山上,我们准备了很多锅碗瓢盆等餐具和炊具,孩子们会自发地去开展娃娃家的游戏。我们根据山上虫子多的特色,模拟出"虫虫来做客"这个活动情境,让孩子感受办家家活动的趣味性,同时减轻害怕虫子的心理。

活动目标:

1. 探索"虫虫来做客"的游戏方式,形成一定的规则。

2. 知道自己扮演的角色,加强与同伴的合作交流,发展社会性。

3. 尝试利用山上的自然材料,创造性地开展游戏活动。

活动准备:

1. 娃娃家游戏材料若干:锅碗瓢盆、围裙、眼镜、小包等。

2. 山上的自然材料:花草、树叶、石子等。

3. 各种可爱的虫虫的头饰,如西瓜虫、瓢虫、蜗牛、蝴蝶等。

活动过程:

1. 抛出话题,引起孩子们的兴趣。

"今天山上来了一群小客人,你们看看是谁呀?"

请幼儿观察虫虫的头饰,认识几种虫虫的名称,说出它们各自的特征。

"今天虫虫们要到娃娃家里来做客了,你们欢迎它们吗?"

2. 初步了解活动规则。

(1)分别请几位幼儿扮演娃娃家的爸爸、妈妈、宝宝等,穿戴上表示身份的饰品。可以分几组展开。(见图3-3、图3-4)

(2)其余的幼儿分别挑选自己喜爱的虫虫头饰戴上,等会儿到娃娃家去做客。

图 3-3 娃娃家（一）

图 3-4 娃娃家（二）

（3）礼貌教育环节。

针对客人的提问："虫虫到娃娃家去做客，应该说什么呢?"提醒幼儿有礼貌地问好。

针对主人的提问："如果有虫虫到你家去做客，你应该怎样欢迎它呢?"

引导幼儿说出：请它进来，请它喝水，请它吃饭，请它睡觉等。

3. 尝试开展游戏。

幼儿自由开展活动。

教师巡回观察，指导幼儿积极、主动地与伙伴开展游戏，提醒幼儿尝试利用自然材料进行游戏。

鼓励幼儿互相交流，包括语言交流和肢体动作的交流。

教师可以扮演虫虫，分别到娃娃家里去体验、互动。

锅碗瓢盆交响曲

我们在山上投放了一些锅碗瓢盆和瓶瓶罐罐，小朋友们用这些材料开展娃娃家的游戏，也有一些小朋友把它们排列开来，在上面敲敲打打，让它们发出声音。

活动目标：

1. 通过操作锅碗瓢盆和瓶瓶罐罐这些材料，感受它们所产生的不同音色。

2. 进一步挖掘它们各自不同的音色，提高对声音的敏感性。

3. 能积极参与活动，感受打节奏的快乐。

活动现场：

第一阶段：敲敲响

环境：快乐生活营。

材料：不锈钢或铝制锅、盆、勺、铲，塑料桶，木筷子等各种厨房用具。

孩子的问题：这些锅碗可以敲响吗?

在玩娃娃家的过程中，有些孩子渐渐地扩展出了新玩法，即敲击这些锅碗瓢

盆。他们发现，不锈钢或铝制品敲击出来的声音很响亮，于是就用勺子、铲子反复敲打锅、盆，发出"当当当"的响声，声音越响，他们敲击得越起劲。其他小朋友发现了，也加入到这个游戏中来。有的找不到金属的材料了，就用塑料盆、塑料桶敲打，发出"嘭嘭嘭"的声响。他们一个个越敲越起劲，好像在一起比赛谁敲得最响，这些声音混合在一起，简直像一个杂乱的大卖场。

小姑娘韵韵捂着耳朵说："吵死了……"其他几位小姑娘也跟着一起捂起了耳朵，说："吵死了！难听死了！"

过了一会儿，她们发现声音仍没有停止，便对老师说："老师，他们不好好地玩游戏，吵死了！"

我扯着嗓子请他们停一停，喊了半天他们才从激动的情绪中暂停下来。我问敲击的小朋友："你们为什么要敲它们呀？"

几个小男孩不说话，领头的航航说："好玩。"

看来，孩子们对声音的发生有了兴趣，只是还处在简单的杂乱无章的敲击阶段，没有探索出更好的游戏玩法。

第二阶段：敲瓶瓶

环境：快乐生活营。

材料：若干空啤酒瓶。

孩子的问题：怎样把这些瓶瓶罐罐敲出不一样的声音？

过了几天，我找来一大堆空啤酒瓶，把它们放在游戏区的一个塑料大箱子里。起先，小朋友们并没有注意到它们，有个别小朋友拎起一个瓶子看了看，接着就把它放下了。

我装作不经意的样子，拿出一个啤酒瓶，用一根筷子敲了起来，发出"叮当叮当"清脆的声音。

韵韵说："真好听！"然后她也拿出一个瓶子敲了起来。接着睿睿、涵涵也分别拿出瓶子敲了起来。

后面的小朋友找不到筷子了，就找来了树枝，他们发现，不同的树枝和木筷，敲击出来的声音不太一样，于是就不断地尝试，让瓶子发出不一样的声音。

玩着玩着，有小朋友和着敲击的声音哼唱起来："叮叮当，叮叮当……"

过了一会儿，能干的韵韵当起了小领队，让几位小朋友站成一排，大家一起有节奏地敲击起来，并一起唱起了《粉刷匠》，别说，节奏还卡得蛮准的呢。

第三阶段：高低音

环境：快乐生活营。

材料：若干空啤酒瓶，细麻绳。

孩子的问题：瓶子悬挂起来敲出来的声音有什么不一样？

用手抓着啤酒瓶敲，虽然能敲出声音，但音色不透亮，而且变化也不大，很快小朋友就失去了兴趣。

山顶上竖起了一个竹制恐龙架，很大，很空，小朋友们经常在恐龙架下钻来钻去。我灵机一动，找来几根细麻绳，把一些啤酒瓶悬挂在了恐龙架下。

有小朋友看见了，问："老师，你在做什么呀?"

我说："我在做一个小舞台。"小朋友们听了很好奇，他们纷纷帮我递瓶子、递麻绳。

瓶子绑了一大串，一个个像一串串音符，悬挂在恐龙架下，瓶身发出绿色的光泽，很漂亮，也很神秘。

终于，"小舞台"布置好了，小朋友们都兴奋极了，他们开始尝试让这些悬挂着的瓶子发出声音。

有的小朋友一手握一个瓶子，让它们撞击在一起，发出"当啷"很响的一声，虽然很好听，但太危险了，我教育小朋友说："这些瓶子是玻璃的，使劲敲它们会碎，会划破我们的小手，所以大家玩的时候要注意安全哦。"

于是有小朋友找来了筷子和木棍，对着瓶子轻轻敲了起来，他们惊喜地发现，悬挂起来的瓶子，发出的"叮当"声格外清脆动听。

于是小朋友就一边敲击，一边唱起歌来，慢慢地有了节奏。

第四阶段：小乐队

环境：快乐生活营。

材料：悬挂着的空啤酒瓶，空饼干罐，锅碗瓢盆等。

孩子的问题：大家一起敲，怎样才能够敲得又整齐又好听？

恐龙架成了乐器表演的小舞台，小朋友们时不时到这里来敲敲打打，让瓶子发出声音。我还请保安叔叔用空饼干罐制作了一个"架子鼓"，放在恐龙架下，作为辅助乐器。

这天，几位小朋友又在这里敲敲打打，可是始终统一不了意见，有的孩子想敲一首歌，有的孩子不想听指挥，只愿意自己乱敲。

我对能干的韵韵说："小舞台是需要指挥的，你来当指挥好不好?"她高兴地答应了。她拿出一根"指挥棒"，要求小朋友听她的指挥，一起来敲一首歌，经过商量，大家一致决定敲一首《小星星》。

韵韵喊："预备——齐!"然后大家一起敲了起来，有的一拍一敲，有的半拍一敲，声音显得不太和谐。

我拿来一口平底锅和一把勺子，带着大家敲了起来，节奏是一拍一下。因为平底锅的声音比较响，所以小朋友们在我的带动下，都按照这个节奏敲了起来，声音终于和谐统一了。

一曲结束了，我示意小朋友说："演出成功，谢谢大家。"小朋友纷纷学着说："谢谢大家。"并向观众们鞠了一躬，一支像模像样的"小乐队"就成立啦。

分析与支持：

起先孩子们只是胡乱敲，发出了难听的噪音，经过我一次次的引导，并一次次地投放不同的材料，孩子们终于知道这些材料是可以和谐共存的，并尝试着让它们发出和谐的声音。

在整个游戏过程中，我从一位能干的小朋友着手，让她当小指挥，带领着小伙伴一起游戏。有了她的参与，游戏得以顺利地进行。因此说，儿童在同伴中的学习非常重要。

随着游戏越来越深入，这个活动并没有结束，还可以通过不断投放不同的道具，让这个游戏更加深入地玩下去。比如投放一些水，让孩子们给啤酒瓶灌入不等量的水，再尝试敲击，就会发现瓶子会发出不一样的声音；或者再加入一些其他材质的用具，探索它们各自不同的声音，从而感受声音的奇妙（见图3-5）。

图 3-5　敲敲打打玩水瓶

洗洗晒晒

游戏目标：

1. 学习夹夹子，发展手部精细动作，增强双手的协调性。

2. 学习晾晒小件物品，提高自我服务能力。

3. 模仿家庭生活，对家庭生活感兴趣。

游戏准备：

1. 基本材料：小毛巾、袜子、玩具肥皂、晾衣架、夹子、小筐等。

2. 辅助材料：洗衣板。

游戏玩法：

1. 幼儿自由模仿洗毛巾、洗袜子的动作，可以利用洗衣板搓一搓，再用手拧一拧。

2. 幼儿学习将小毛巾、袜子晾晒到夹子上（见图3-6），努力学习捏夹子的动作，并学会将袜子一一配对。

3. 物品晾干了，把物品收下来叠放好。

图 3-6　我们在晾晒

幸福一家人

游戏目标：

1. 能用语言、动作再现爸爸妈妈照顾宝宝的场景，反映自己对所扮演的家庭成员中各个角色的认识。

2. 喜欢参与角色扮演游戏，对游戏活动感兴趣，愿意与同伴一起游戏。

3. 初步遵守游戏规则，学会在游戏中使用礼貌用语。

游戏准备：

1. 娃娃若干，炊具（煤气灶、锅、铲、勺等）、餐具（碗、盘、茶壶、杯子、小勺等）、小家电（微波炉）、食品（面条、饼干等）。

2. 布置娃娃家的环境。

3. 爸爸、妈妈等家庭成员的服装，以及假发、眼镜、小包等服饰。

游戏玩法：

1. 幼儿按自己的意愿选择角色进入娃娃家。

2. 幼儿相互自我介绍，明确游戏伙伴的身份。

3. 根据娃娃家的主题，模仿家庭生活，自由进行游戏。

请朋友喝茶

游戏目标：

1. 乐意与同伴交往，愿意请朋友来做客。

2. 学会运用简单的礼貌用语来招待朋友。

游戏准备：

1. 布置茶室的相关环境：茶杯、茶盘、茶杯垫等。

2. 茶服装、动物头饰若干。

3. 茶壶一只（装温水），茶杯、花茶、茶勺等材料若干。

游戏玩法：

1. 幼儿自由选择角色进行游戏。

2. 邀请动物朋友来家里做客。

3. 和朋友聊天，了解他们喜欢喝什么茶。

4. 给朋友的茶杯添加茶水，自己学会评估量多量少，尽量不把水倒洒。

5. 观察到朋友的水喝完了，要及时续水（见图3-7）。

图3-7　朋友请喝茶

捉迷藏

游戏目标：

1. 能迅速找到自己喜欢的躲藏地点，并设法不被别人发现。

2. 通过观察，抓住事物的主要特征，迅速找到目标人物，培养观察能力。

游戏准备：

1. 山上有工具柜、大纸箱、布帘、器械、大树等供躲藏的物品。

2. 猫妈妈头饰一个。

游戏玩法：

1. 幼儿自由选择当猫妈妈或者猫宝宝。

图 3-8　捉迷藏

2. 游戏开始时，猫妈妈蒙上眼睛，猫宝宝迅速找到自己喜欢的地点躲藏起来。

3. 在一定时间内，猫妈妈要找到所有猫宝宝。

4. 找到以后，猫妈妈说一说自己是在哪里找到猫宝宝的。

5. 幼儿更换角色，重复游戏，并更换躲藏地点（见图3-8）。

注意：活动中注意安全，不要躲到危险的地方去。

基地体验手记：到好朋友家做客

小一班家长　冷艳

每天放学时，幼儿园的巷口都会有一个扎着小辫儿的女孩，冲着每个从身边走过的小朋友挥手告别："再见！再见！再见！"她就是小女琪琪，虽然是小一班年龄偏小的小不点儿，却热情、善交际。这不，周日她得知好朋友点点搬家，将成为我们的新邻居，便拉着爸爸妈妈一同去点点家做客。

"叮咚"，伴随着点点家大门的打开，琪琪就开启了她的"话痨模式"："叔叔、阿姨、点点好，这个玩具是送给点点的搬家礼物，可好玩啦！""点点，你家的平衡车与我家的一模一样，但我们这么小的小朋友是不能骑的，太危险了。""阿姨，这苹果实在是太好吃了！谢谢阿姨！"……终于，点点禁不住琪琪的"长篇大论"，招呼琪琪一同去游戏区玩耍了。

点点家的游戏区是紧邻着阳台的一块较大的开放性区域，两个小姑娘一会儿玩"过家家"，一会儿看图拼装磁力片，看着娃儿们和谐的游戏氛围，大人们放心地去客厅聊天、看电视。

大约过了半个小时，两个小姑娘就起了争执，两人都拽着琪琪送给点点的玩具礼物，不肯放手。看到闻讯赶来的大人，孩子们就开始抱怨，琪琪说："妈妈，她不懂得分享。这个玩具还是我送给她的呢。"点点也不甘示弱："你干吗大声嚷嚷？我还没有玩好呢。"看着俩娃互不相让的架势，我真想直接就把琪琪拽回家"修理"一通。但转念一想，孩子和朋友相处的过程中，矛盾纷争是难免的，我们作为家长，如果能以此为契机，教孩子学会解决冲突，掌握与人相处的技巧，那才会让孩子受益匪浅。

想到这里，我与另外三位大人达成统一观点后，来到孩子跟前，温和地说："看来这个玩具很受欢迎啊！不过你们俩不能友好地玩这个玩具，很遗憾！我们四位家长讨论过了，一致认为把这个玩具暂时收起来，等你们俩商量出如何友好地使用这个玩具时，我们才可以尝试把玩具还给你们。"说完这些，我们四位大人就离开了游戏区。

过了一会儿，两位小朋友一齐来到大人们跟前："我们已经商量好了，可以拿个计时器来，每人玩5分钟，计时器响了就交换玩。"

"很好，看来你们已经找到了解决问题的办法。现在我们把玩具拿给你们，让你们再试一试，如果你们还是不能友好地玩玩具，今天我们就会把这个玩具收起来，你们明天才能玩。"我温和地回应孩子。

正如我们所料，两个孩子遵守了自己制定的规则，玩得不亦乐乎。

琪琪回家时，已经和点点约好了下次来我家串门的时间。

主题成效与感悟

1. 对幼儿发展的反思。

小班幼儿刚刚进入幼儿园，对一切还感到很陌生，对家庭的依恋还很强烈。我们通过"达学园"开展"生活与社会"这个主题项目，可以更好地帮助幼儿熟悉幼儿园，适应新环境，更好地实现从小家庭向幼儿园大家庭的过渡。

通过"欢欢喜喜一家人"这个主题的活动，幼儿感受到家庭生活的幸福，在认识自己家庭的同时，也认识到幼儿园也是一个大家庭，在老师的引导下，在幼儿园这个大家庭里生活也很幸福、很快乐。

笪家山这个纯天然的环境，很好地缓和了孩子们的分离焦虑，将他们的关注力吸引到大自然的环境中。通过与同伴的交往和互动，通过在山上玩游戏，孩子们的情绪日益稳定，还学会了倒茶、招待小伙伴等技能，尝试学做小主人，又在家长的带领下学做小客人，增加了生活经验，增强了责任意识，从而培养了他们的自信心和胆量。

2. 对教师课程实施的反思。

丰富的活动形式，新颖的活动场所，有趣的活动环境，也激发了教师的教学热情，教师们利用山上的环境，创设了找小鸭、捉迷藏、做客等活动，进一步诠释了陈鹤琴先生"大自然，大社会都是活教材"的思想，理解到孩子的学习是一种多通道、多感官的学习，只有让孩子亲手接触、亲自操作、亲身体验，才能够激发他们主动学习的意识，提高他们的主观能动性，促进他们的发展。同时教师们也感受到教学相长的快乐，体验到热爱大自然、回归大自然的美好感受。

3. 对家长工作的反思。

看到孩子越来越喜欢上幼儿园，家长们也感到由衷的高兴，他们越发觉得，在大自然中进行学习是一种非常放松的、自然的状态，孩子的学习积极性更高。

有的家长还带孩子去朋友家做客，让孩子学习如何正确地当小客人，如何培养良好的生活习惯，如何解决与同伴之间的纠纷，切身地体验孩子在生活中学习，

在生活中发展的重要性。

小班主题活动二：我爱幼儿园

问题搜索

我知道：

我叫什么名字。

我是××幼儿园××班的小朋友。

我上学不哭了。

我还知道：

我爱我的幼儿园，我喜欢小伙伴。

我爱老师，老师也爱我。

我想知道：

幼儿园里还有什么？

在幼儿园里我能干什么？

主题引导

经过一段时间的适应，小班的孩子已经渐渐地熟悉幼儿园的集体生活了，对老师有了亲昵感，也交到了一些好朋友，对幼儿园的规则也有了一定的了解。为了进一步帮助幼儿适应集体生活，我们创设了"我爱幼儿园"这个主题，让孩子在笪家山上捡捡树叶、观察观察小鸟、擦擦器械，学习当幼儿园的小主人。通过一系列的操作性游戏，提高幼儿的动手能力和交往能力。

《指南》中指出，社会领域是一个综合的学习领域，社会学习具有潜移默化的特点。我们要创设"达学园"这个良好的学习环境，让幼儿在实际生活和活动中积累有关经验，通过环境影响、感染幼儿，帮助他们获得能力和经验的不断提升，为后续的学习打下基础。

集体活动：快乐生活营

小班社会：拾落叶

设计意图：

小班的孩子对大自然是好奇的，但是由于年龄小，动作技能没有充分地发展，交往能力欠缺，也比较胆怯，因此对于探访大自然的活动缺乏主动性和创造性，需要成人给予鼓励与正确的引导。

秋天，我们设计了捡落叶这个活动，将孩子带到植被丰富的笪家山上去，让他们走进大自然，观察大自然，欣赏季节的变化，感受秋天的美，同时用自己的小手去捡拾一些落叶，看一看，玩一玩，进一步认识大自然，亲近大自然。

活动目标：

1. 观察笪家山的景色，观察各种植物，初步建立对秋天的印象。

2. 愿意参与捡拾落叶的活动，能够主动去探索、捡拾。

3. 能够根据物体的二维特征进行简单的分类，如颜色、大小等特征。

活动准备：

1. 每人一只小篮筐或小纸盒。

2. 上山前进行安全教育，跟随老师不乱跑。

3. 事先动员家长利用双休日和孩子一起捡拾一些漂亮的落叶，并带到幼儿园来。

活动过程：

1. 周末，你和爸爸妈妈做什么了？你们捡到了什么样的落叶？

鼓励幼儿用语言进行描述，教师帮助幼儿概括。

2. 拿出小朋友周末捡拾的落叶，和大家一起观察欣赏。

用语言概括出几种常见落叶的名称、特征。

3. 上山前的动员。

要求：我们等会儿也要上山去捡拾落叶，你想捡什么样子的落叶呢？

鼓励幼儿大胆猜测。

交代要点：每人带好自己的小篮筐，自由捡拾落叶，比一比谁捡得更多更漂亮。

安全教育：跟随老师，不走远，和小伙伴在一起。

4. 上山实践活动。

教师带领幼儿上山捡拾落叶（见图 3-9）。

5. 回到班级后进行简单的认知和分类。

认识几种常见落叶。

将树叶进行简单的分类，如颜色、大小、品种等。

活动延伸：

将落叶收拾干净，放在美术区和科学区，供未来进一步开展活动使用。

图 3-9 在山上拾落叶

小班社会：两只小鸟

设计意图：

笪家山上有许多小鸟，它们整天叽叽喳喳地叫个不停，很快乐的样子。《两只小鸟》是一首简单上口又充满趣味的歌曲，通过学唱这首歌曲，可以帮助幼儿加深对大自然的感受，能够用怀有童趣的感受关注到小鸟的天真可爱。

活动目标：

1. 在听听、唱唱、动动的过程中，感受歌曲的趣味。

2. 通过演唱歌曲，培养对小鸟和大自然的关注。

活动准备：

1. 歌曲原唱录音；也可准备便于携带的乐器，如吉他、手风琴等。

2. 两只不同颜色的小鸟手偶。

活动过程：

1. 在树林里听一听小鸟的声音，模仿它们不同的叫声。

谈话：你喜欢小鸟吗？为什么？

2. 说一说你所知道的小鸟的名字。

也可以鼓励孩子给小鸟起名字。

3. 出示两只小鸟手偶，介绍它们各自的名字——丁丁和冬冬，向它们问个好。

4. 播放歌曲原唱，或老师示范演唱，边听唱边看手偶表演。

5. 说一说听到的歌词。

"两只小鸟分别叫什么名字？它们坐在哪里？后来它们怎样了？它们为什么要飞走呢？你们想让它们回来吗？一起召唤它们吧。"

6. 跟着老师边做动作边学唱歌曲。

引导幼儿用动作表示小鸟，如：一只手指、两只手指等，也可以和小伙伴一起合作扮演。

7. 提问：爱护小鸟，我们应该怎么做？

不惊吓小鸟，给小鸟喂食……

活动结束，学做小鸟飞的动作回教室。

小班社会：器械擦干净

设计意图：

筮家山上有一些运动器械，但是放置在山上特别容易脏，比如会落下松针、鸟粪等，小朋友们玩起来会弄脏衣服。我们设计了擦器械的活动，让孩子们一起动手擦干净器械，可以培养孩子爱劳动、爱清洁的意识。

活动目标：

1. 认识山上的运动器械，知道它们各自的名称。

2. 尝试擦拭器械，探索擦拭器械的方法，努力保持它们的干净。

3. 培养爱劳动的意识。

活动准备：

1. 山上的运动器械。

2. 干、湿抹布若干；旧报纸若干；扫帚一两把。

3. 垃圾桶或方便袋。

活动过程：

1. 事先告诉孩子上山活动的目的——擦拭器械。

"每次上山活动时，都有小朋友发现，运动器械比较脏，有时候落上了松针，有时候还落上了鸟粪，玩起来会弄脏我们的衣服，你们说该怎么办呢?"

引导幼儿说出擦拭的目的。

2. 上山开展擦拭器械的活动。

(1) 擦拭器械需要准备些什么工具?

教师根据幼儿的回答，准备干、湿抹布若干，再准备一两把扫帚和一些旧报纸，以及放废旧报纸的方便袋。

(2) 认识山上的器械。

"山上都有哪些器械? 你能说出它们的名字吗?"

根据器械的特征或用途命名，想不出名字的，可以当场给它起一个名字。

再说一说器械有几大部分，如：滑筒、攀登网、扶手、攀岩墙等。

(3) 教师先用扫帚扫掉特别脏的部分，以便于孩子们擦拭。

(4) 请孩子们自由选取工具进行擦拭 (见图 3-10)，并记住自己擦拭的是什么器械的什么部位。

(5) 擦拭结束后，清理现场，将用过的废旧报纸放置进垃圾桶或方便袋。

3. 活动结束，回教室。

(1) 洗干净小手。

(2) 讨论：我擦拭了哪些器械，我心里感到怎么样。

图 3-10　把器械擦一擦

喂　娃　娃

游戏目标：

1. 通过喂娃娃的动作，锻炼幼儿手部肌肉的灵活性。

2. 让幼儿体验独立进餐与分享的快乐，知道自己的事情自己做。

游戏准备：

1. 瓶娃娃若干。

2. 小勺若干，小石子、小树叶若干，分别装在不同的容器里。

游戏玩法：

玩法一：用小勺喂瓶娃娃吃小石子或小树叶，注意不要漏掉。

玩法二：根据瓶娃娃身上的提示图片，知道瓶娃娃喜欢吃什么，喂它们吃相对应的食物。

玩法三：幼儿自由结伴，两人合作，一个做爸爸，一个做妈妈，共同来喂瓶娃娃，培养幼儿的合作精神。

石头排排队

笪家山是一座野山，山上不仅草多树多，石子儿也多。小朋友们时不时会捡到或挖到一些小石子，还有瓦片、碎砖块、碎瓷片等，他们会把这些东西当宝贝似的用罐子收集起来。

我仔细看了看这些石子，觉得既不卫生，也不美观，而且像碎瓷片这样的东西还具有一定的危险性，就请小朋友把这些东西给丢掉，可是小朋友却舍不得。

一天，在操场后面的草坪上玩时，有几位小朋友在争抢一块鹅卵石，那是之前工人修建地面掉在那里的。那块鹅卵石滑溜溜的，摸上去既凉爽又有质感。我突然想到，为什么不可以带一些鹅卵石上山呢？

活动目标：

1. 感受石头的质地，能够想出各种方法玩石头。

2. 能够按照不同的方式给石头排队，提升幼儿的排序、图案建构的能力，培养空间感和审美感。

活动现场：

第一阶段：摆弄石头

环境：快乐生活营，相对空旷的独立空间。

材料：各种大小、颜色的石头（以鹅卵石为主）。

孩子的问题：石头可以干什么？

我把一些大小不一的鹅卵石装进一个大饼干罐里，带上了山，放在一处相对比较平整的地方。

几位小朋友看着我带石头上去就很好奇，一个劲地问我："老师，这是什么呀？""老师，你带石头上山去干什么呀？"我笑笑，假装神秘地说："这是我们的秘密武器，等会儿上了山，看谁会用石头做游戏。"小朋友们的情绪都被调动起来了，纷纷拍手叫好。

小朋友拿起了石头，在手上摆弄起来，看看、摸摸，还互相比一比，讨论起来：你的石头是什么样的，我的石头是什么样的。有的孩子一手抓一个，让石头互相敲击，发出"嗒嗒嗒"的声音。我站在旁边看着，有点儿心惊肉跳，生怕他们玩出格，把自己给伤了，所以一刻不停地盯着他们。过了一会儿，小朋友觉得有点无趣了，就把石头丢进罐子里，玩别的去了。

第二阶段：石头排队

环境：快乐生活营，相对空旷的独立空间。

材料：各种大小、颜色的石头（以鹅卵石为主）。

孩子的问题：谁是石头老大？

过了几天，又有小朋友到山上来摸索石头了。我蹲下来，和他一起玩了起来。我拿出大大小小好几块石头，把它们铺在地上，嘉嘉在一旁用手点数着："一、二、三、四、五……"

我说："这是石头兄弟，你看它们谁是老大啊？"

他指着最大的那块说："它是老大。"

"那谁是老二呢？"我问。

他又指着另一块说："它是老二。"

"那我们让它们排个队好吗？"我说。

于是，嘉嘉把这几块石头从大到小一一排了个队。

其他几位小朋友见了，也分别从罐子里拿出石头，排起队来，一边排一边说："老大、老二、老三……"

玩了一阵子，有小朋友玩出了别的花样，他把自己的石头和别的小朋友的石头接了个长龙，大大小小的，还挺有趣的。

第三阶段：石头拼图形

环境：快乐生活营，相对空旷的独立空间。

材料：各种大小、颜色的石头（以鹅卵石为主）。

孩子的问题：石头还可以怎么玩？

过了几天，我发现小朋友又玩起了新花样。有的小朋友把石头摆在一起，摆成了一窝圆的列阵，我问："这是什么呀？"他说："这是恐龙蛋。"嘿，别说，还真挺像那么回事的。

有的小朋友捡来了几段树枝，把树枝摆成一个三角形的框框，然后将石头夹在里面，说这是在做三明治。

还有的小朋友捡来了一些树叶，把石头、树叶拌在一起，说是在做蛋炒饭……

分析与支持：

现在的小朋友平时较少接触到石头这种天然物，他们对山上的石子很感兴趣，但是由于山上的石子和瓷片具有危险性，因此我把它们调换成了相对光滑的、危险系数低一点的鹅卵石。

刚开始，小朋友们的探索水平比较低，只是一味地摆弄，很快就失去了兴趣；经过老师的引导，他们发现石头可以排排队，而且在排队的过程中，无意间拼出了各种形状，他们感到很欣喜（见图3-11、图3-12）。接着，他们又开始了创意性

图3-11 给石头排排队

图3-12 用石头拼图案

的拼搭，并且混搭了树枝、树叶等自然材料，并且还会给自己的作品命名：恐龙蛋、三明治、蛋炒饭……的确很形象、很有创意呢！

接下来，我打算再找一些大一点的石头放进快乐生活营，看看他们还能玩出什么花样。

采 蘑 菇

游戏目标：

1. 能够在指定范围内迅速找出"蘑菇"（可用彩色海洋球代替），并把它投放进背篓里去。

2. 提升对特定物品的感知能力。

3. 能和同伴协同玩游戏。

游戏准备：

1. 各色海洋球若干。

2. 小背篓若干只。

3. 大收纳筐一两只。

游戏玩法：

1. 找一找山上哪里有"蘑菇"，找到"蘑菇"以后把它采集投放到身后的小背篓里（见图3-13）。

2. 幼儿互相结伴"采蘑菇"，帮助对方把"蘑菇"投放进小背篓里（见图3-14）。

3. 能够把小背篓里的"蘑菇"集中投放到大收纳筐里。

图3-13 快来采"蘑菇"　　　　图3-14 把"蘑菇"放进小背篓

紫藤长廊：枇杷成熟啦

活动意图：

幼儿园里有两棵大大的枇杷树，小朋友们每天从树下经过，观察到了枇杷树的变化：枇杷开花了、枇杷结果了、枇杷果越长越大了、枇杷果变黄了……

初夏时节到了，黄澄澄的枇杷果缀满枝头，像挂了一树的黄金。小朋友们纷纷说："老师老师，我们的枇杷成熟了，什么时候可以摘呀？"

嗯，好吧，我们这就开始摘枇杷吧。

活动目标：

1. 体验摘枇杷的乐趣，感受丰收的喜悦。

2. 观察枇杷果的样子，品尝枇杷果的味道，感受大家一起品尝的快乐。

活动准备：

摘枇杷果的长抓杆一个，盆。

过程描述：

枇杷树太高了，结的枇杷果也很高，小朋友们个子矮，怎么也够不着呀！别着急，老师来想办法。

老师从保安叔叔那边借来一根长长的手抓杆，这根杆子的构造很特殊，杆子的顶头有一圈像抓齿一样的东西，下面连着一只布口袋。摘枇杷的时候，手握长杆，把抓齿对着树上的枇杷果用力一"抓"，枇杷就掉了下来，正好落在袋子里。

老师手握长杆，听着小朋友的指挥："这边这边，这儿有一颗又黄又大的枇杷。""那边那边，那颗枇杷最大了……"嘿，工具还真管用，不一会儿，就摘到不少（见图3-15）。

老师把枇杷果倒进盆里，有些小朋友迫不及待地从盆里抓起枇杷观察了起来：嗯，黄澄澄的，真好看！

摘了一会儿，老师的手酸了，摘不动了，可是摘的枇杷还不够大家分，怎么办呢？

有小朋友说："我们请保安叔叔来帮忙吧。"于是，有小朋友请来了保安叔叔帮忙，保安叔叔的本领真大，一会儿就摘了好多。

我们把一盆枇杷抬回了班级，倒进水池里，大家一起动手洗了起来。

洗干净枇杷，小朋友们每人分到三四颗，放在自己的小盘子里。他们剥开果皮，美美地品尝起来（见图3-16）。

图3-15　摘枇杷

图3-16　尝枇杷

"枇杷好吃吗？"老师问。

有的小朋友点头说好吃，也有的小朋友摇头，说挺酸的。不过，不管怎么样，今天是大家一起动手摘的枇杷，是大家辛勤劳动的成果哟，孩子们都心满意足。

活动感悟：

幼儿园的枇杷树品种不好，结的枇杷口味并不好，有点酸，核又大，远远不如水果店里买到的好吃。但小朋友们感受的是一起动手摘枇杷、品尝枇杷的过程，大家热热闹闹地跟着老师摘枇杷、品尝枇杷，就像过节一样热闹。

尤其值得一提的是，在摘枇杷的过程中，小朋友能够克制自己的欲望，不争不抢。即使枇杷就在眼前，就在手边，但他们没有抢着去吃，而是等枇杷摘好、洗好以后，大家一起坐下来才开始品尝，说明小朋友们的习惯很好，有了集体意识和分享意识，让老师感到很欣慰。

主题成效与感悟

1. 对幼儿发展的反思。

"我爱幼儿园"这个主题的实施，可以帮助幼儿成功地度过走出家庭，走向社会这个阶段。幼儿园也是一个小社会，孩子们在这个小社会里活动，学会生活和学习，逐渐成长，幼儿园是孩子走向社会的转折点。

在集体活动中，幼儿拾落叶、看小鸟、擦拭器械，一点一点地适应"达学园"这个学习环境，又通过"喂娃娃""石头排排队""采蘑菇"等游戏，学会与同伴交往，学会在幼儿园这个大集体里共同生活。共同生活促进了幼儿的成长与发展。

刚开始时，孩子只是自己玩自己的，渐渐地，他们开始尝试主动寻找小伙伴了，有的小朋友采到"蘑菇"以后，无法投入自己的背篓里，这时，就会有小伙伴主动来帮忙，帮他把"蘑菇"投放到他的背篓里去，而受到帮助的那个孩子，也会说一声"谢谢"。渐渐地，孩子们之间有了互动，感觉到在幼儿园这个集体里生活的不同之处，对同伴和老师有了亲近感。

2. 对教师课程实施的反思。

幼儿的社会性主要是在日常生活和游戏中通过观察和模仿潜移默化地发展起来的。老师是幼儿的榜样，在活动中我们始终保持一种积极乐观的情绪，并通过亲自动手参与，给幼儿以正确的示范，让我们的情绪始终与孩子有一个连接，以便于适时体验到孩子的心情，做好疏导和干预。《指南》中提出：人际交往和社会适应是幼儿社会学习的主要内容。因此，教师要为幼儿创设温暖、关爱、平等的集体生活氛围，让幼儿在积极健康的人际关系中获得安全感和信任感。

通过一系列的活动，孩子们越来越喜欢幼儿园这个大家庭了，对老师也越来越依恋了，孩子们的交往能力在逐步提升。这让老师们也感受到工作的价值。

3. 对家长工作的反思。

从"达学园"课程中，家长们也感受到生活教育的重要性，知道在日常生活中，蕴含着各种各样的教育契机，要学会运用自然环境、自然材料，鼓励孩子思考和创造，鼓励他们乐于观察、学会思考、动手操作，从而解决生活中的实际问题。

此外，家长们也懂得了，良好的习惯培养应该持之以恒，只有家园互相协作、互相配合，才能够促使孩子获得最佳的发展。

中班主题活动一：小小生活家

问题搜索

我知道：

我喜欢我的家，喜欢我的幼儿园，我和家人、小朋友在一起相亲相爱。

我会剥花生、剥核桃、榨果汁，我在家里生活很自在。

我会整理自己的物品，收拾自己的房间。

我还知道：

我是班级的小主人，我们一起做值日、装扮教室，真开心！

材料区的工具真多呀，它能够帮助我们创造出不同的东西。

我想知道：

爸爸妈妈、爷爷奶奶喜欢在家里做什么？

我还可以帮助爸爸妈妈、爷爷奶奶做哪些事呢？我想变成能干的超人宝宝！

主题引导

中班的幼儿已经具备了较好的生活自理能力，在照顾好自己的基础上，他们的社会性交往逐渐从家庭走向幼儿园，并且在幼儿园中逐渐形成了一定的归属感和集体意识。

《指南》中指出，幼儿期是人的个性初具雏形的时期。这一时期形成的对人、对事、对己的态度，逐渐发展出的个性品质和行为风格，不仅直接影响其童年生活的快乐与幸福感，影响其身心健康及知识、能力和智慧的形成，更可能影响其一生的学习、工作和生活。

在主题活动"小小生活家"中，幼儿在"物品分家家""整理寻宝箱"活动中培养分类和收纳的生活技能；在游戏"你的快递到了"、基地活动"探访甜品店"中了解快递员和甜品店工作人员的工作，懂得尊重人们的劳动，珍惜劳动成果，并在游戏中体会劳动的快乐。

集体活动：快乐生活营

中班社会：你的快递到了

设计意图：

快递员是社会中不可或缺的职业，与我们的生活密切相关，他们的工作任务

是为大家运送包裹，把包裹安全、有序地送往目的地。笪家山是个小社会，幼儿们在体验快递员工作的同时，也能和同伴产生更多的沟通与交往。

活动目标：

1. 在游戏中体验快递员的工作，顺利完成任务。

2. 在骑行过程中能够遵守规则，注意安全。

3. 建立与同伴合作的意识，从中体会到活动所带来的乐趣。

活动准备：

1. 材料准备：准备送货小车、包裹（幼儿事先贴好快递单），创设快递公司的场景。

2. 经验准备：幼儿有按照设定路线骑行小车的经验。

活动过程：

1. 开始部分。

让每名幼儿变身小小快递员，明确自己的工作任务，引出本次活动的问题，激发幼儿参与活动的兴趣。

2. 活动环节。

（1）师幼共同探索运送货物时的骑行方法，幼儿练习。

"孩子们，我们在运送货物的过程中，怎样才能够把小车骑得又快又稳，不让货物掉下来呢？"

请幼儿示范，总结经验。

小结：骑车时，身体要保持平衡，速度不能过快。当车倾斜时要及时进行调整。遇到障碍物时要绕行躲避。

（2）在讨论中明确送货的要求。

送货对象：根据快递单上的学号进行送货，不要送错对象。

送货路线：按照行车路线骑行，遵守交通规则。

确认送货物品。

（3）幼儿玩送快递的游戏。

骑小车运送快递，期间幼儿需要在笪家山的场地里躲过障碍，爬过小坡，把快递送到相应学号的同伴手中，按规定线路返回快递公司。

（4）游戏中的交流。

快递送到了，快递员要对收快递的同伴说什么呢？

收快递的小朋友要对快递员说什么呢？

总结：大方地用礼貌用语和对方进行交流，如"你好！""非常感谢！""你辛苦了！""路上注意安全！"等。

3. 结束环节：放松活动，舒展身体。

"小朋友们把快递都又快又准地送给了收件人，为了感谢大家，老师准备了一段好听的音乐，我们一起来跟着音乐动动身体放松一下吧！"

图3-17、图3-18是孩子们参观快递车和菜鸟驿站的场景。

图 3-17 参观快递车

图 3-18 参观菜鸟驿站

<h2 align="center">中班社会：垃圾分类</h2>

设计意图：

"垃圾分类"是环保教育中一项重要的教育目标，将在今后越来越多地影响人们的生活。开展垃圾分类的活动，帮助幼儿了解垃圾对环境的影响，对培养幼儿初步的环保意识将起到积极的作用，也体现了"生活处处是教育"的思想。

活动目标：

1. 了解如何进行垃圾分类，了解垃圾分类的常识。

2. 幼儿养成清洁卫生的好习惯，产生保护环境的意识。

活动准备：

1. 四个不同颜色的塑料桶（红、绿、蓝、白）、分类标签（金属、玻璃、塑料、有机物）、一袋垃圾（纸盒、玻璃瓶、塑料袋、果皮果壳、易拉罐等物）。

2. 有观看垃圾清理站进行垃圾分类视频的经验。

活动过程：

1. 出示垃圾桶，引导幼儿讨论。

这是什么？什么是垃圾？所有的垃圾运到了清理站之后，工作人员还要做哪些工作？我们可以做些什么？

说一说垃圾怎么分类。

2. 通过提问引导幼儿将垃圾进行分类。

（1）请小朋友将这袋垃圾里的物品进行分类，并说说分类的理由。

（2）请幼儿把这些垃圾和分类标签相对应。

（3）请幼儿讨论垃圾分类的依据和方法，教师进行总结。

3. 巩固幼儿对分类知识的掌握。

教师小结：垃圾分成可回收垃圾、厨余垃圾、有害垃圾、其他垃圾几种。可回收物指适宜回收利用和资源化利用的生活废弃物，如废纸张、废塑料、废玻璃制品、废金属、废织物等。有害垃圾指对人体健康或者自然环境造成直接或潜在危害的废弃物，如废电池、废油漆、消毒剂、荧光灯管、含汞温度计、废药品及其包装物等。厨余垃圾指居民日常生活及食品加工、饮食服务、单位供餐等活动

中产生的垃圾，包括丢弃不用的菜叶、剩菜、剩饭、果皮、蛋壳、茶渣、骨头等。其他垃圾危害较小，但无再次利用价值，如建筑垃圾、生活垃圾等。

4. 把垃圾分类桶放置在固定处，提示幼儿对垃圾进行日常分类。

中班社会：物品分家家

设计意图：

野外游戏中，会用到各种各样的工具物品，如瓶瓶罐罐、锅碗瓢盆、画笔画板、水枪水管、纸箱纸板等，这些物品的收拾摆放往往让人头疼。中班的孩子已经具有了较强的分类能力，可以尝试按照物体的不同类别进行分类，以提高他们的分类水平和概括能力。

活动目标：

1. 认识各种各样的工具物品，知道它们各自的用处。

2. 尝试根据物品的相同属性进行分类。

3. 养成爱劳动、会收纳的好习惯。

活动准备：

1. 各种野外活动的工具：瓶瓶罐罐、锅碗瓢盆、画笔画板、水枪水管、纸箱纸板等。

2. 大小分类筐若干。

3. 标签纸或白纸片、胶带纸、记号笔。

活动过程：

1. 导入活动，引出话题。

"你们喜欢到山上活动吗？为什么？"

2. 观察、讨论各种物品的特性和分类方法。

（1）认识各种工具物品。

"谁能给大家介绍一下自己用过的工具物品？"

分别请幼儿介绍一些工具物品的名称，没有名称的可以现场集思广益起一个大家都认可的名字。

（2）讨论物品的分类方法。

"这么多的工具物品，我们需要把它们分类摆放，你有什么好方法吗？"

启发幼儿根据物品的相同属性进行分类。

① 可以根据不同区域的需要来分类：娃娃家类、科学探索类、丛林野战类、美术创想类、建构类等。这样取放比较方便。

② 可以根据材料的质地来分类：金属类、塑料类、木质类、纸质类。

③ 可以根据材料的大小来分类，大的放入大筐，小的放入小筐。

④ 可以将以上几种方法结合起来分类。既按照区域，也按照大小、质地等来分类。

讨论：说一说哪种方法最合理，最方便我们每次活动的时候拿取。（可按区域

划分)

3. 自由分组操作。

(1) 分类活动。

幼儿 3~4 人一小组，尝试对物品进行分类 (见图 3-19)。

教师观察幼儿的活动，帮助幼儿解决分类过程中遇到的难题。

(2) 检验成果。

① 介绍：请每个小组分别介绍他们的分类成果。

图 3-19　整理工具

② 调整：针对有争议的物品进行讨论，确定一个相对合理的分类结果。

③ 制作标签：为每一个物品种类画一个标签，贴到分类筐上。

注意事项：

该活动时间比较长，无法一次完成，可以分成多次完成。每次在野外开展活动过后，要提醒孩子根据标签分类收纳，从而培养对物品分类的好习惯。

中班社会：整理寻宝箱

设计意图：

在野外开展探索活动，需要随身携带一些工具，这时，就需要每人准备一只寻宝箱。寻宝箱里应该放置哪些东西？怎样放置才比较合理？这就需要孩子有一个计划性和统筹性。

活动目标：

1. 知道寻宝箱里的必备物品，为寻宝活动做好准备。

2. 初步养成收纳和做记录的习惯。

活动准备：

1. 大小适中、可背可挎的"寻宝箱"若干，可用纸箱或塑料箱代替。

2. 用于"寻宝"的工具若干，如铲子、小勺、刷子、放大镜、手套、护目镜等。

3. 记录纸、记号笔。

活动过程：

1. 导入活动。

"我发现很多小朋友都喜欢去山上挖挖找找，有人把这叫作'寻宝'。谁能说说，你曾经寻到过什么宝贝？"

2. 讨论寻宝的工具。

(1) "你寻宝的时候，用过哪些工具？是如何使用的？"

请个别幼儿讲述并展示。

(2) "你觉得这些工具放在哪里取放比较方便？"

小结：工具有铲子、勺子、刷子、放大镜、手套、护目镜……这些工具随身携带比较方便。

3. 讨论寻宝箱的收纳。

（1）"现在给你一个寻宝箱，你将怎么来收纳这些物品呢？"

请个别幼儿上来示范整理寻宝箱，其他幼儿给予点评。

小结：要根据自己的活动需求收纳整理寻宝箱。比如"小小考古队"，需要铲子来挖土，需要刷子或干抹布来做清洁，需要手套来护手，需要小盒子或小瓶子做分类。有时候还需要护目镜来保护眼睛。另外，还需要记录纸和记号笔来做记录。

（2）操作活动：整理寻宝箱。

① 3~4 位幼儿为一个小组，合作整理寻宝箱（见图3-20）。

② 每组请一位代表说一说小组的收纳和整理结果。

③ 老师和幼儿进行点评，并酌情调整。

活动延伸：

请小朋友带好自己的寻宝箱，开始探索活动。

图 3-20　整理寻宝箱

果　汁　吧

孩子们都爱吃水果，今天他们把在活动中认识到的水果带到了笪家山的生活区里，这些水果引发了孩子们的大讨论，最热烈的话题当然是该怎么吃！

于是，小小美食家们纷纷上线啦！

活动目标：

1. 尝试自己切水果、剥水果，不要浪费水果。

2. 学习用手动榨汁机榨果汁，培养动手能力。

3. 感受生活区做做玩玩的快乐。

活动现场：

第一阶段：水果怎么吃

环境：快乐生活营。

材料：各种水果、塑料餐刀、砧板。

孩子的问题：水果怎么吃？

说到吃，孩子们当然会各显身手，但是与自己剥水果相比，切水果是相对较难的，所以孩子们先吃的就是香蕉、橘子这些容易剥的水果，面对剩下的西瓜、石榴、橙子，孩子们只能干瞪眼，或者期盼地看着老师和保育员阿姨。但是，想吃就只能自己动手喽！于是，几个胆大心细的孩子发现了餐具架上的塑料餐刀和砧板。"妈妈在家就是这样切西瓜的！"带着这样的观察经验，孩子们第一次切开了西瓜、橙子，剥开了石榴。

第二阶段：我想喝果汁

环境：快乐生活营。

材料：各种水果、塑料餐刀、砧板、餐具。

孩子的问题：怎么榨果汁呢？

"老师，上次在参观甜品店的时候，我看到阿姨榨果汁了，我也想喝果汁！""那怎么才能榨出甜甜的果汁呢？"

小小美食家们开始行动了。没有榨汁机，他们在收纳柜里找出了各种餐具：碗、杯子、勺子、筷子……

然后，孩子们纷纷把橙子、西瓜、石榴、香蕉、苹果的果肉放进碗里、杯子里，用勺子挤压；用筷子搅拌；用擀面杖压碎……一杯杯果汁就榨出来了。可是果汁溅得到处都是，果肉撒得到处都是……

"老师，这样太浪费了，而且苹果、香蕉也榨不出果汁。唉！"

第三阶段：榨果汁

环境：快乐生活营。

材料：各种水果、塑料餐刀、砧板、餐具、手动榨汁机。

孩子的问题：怎样才能榨出好喝的果汁，而且还不浪费呢？

"妈妈在家都是用榨汁机榨给我喝的！"

考虑到生活区没有电源，因此，我们选择了手动榨汁的工具。孩子们虽然是第一次使用果汁机，但是还是立刻发现榨汁机是利用摇杆来榨汁的。

可是他们摇动摇杆很久，却没有果汁从出水口流出，他们开始找原因，忙了半天都不行。天天小朋友在包装盒里翻来翻去，找到了盒子里的说明书，于是孩子们通过图片了解了榨汁机的使用方法，发现原来他们找错了出水口，水果也要多放一点才行。

在榨果汁的时候，孩子们发现苹果放进榨汁机，很难摇动、出汁，而橙子、西瓜等多汁、质地较软的水果比较容易榨汁，去了皮的水果榨出来更好喝！

分析与支持：

美籍匈牙利数学家波利亚认为，学习任何知识的最佳途径是自己去发现。

本次活动以幼儿主动探究为主，他们在生活区不断地发现问题、解决问题，通过对生活的观察和重现，在操作中，自主建构知识经验、能力和态度。

教师在幼儿的探索过程中是观察者、支持者、协助者。教师应给予幼儿更多的机会提出问题，通过材料的提供和问题的引发，帮助幼儿解决问题，给幼儿更多的时间和空间实现自我成长。

厨余垃圾大变身

随着幼儿园垃圾分类的实施，孩子们的环保意识更加强了，他们能够自觉地进行垃圾分类，同时也更加知道了节约粮食、节省资源的意义，他们还知道有的垃圾是可以进行加工和利用的，小到一张包装纸、一片树叶，大到一个包装盒、一根树枝都能变成精美的作品。厨余垃圾加上笪家山上的树枝、树叶和泥土，会变身成什么呢？就让孩子们来告诉大家吧！

活动目标：

1. 知道堆肥可以成为养花种草的好肥料。

2. 尝试用厨余垃圾和笪家山上的树枝、树叶制作堆肥。

3. 能够积极参与堆肥的制作，热爱劳动。

活动现场：

第一阶段：制作堆肥

环境：快乐生活营。

材料：枯树叶、枯树枝、泥土、各种菜叶、水果皮。

孩子的问题：堆肥怎么做？

在一次讲解厨余垃圾再利用的时候，孩子们对堆肥的制作产生了浓厚的兴趣，原来厨余垃圾也可以变成肥料啊，于是孩子们纷纷回家和爸爸妈妈一起查找资料。经过讨论，在好几个堆肥制作的方案中，确定了一个最佳方案。孩子们带上准备好的透明塑料桶、菜叶、水果皮等来到笪家山上。

孩子们进行自由分组，有的捡枯树枝、枯树叶，有的挖泥土，有的把果皮撕成小块、把菜叶撕成小片，按照制作堆肥的步骤图进行了制作。

第二阶段：

环境：快乐生活营。

材料：枯树叶、枯树枝、泥土、各种菜叶、水果皮、空桶。

孩子的问题：堆肥什么时候才能做好？

一周后我们又来到笪家山活动，孩子们迫不及待地来到制作堆肥的桶前。

"老师，堆肥怎么臭臭的？""老师，堆肥什么时候做好呀？我都等不及想看看了。""那你们来看看我们做的堆肥跟上次比有没有变化。"经过观察，孩子们发现塑料桶上的土已经有点干燥了，桶里的菜叶、果皮还在。"老师，你用手机查一下堆肥什么时候能做好。"

在手机上搜索一番后，孩子们知道堆肥在发酵的过程中会散发出"臭味"，它需要保持湿润，这样才能让微生物工作效率更高，堆肥腐熟更快；同时还要放在太阳下，让堆肥的温度升高，加快堆肥的腐熟。

于是，孩子们把桶搬到了阳光充足的空地上，表示每天都要来给堆肥浇浇水，希望堆肥能够很快制作成功。

第三阶段：堆肥终于制作成功啦

环境：快乐生活营。

孩子的问题：树叶、果皮和菜叶为什么都不见了？

两周以后的星期一，孩子们来到笪家山给堆肥浇水，他们惊喜地发现塑料桶里的菜叶和果皮已经几乎看不见了。"老师，堆肥是不是制作成功啦？""你们可以自己观察一下，想一想什么样的堆肥就是发酵成熟的。"孩子们在前期的资料搜集中，知道了堆肥成熟的标志是没有任何异味，有清新的泥土气息，堆肥呈棕黑色，很松软。于是他们凑近闻了闻，没有臭味了，用小铲子翻了翻泥土，已经发黑了。"老师，堆肥好像已经成功了！"孩子们发出了欢呼声。"让我们把肥铲出来给小花小草施点肥吧！""手机上说，土挖出来还要拌一拌，别忘啦！"孩子们七嘴八舌地讨论着，并开始了他们的施肥工作……

分析与支持：

《指南》中指出，在保证安全的情况下，教师应支持幼儿按自己的想法做事，提供必要的条件帮助他们实现自己的想法。孩子们通过自己的努力，在笪家山上制作堆肥，并用于花草树木的养护，他们的成就感和自豪感不禁油然而生。

环保意识是一种重要的公民意识，不仅我们自己要意识到，更重要的是要在我们的小公民——幼儿头脑中打下深深的烙印。幼儿是未来世界的缔造者，能否唤起幼小心灵中的环保意识，将关系到我们的下一代能否拥有真正的绿色家园，这对大自然抑或是人类都有着十分深远的意义。

备注：

【堆肥原理】

堆肥的原理是通过土壤中微生物的活动，在高温潮湿的有氧（厌氧堆肥除外）环境中，将厨余和枯叶等熟化、分解成有机肥。

【堆肥制作方法】

1. 盆底垫一些粗一点的树枝，目的是加强排水和让空气进入堆肥中，再铺几厘米厚的土。

2. 铺一层鲜物质，如鲜菜叶、碎果皮等厨余和森林表层土壤。

3. 铺一层干物质，即从树林里找来的枯叶。

4. 铺一层土壤。

5. 重复前面2、3、4步。

6. 最上面留5~7厘米空间，浇水后，再加满土，这样做是防止产生小飞虫。

饲养区：乌龟养成记

最近，笪家山的饲养区里来了两个新成员，是穿着"花衣服"的小乌龟，几只小脑袋挤在小乌龟的"别墅"旁，小乌龟的一举一动都引起了孩子们的好奇……

活动目标：

1. 了解小乌龟生活的特性，能够大胆表达、交流。

2. 通过自己的观察、思考来提问，并学会利用网络，寻求问题的答案。

3. 关心、爱护小动物，对小乌龟的养护有责任心。

活动现场：

第一阶段：认识小乌龟

环境：饲养区。

孩子的问题：小乌龟身上为什么有花纹？

孩子们通常所见的小乌龟都是背部有裂纹的龟壳，可是今天来的两个新成员身上却穿上了花衣服，这个衣服是画上去的吗？小朋友用纸巾擦了擦，花纹还在。是用贴纸贴上去的吗？用指甲划一划，花纹还是没有消失。那么小乌龟的花衣服是怎么出现的呢？小朋友说要回家问问爸爸妈妈。

第二天，我们晨谈的讨论话题自然就是"小乌龟的花衣服"，孩子们分享了自己寻找的答案。他们说小乌龟的衣服是用打印机打上去的，这个颜料是有毒的，时间长了小乌龟就会死的，小乌龟好可怜啊！

两只小乌龟引发了孩子们的同情。

第二阶段：善待小乌龟

环境：饲养区。

孩子的问题：小乌龟吃什么？

小朋友们说："可怜的小乌龟，我们要让它好好长大，我们可以给它好吃的，给它晒晒太阳，让它和它的好朋友快快乐乐！"

小乌龟吃什么呢？"跟我们吃的一样吗？""肯定跟我们吃一样的米饭和菜。""不是，它们是吃肉的！"那乌龟究竟吃什么食物呢？"看，这里有一包东西，老师，上面写的什么？""哦，原来是龟粮啊，这就是小乌龟的米饭。"听老师读完饲养说明，小朋友知道小乌龟每天只能吃5~6粒，而且要经常换水，这样小乌龟才能健康长大呀！

接着，孩子们还自制了小乌龟饲养说明，放在小乌龟的"别墅"旁，让更多的同伴了解和爱护小乌龟。

第三阶段：快乐的小乌龟

环境：饲养区。

材料：纸、笔、建构区积木。

孩子的问题：两只小乌龟，谁是运动小达人？

"老师，我在爸爸的手机上看到小乌龟跑步可快了，我们的小乌龟会跑步吗？"听到天天的问题，小朋友都打开了话匣子："龟兔赛跑里，乌龟还和兔子比赛跑步呢，它们一定会跑吧！""那是故事，都是假的。""要不，我们让小乌龟比赛吧。"

说干就干，小朋友有的设计赛道，有的到建构区去寻找材料。按照他们觉得最好的赛道进行搭建。接着，两只小乌龟被放在了两条赛道上，一声令下，比赛开始了。赛道两边是加油鼓劲的小朋友，赛道那头是拿着龟粮、拿着树叶引诱小乌龟快跑的"教练员"。

结果呢，等了半天小乌龟都没有走一步。"别吵啦！它们都被我们吓到了！"一个小朋友突然大叫了一声，接着就是一阵大笑声……

小乌龟还在健康地生长着，《小乌龟养成记》里有趣的故事还在继续……

分析与支持：

饲养乌龟的过程中，孩子们愿意主动担任小主人，细心照养"新成员"，并愿意和同伴、老师一起分享饲养中所发生的趣事，培养孩子们的责任意识。孩子们经过与"新成员"的相处，通过观察、陪伴与养护，在提出问题后，与同伴、家长、教师进行互动，通过多种方法寻求答案，在满足好奇心的同时锻炼了自己解决问题的意识和能力。

孩子们的问题是不可预设的，也许，在老师看来的常态对于孩子们来说就是一个兴趣点的萌发。刚接触到小乌龟的孩子们，好奇的不是小乌龟的美丽，而是关注小乌龟的生命。

《指南》中指出，幼儿园应捕捉教育契机，培养幼儿对动物的同情心。正是孩子们对小乌龟的同情心，才促使孩子们在与小乌龟的相处过程中对它产生了认同和关爱，才更加知道善待小动物和感恩生命的意义。

小小快递员

在大型户外场地"童话城堡"中，孩子们搭建了游乐园、商场、银行、学校等建筑。在场地的周边我们放置了各种材料的选购区，但由于每个建筑与材料区的距离不一样，他们拿取的方便程度也不一样，常常会听到他们这样说："太远了，我都不想去了。""算了，没有就没有吧！""为什么没有快递员啊，我妈买东西都是快递员送到家里的。"……

儿童在游戏中发现了不够便利的地方，他们大都采用了回避的方式，而幼儿的社会性发展是在日常生活和游戏中通过观察与模仿潜移默化发展起来的，我发现幼儿有了快递员的设想，如何将他们的想法付诸行动呢？于是有了下面的对话：

师：你知道什么是快递员吗？

幼：知道啊，就是我妈妈买东西他们送到家里。

师：为什么你觉得幼儿园需要快递员？

幼：因为放材料的地方太远了，我不想跑。

师：但是没有快递员怎么办？你愿意帮大家解决这个问题吗？

……

活动目标：

1. 幼儿了解自己扮演的角色和任务，体验快递员的工作。

2. 游戏过程中与同伴友好相处，分工合作。

活动现场：

第一阶段：小小快递员

环境：快乐生活营。

材料：小车、纸盒等。

孩子们的问题：快递员和搬运工分别负责哪些事？

带着这些问题，小小快递员开始讨论协商，然后他们决定：妞妞骑着小车带着文文送快递，其他的小朋友都骑着小车装着箱子运送。豆豆是快递搬运员，她负责搬箱子并告知快递员送货地址。但是快递非常多，小快递员们想少次多量地运输，这样就很容易混淆送货地址，于是就出现了送错的情况。

第二阶段：快递单的设置

环境：快乐生活营。

材料：包裹、纸笔、包装台。

孩子们的问题：怎么样给每个快递做个记号，以避免送错？

带着问题，小快递员们想到了，每次妈妈去寄快递和取快递时手机上都有个单子，上面写着寄件人和收件人的姓名、电话、地址等，这样就不会出错了。于是大家商量再增加一个小朋友做派件员，专门负责打包、填快递单。在接下来的活动中，小快递员的运送非常顺利，快递订单也越来越多。

第三阶段：新增储物室

环境：快乐生活营。

材料：包裹、储物室、空地。

孩子们的问题：快递订单越来越多，箱子堆积如山，急需扩大空间。

搬运工的任务繁重，豆豆不停地说："你们谁来帮帮我，快递太多了，我搬不动了！"于是又一波讨论开始了，妞妞提议："快递员人数比较多，可以调一个人来帮助豆豆。"文文说："我来帮助豆豆吧，但是我们还需要找个大的空地摆放快递。"最终大家一致决定，增加储物室专门用来放置快递。

分析与支持：

《指南》中指出，幼儿园应多为幼儿提供需要大家齐心协力才能完成的活动，让幼儿在具体活动中体会合作的重要性，学习分工合作。

孩子们一致沉浸在送快递的游戏中，兴趣丝毫未减（见图3-21、图3-22）。他

图3-21　运"快递"

图3-22　小小快递员

们通过对生活的观察和认知来体验游戏，表达出幼儿对生活的关注，对游戏的代入。幼儿在整个活动中通过齐心协力、分工合作，体会到了合作的重要性，努力尝试有一定难度的任务，从而获得了成就感。

教师在活动中给予幼儿材料、工具和环境的支持，满足幼儿游戏的需要，在活动中引导幼儿去观察、体验和交往，促进了幼儿同伴交往能力的提高和成就感的满足。

基地体验手记：探访甜品店

活动时间：两小时体验

活动地点：××甜品店

我们的问题：

"甜品店里都卖哪些东西呢？什么东西最好吃？"

"甜品店里的阿姨需要完成什么工作呢？"

"蛋糕是怎么做出来的？"

我们的准备：

写生本、画笔。

我们的活动：

今天，孩子们来到了与中营校区一街之隔的"××甜品店"，虽然平日里孩子们和爸爸妈妈来过很多次，但还是第一次和老师、同学来到这里，一路上兴奋之情溢于言表。

刚踏进店门，甜品的香味扑面而来。看到各种各样精美的蛋糕，孩子们纷纷发出感叹："哇，好香啊！我都饿了！""真的好想吃啊！""老师，上次我妈妈帮我买过这个蛋糕。"

"你觉得哪个蛋糕最好吃呢？"老师的问题引发了孩子们的猜想。"这个奶油蛋糕肯定很好吃，上面还有小草莓。""这个面包有肉松，我吃过，可好吃了！""这个三明治里面还有夹心呢！"……

老师提议，要不大家尝尝吧。营业员阿姨拿出小朋友比较中意的几个品种，分成了小份，给孩子们试吃。阿姨还就蛋糕的不同口味、造型特点、营养价值向幼儿做了详细介绍。试吃后，通过大家的举手投票，草莓蛋糕获胜。

这时，玻璃窗的外面围着一群小朋友，原来，他们是被玻璃窗里做奶油蛋糕的阿姨给吸引住了，圆圆的蛋糕转盘上，阿姨正在给蛋糕胚铺奶油，蕾丝花边真漂亮，上面还有一个可爱的小猪佩奇。"这跟我们在幼儿园里玩的彩泥真像啊！""哈哈，阿姨们也在玩彩泥。""原来蛋糕上面的奶油是挤上去的呀！真好玩！"孩子们欣赏着、赞叹着，相互探讨着奶油蛋糕的做法。

接下来，小朋友们发现甜品店里还卖果汁、咖啡和奶茶。有的阿姨在卖面包，有的阿姨在摆放面包，还有的阿姨在摆放蛋糕……他们都是分工合作的。小朋友也拿出随身携带的写生本，把最漂亮的蛋糕记录在了纸上。

我们的收获：

实践活动后，孩子们回到笪家山上，在快乐生活营里增加了蛋糕店和果汁吧的游戏活动，他们通过自己的观察和记录，重现了在甜品店里看到的工作，通过自己的游戏体验，感受成人的生活。

社会学习是一个漫长的积累过程，需要幼儿园、家庭和社会密切合作，协调一致，共同促进幼儿良好社会性品质的形成。在此次基地体验的过程中，帮助幼儿了解与自己生活关系密切的甜品店，在活动中体会了甜品店给大家提供的便利和服务，懂得了尊重工作人员的劳动，珍惜劳动的成果（见图3-23、图3-24）。

图3-23　参观甜品店　　　　　　　　图3-24　品尝甜品

游学：我还有一个家

活动时间：半日体验

活动地点：实验幼儿园中营校区

我们的问题：

"老师，那里的幼儿园也有滑滑梯吗？他们的滑滑梯是什么样的？"

"那里的小朋友也在幼儿园吃饭、睡觉吗？他们的小床也是小汽车吗？"

"老师，我要画一幅画送给中营校区的小朋友。"

……

我们的准备：

经验准备：知道另一个幼儿的家——镇江市实验幼儿园中营校区，事先设想好参观的问题。

物质准备：联系车辆。

我们的活动：

带着种种疑问和激动的心情，春暖花开时节，实幼东吴校区的中班小朋友乘上汽车，穿过一条狭长的小巷，来到了神秘的中营校区。一走进幼儿园，孩子们就被角落里的铁皮人吸引了目光。哦，原来中营校区的小朋友一进校园是一片绿油油的草地啊！他们迫不及待地让老师带领他们走进班级。"老师，他们的教室好漂亮，墙上有花纹！""他们的小床都要爬楼梯哎！""快看！他们的被子图案和我们的一样！""原来，他们的教室也有娃娃家、建构区……真好玩！"

"孩子们，中营校区的幼儿园还有一个小公园呢，你们想不想去参观一下？"踏上一级级石阶，一阵凉风迎面吹来。"哇，这里的树好高啊，这里还有小亭子，山上还有滑滑梯呢，中营校区的小朋友好幸福啊！""老师，我们可以玩玩吗？"

我们的收获：

走进这所大自然里的幼儿园，东吴校区里的孩子们充满了无尽的欢乐与激情，一双双会发光的眼睛、一张张微笑的脸，无不流露出他们对中营校区的好奇，一切对他们来说都是那样的新鲜。在教室里，他们摆弄着熟悉而又陌生的游戏材料；在笪家山上，他们感受着大自然的乐趣；一花一树一草一木，都成为他们眼中神奇的所在，他们觉得这是一所隐藏在大自然中的幼儿园，这是一座生在花丛中的幼儿园。

通过这次活动，孩子们感受到游学的快乐，体验了中营校区小朋友的户外游戏基地，知道在我们的园所之外还有另一个家。他们在观察、活动、玩耍中验证他们的猜想，在体验、合作、游戏中了解同伴的生活。

主题成效与感悟

主题"小小生活家"的开展，为幼儿创设了一个有利于培养自理能力的环境。幼儿的自主性、自我管理的能力和规则意识都自然而然地培养了起来，通过"送快递""榨果汁""养乌龟""垃圾分类""整理寻宝箱"等一系列劳动，他们养成了良好的劳动意识，知道劳动是一件光荣的事情，以后在每次活动后都能主动收拾物品；还知道了尊重老师、校工、同伴的劳动成果，在家里他们也会主动让妈妈休息一下，帮妈妈捶捶背……

《指南》中指出，孩子是在同伴交往中学习的，因此要经常让幼儿一起参加一些群体性的活动。在活动中，教师将社会领域的教育目标渗透到幼儿一日生活和各领域之中，促进了幼儿良好的社会性和个性发展。

中班主题活动二：我们去野炊

问题搜索

我知道：

天气好的时候，爸爸、妈妈会带着我们走进大自然。

我们坐在柔软的草地上，听鸟语、闻花香、品美食。

我还知道：

幼儿园的山上也有这样一片小丛林，在这里，我可以和小伙伴们一起享受温暖的阳光。

我想知道：

在山上，我们可以铺上一块小花布，聊聊天、吃美食吗？

在这里，我们可以成为小厨师制作美食吗？

主题引导

杜威的"教育即生活"和陶行知的"生活即教育"都将"生活"和"教育"紧密融合，二者不可或缺。由此可见，幼儿的生活中处处蕴藏着教育。

《纲要》指出，幼儿园应为幼儿提供健康、丰富的生活和活动环境，满足他们多方面发展的需要，使他们在快乐的童年生活中获得有益于身心发展的经验。为此，我们要为幼儿的生活、游戏创造优良的教育环境，设置最科学、最合理的游戏体验，让生活成为幼儿学习的课程资源，让幼儿在游戏中自主发现，合作探究。

为了进一步促进幼儿的社会适应能力与交往能力，我们开展了"我们去野炊"这一主题活动，引导幼儿积极观察生活、感知生活、体验生活，在互助合作中、在互动交流中体验交往的乐趣，学习交往的技能，理解交往的基本规则，形成对人对己的正确态度。

集体活动：快乐生活营

中班社会：一起去野餐

设计意图：

很多孩子都喜欢和爸爸妈妈一起到公园里野餐，在地上铺上一块小花布，带上精心准备的美食，享受大自然的美好。

笪家山上有着许多得天独厚的自然资源，是幼儿园里的小公园，在这里野餐，不但能够锻炼孩子们的动手能力，还能够促进孩子们与老师、同伴的交流。

活动目标：

1. 知道野餐所需要的物品，在家长的配合下进行材料准备。

2. 以小组的形式进行自由组合，并布置餐台。

3. 能够和同伴分享美食，享受野餐的快乐。

活动准备：

1. 餐布；水果、小零食适量；一次性餐盘、餐具每人一套。

2. 画纸、画笔等。

3. 有和爸爸妈妈一起野餐的经验。

活动过程：

1. 导入。

（1）请小朋友背好小书包，一起把材料搬运到山上。

（提醒小朋友重的东西可以互相帮忙，共同搬运）

（2）说一说：你带来的材料是干什么的？

布置场地类：餐布、小折叠凳等；食材类：小零食、水果等；餐具类：一次性餐盘。

2. 布置场地。

（1）讨论：我们选择什么地方野餐比较合适？

总结：干净、平坦、阴凉、靠近水池的地方（可以洗手）。

（2）讨论：餐布要怎么铺？几个人一组合适？铺餐布的时候要注意什么？餐具应怎么摆放？

（3）自由分组铺桌布，摆放餐具。

教师进行适时的指导。

3. 野餐。

（1）讨论：在享受大自然的时候我们可以做哪些有意义的事情？

总结：可以表演节目、写生、做做游戏等。

（2）才艺展示：以小组为单位进行才艺展示。

（3）美食分享（见图3-25）。

（4）自由活动。

4. 结束活动。

打扫场地，收集、清扫，进行垃圾分类。

迁移活动：

活动结束后，可以请小朋友把今天的活动过程用画笔记录下来，制作成绘本《野餐日记》。

图3-25　一起野餐

中班社会：小小农艺师

设计意图：

春天到了，万物复苏，自然界中的美好变化激发了孩子们强烈的好奇心和探索欲望。"小小农艺师"引导幼儿了解植物种植的过程和种子生长所需要的条件，感受种子生长的神奇，体验种植劳动带来的快乐，在种植过程中激发幼儿探索的欲望和责任感。

活动目标：

1. 了解种植的过程与种子生长所需要的基本条件。

2. 幼儿能独自种植，掌握正确的种植方法，并积极参与讨论，大胆发表自己的见解。

3. 感受种子生长的神奇，体验种植劳动带来的快乐。

活动准备：

1. 笪家山上开辟种植园地，翻土；各种农作物（大豆、花生、玉米）种子若干；种植工具。

2. 幼儿初步了解种植的方法。

活动过程：

1. 讨论种子发芽的现象，引发幼儿兴趣。

"小朋友，种子是怎么长大的？你觉得神奇吗？你们想不想也来亲自动手种植一片植物？"（教师积极鼓励幼儿回答，并及时给予肯定）

2. 调动幼儿已有的经验，和幼儿一起讨论种植的方法。

（1）引导幼儿互相讨论，讲述种子的种植过程。

教师提问：谁知道怎样把种子种到地里？种子种好以后，需要做哪些事情？

（2）教师和幼儿共同梳理经验，明确种植方法。

种植过程：将种子均匀地撒在翻好的土壤表面（种子不能撒得太多），再用细土将种子完全覆盖，最后给种子浇适量的水（水要将土壤全部润透）。

3. 幼儿分组，选择种子进行种植活动，教师进行重点指导。

（1）教师引导幼儿按照正确的步骤进行种植。

（2）教师引导幼儿在种植的过程当中思考：种子种在土壤的什么位置最合适？为什么？（种子不能种太深，太深发不了芽；也不能种太浅，太浅会干死）

（3）制作图标，为种植好的植物插上标牌。

4. 分享交流。

（1）组织幼儿分享种植后的感受。

（2）鼓励幼儿给自己种植的作物取名字。

（3）引导幼儿对自己种植的宝贝说一句悄悄话，使幼儿对自己种植的宝贝充满期待。

活动延伸：

1. 绘画《咱们一起来种植》。

2. 引导幼儿做观察记录。

中班社会：钻木取火

设计意图：

钻木取火是古人的智慧，当孩子们在阅读绘本《钻木取火》时，不禁感慨，以前的人真聪明。钻木取火需要的是耐心、恒心和不怕困难、坚持到底的决心，笪家山上树木丛生，孩子们希望对钻木取火的活动进行体验和尝试。

活动目标：

1. 了解摩擦可以生火，对大自然的探索活动有兴趣。

2. 根据钻木取火的示意图，尝试进行操作。

3. 对操作活动有兴趣，乐于挑战，勇于挑战。

活动准备:

1. 钻木取火的工具及工具使用方法的示意图。

2. 枯树枝若干。

3. 阅读过钻木取火的绘本故事。

活动过程:

1. 导入。

(1)"谁来给我们讲一讲钻木取火的故事?"

鼓励小朋友对故事进行复述,教师可提示、引导。

(2)讨论:钻木取火需要什么工具?

2. 尝试进行钻木取火。

(1)"今天老师带来了钻木取火的工具,猜一猜,我们要进行怎样的操作?"

自由讨论、讲述,请个别幼儿尝试操作。

(2)出示工具使用的示意图,观察讨论。

请幼儿分小组,并按照示意图的步骤进行尝试,教师个别指导。

钻木取火的操作方法:

① 取出钻木取火的工具,绕好绳子,调整姿势。

② 用力旋转木棒,使凹槽里磨出黑屑。

③ 轻轻吹一吹,让火星点燃枯树叶。

3. 捡拾树叶,进一步操作。

(1)"钻木取火除了需要相应的工具,还需要什么来辅助燃烧呢?"

请幼儿观察、比较什么是枯树叶。(看一看、摸一摸、捏一捏)

(2)幼儿自由捡拾枯树叶。

(3)继续分组操作,讨论成败的原因。

友情提醒:

1. 此活动需在老师的指导下进行,幼儿互相讨论,总结经验。

2. 孩子的探索操作不一定能全部成功,需教师进行鼓励和引导。

树叶串串

秋天到了,笪家山上的树叶像小蝴蝶一样飘落在地上,给笪家山穿上了一件彩色的外衣,走在树叶丛中发出清脆的声音,就像小脚在弹钢琴。树叶不但给笪家山增加了生气,也给孩子们的游戏带来了很多惊喜。

活动目标:

1. 尝试使用各种工具把树叶串起来。

2. 培养幼儿动手操作的能力,学习一个接着一个进行排序。

3. 能大胆地进行艺术表现和创造，体验游戏的乐趣。

活动现场：

第一阶段：飘落的树叶

环境：快乐生活营。

孩子的问题：树叶可以干什么？

带着这样的问题，孩子们进行了大讨论：树叶可以用来画画；树叶可以用来当小船；树叶可以做成美丽的拼贴画……甜甜说："树叶可以用来戳洞洞，就像这样——"她捡起地上的小树枝在树叶上戳了一个又一个洞，她把树叶放在眼前，透过小洞洞观察眼前的事物，玩得可开心了，其他的小朋友也一一效仿起来。

第二阶段：漂亮的洞洞

环境：快乐生活营。

材料：分类筐、各种树枝、大小不一的打孔机。

孩子的问题：树叶上的洞洞可以干什么？

孩子们发现树叶上的洞洞有的大、有的小，有的是圆的、有的是方的。他们说大的洞洞是用大树枝戳的，小洞洞是用细树枝戳的，圆的洞洞是用圆滚滚的树枝戳的，方的洞洞是用扁扁的树枝戳的。

"那这些洞洞能有更多的图案吗？"老师问。小朋友们你看看我，我看看你，树枝只能戳出这些呀！"你们以前做贺卡的时候是怎么变出漂亮的花边的呢？"老师又问。"哦，打孔机！"几个孩子立马跑到美术创想营借来了一盒打孔机。

新一轮的创作又开始了……

第三阶段：串一串

环境：快乐生活营。

材料：树叶、麻绳、彩带、回形针等。

孩子的问题：树叶可以带回家吗？

形式不一的图案立刻使树叶变得灵动起来，漂亮的小雪花、美丽的花边、轻盈的小蝴蝶让孩子们兴奋不已，把树叶放在滑梯上、放在小花小草上、放在衣服上，拥有了小洞洞的树叶也变成彩色的了。这么漂亮的树叶，小朋友们都想带回家送给自己的妈妈。可是这么多树叶要怎么带回家呢？

佑佑说："我们找绳子把它们串起来吧！""这个办法太好了！"小朋友们说干就干，他们用麻绳、彩带、回形针把树叶上的洞洞串联起来（见图3-26）。有的是同一种规格的树叶，有的是大大小小排列的，有的是不同颜色间隔排列的……"看我串成了一条漂亮的项链。""看我串起来一串风铃。"孩子们发挥着无尽的想象力……

图 3-26　做树叶门帘

分析与支持：

生活活动不是单纯地主张幼儿进行自我服务和为同伴服务，其中还渗透着许多学习方法。正如"树叶串串"的活动，在使用工具戳一戳、按一按、压一压中，发展了幼儿小肌肉的协调性。通过这样的生活活动，引发孩子们对笪家山的观察，感知季节及周围事物的变化，培养幼儿发现美、感受美、创造美的情趣和能力。生活活动不再是简单琐碎的吃喝拉撒，其中还蕴含着诸多学习价值，都值得我们继续挖掘和落实。

蚕豆的故事

笪家山上的蚕豆丰收了，孩子们一起在生活区剥蚕豆，大颗粒的蚕豆和小颗粒的蚕豆分别被放在两个不同的篓子里，一粒粒蚕豆色泽青绿油亮，在盆里堆成了一座座小山，大颗的蚕豆即将送到厨房请阿姨加工成美味的餐食，小颗粒的蚕豆当然也不能浪费啦！

活动目标：

1. 提升幼儿的创意想象能力，锻炼精细动作，发展手眼协调能力。
2. 能大胆地通过牙签和蚕豆进行拼插，表现出蚕豆小人的各种动作。
3. 体验劳动带来的快乐。

活动现场：

第一阶段：蚕豆分类

环境：快乐生活营。

材料：许多蚕豆、牙签。

孩子的问题：小小的蚕豆要被扔掉吗？

小朋友辛苦种植出来的蚕豆当然不能浪费啦，孩子们一边拨弄着被挑拣出来的小蚕豆，一边摇头晃脑地想着小蚕豆能干什么。他们有的把蚕豆从大到小排起了队，有的把小蚕豆当作小石子玩起了拼画，有的用牙签把蚕豆串成了一个"糖葫芦"，还有的小朋友直接把空壳的蚕豆扔进了堆肥箱里……

第二阶段：蚕豆项链

环境：生活区。

材料：蚕豆、牙签、鱼线。

孩子的问题：蚕豆项链怎么串？

看到同伴做的"糖葫芦"，小朋友都觉得很有意思，一起学着做起来，一根牙签穿满了再穿一串，可是牙签就这么长，穿出来的糖葫芦总是小小的，有什么办法能让"糖葫芦"变大呢？欣欣拿来一根细细的鱼线，从蚕豆的小洞里穿了进去，一个接着一个地穿，拎起来一看，哇，这不是一串手镯吗！"老师，请你帮我戴在手上，这就是一串手镯呀。我要带回家送给妈妈！"

第三阶段：蚕豆小人

环境：快乐生活营。

材料：蚕豆、牙签、记号笔。

孩子的问题：老师，蚕豆小兵怎么做呀？

看到孩子们玩蚕豆玩得不亦乐乎，我不禁想起了小时候做的蚕豆小兵，于是在孩子的身边，我默默地用蚕豆当小兵的头和身体，用牙签插上小兵的手和脚，立在了桌子上。

圆圆先看到了蚕豆小兵，惊呼起来："你们快看，刘老师做了一个蚕豆小人。"孩子们都围了过来，左看右看，然后回到自己的座位上，也模仿着做了起来。

他们做的蚕豆小人姿态各异，形态万千，有的小人还被画上了大大的眼睛、弯弯的睫毛和漂亮的衣服……

分析与支持：

在孩子的游戏中，教师也找到了儿时的快乐，这些快乐源于老师对孩子游戏的等待、支持与观察。

同时，在游戏的过程中，孩子往往会遇到一些困难，有时候就停滞不前了，教师发现问题以后，不要急于干预，而是要等孩子们提出问题后再介入，如可以不经意地给孩子一些暗示。教师要能及时捕捉到幼儿行为背后的动机，帮助其分析，然后提供一些策略上的支持，这才是最重要的教育方式。

搭 灶 台

游戏目标：

1. 能收集和利用笪家山上的各种材料搭建灶台。

2. 在游戏中和同伴分工合作，体验劳动的快乐。

图3-27 快乐的"小厨师"

游戏准备：

1. 砖头、树枝、树叶、建构材料等若干。

2. 记录纸、记号笔等。

游戏玩法：

1. 在笪家山寻找各种搭建材料。

2. 探索搭灶台的方法，利用垒高、围合等搭建技能进行搭建。

3. 记录小组搭建的材料和造型，进行讲解和展示（见图3-27）。

4. 清理活动场地。

迁移活动

基地体验手记：种蚕豆

活动时间：一小时体验

活动地点：笪家山种植区

我们的问题：

"蚕豆怎么种？"

"蚕豆什么时候能吃呢？"

"蚕豆长大了会是什么样子的？"

我们的准备：

小铲子、蚕豆种子、水壶等。

种植园拔草、翻土。

我们的活动：

金秋十月，孩子们带着一大包蚕豆种子，在保安郭伯伯的陪伴下来到笪家山的种植区，看到已经被翻过土的种植园，一个个"小小农艺师"跃跃欲试。

郭伯伯说："先让我看看你们的蚕豆种子。"小朋友立刻把手中的小篮子递到郭伯伯的手中。"你们看，这颗蚕豆上有虫洞，是不会发芽的。这颗蚕豆都裂开了，也不行。""郭伯伯，这颗蚕豆上有个黑点，要不要紧啊？""这个是斑点，没有关系。"所以第一步，我们还是先把蚕豆挑选一下吧。

经过给蚕豆"选美"后，孩子们就开始动手播种了。郭伯伯说种蚕豆的洞不能挖得太深，也不能太浅，要能伸进半个手指头，然后每个洞里可以放进两三颗种子，埋上土，再浇浇水，蚕豆就种好了。在郭伯伯的指导下，小朋友们干得热火朝天！

接着，孩子们还给自己种下的蚕豆种子插上自己亲手制作的标牌，在种植日记上记录了今天的种植活动。

我们的收获：

孩子们通过在种植区里从事蚕豆种植活动，通过自己的劳动，直观感受了植物的生长过程，不仅激发了孩子们对大自然的兴趣，更重要的是培养了孩子的责任心、爱心和对生活的热爱。

与生活紧密结合的课程才是有效的课程，相信经过孩子们的精心照料，种子一定会发芽生根，与孩子共同成长！

主题成效与感悟

生命教育是幼儿教育的重要组成部分之一，学前教育阶段的生命教育显得尤为重要。学前儿童与其他年龄段的个体相比，处于发展初级阶段，需要我们给予他们更多身心上的保护与关爱。

苏霍姆林斯基说过："生命教育是学前教育不可或缺的一部分，最重要的教育任务之一就是要培养孩子用仁慈、恳切和同情的态度来面对一切有生命的东西，因为这些东西身上体现着生命的伟大和美。"作为幼儿教师，我们应抓住这一关键时期，对幼儿进行适合他们身心发展规律和学习特点的生命教育，并善于发现幼

儿感兴趣的事物和偶发事件中隐含的教育价值，让幼儿在活动中感悟生命的价值。

在本主题的活动中，"种蚕豆""搭灶台""钻木取火"等一系列大自然的活动，教会了孩子们如何和大自然交朋友，从大自然中汲取养分，逐渐成为一个有独立思想和人格、有生命体悟的人。

大班主题活动一：走进老街

问题搜索

我知道：

我们幼儿园在中营街。

我们小区里除了有幼儿园，还有菜场、小吃店、理发店，还有一个健身场。

我长大了要当建筑设计师，为大家建造漂亮的房子。

我还知道：

我们镇江有"三怪"：香醋摆不坏，肴肉不当菜，面条里面煮锅盖。

我爸爸最喜欢吃面条，每天都去我家小区门口的面条店里吃面条。

镇江是一座古城，这里出过许多名人，有沈括、赵伯先、茅以升等。

我想知道：

镇江还有哪些名胜古迹？

镇江还出过哪些名人？他们都有哪些贡献？

主题引导

老街是历史文化的见证。随着社会经济的发展，有些老街已消失，有些老街却风情依旧。作为江南的学子，应该走进老街，了解老街，研究老街，保护老街。

在我们镇江，有很多有名的老街。单单在我们幼儿园周围，就有一些风格独特的老街，如梦溪园巷里有沈括故居，梳儿巷里曾有一所育婴堂，据说茅氏宗祠（茅以升家族）也在梳儿巷中，五条街附近有一座唐老一正斋膏药店，寿丘山有南北朝的宋武帝刘裕的旧址，鼓楼岗有一座烈士陵园，传说许仙曾在五条街的保和堂药铺打工……有着这么多神奇美丽的传说的地方，是多么值得我们去探访啊！

《指南》中指出，运用幼儿喜闻乐见和能够理解的方式激发幼儿爱家乡、爱祖国的情感。和幼儿说一说或在地图上找一找自己家庭所在地，和幼儿一起外出游玩，一起观看有关电视节目或画报，一起收集有关家乡或祖国各地的风景名胜、著名建筑、独特物产的图片等，在观看和欣赏的过程中激发幼儿的自豪感和对家乡的热爱，向幼儿介绍反映中国人聪明才智的发明和创造，激发幼儿的民族自豪感。

```
┌─────────────────────────┐
│ 集体活动：快乐生活营 │
└─────────────────────────┘
```

大班社会：关爱社区老人

设计意图：

目前中国社会已经开始进入老龄化。作为教育工作者，播种爱心，收获成长，弘扬尊老敬老的传统美德，教育孩子们学会尊敬老人，是我们的任务。根据幼儿的年龄特点，我们设计了本次活动，为社区的老人做一些力所能及的事情，为爷爷奶奶送上自己最真挚的祝福。

活动目标：

1. 通过表演、赠送礼物、分享食品等，激发对爷爷奶奶关爱的情感。

2. 懂得尊敬、关爱社区老人，愿意帮他们做力所能及的事。

活动准备：

1. 与社区联系，邀请几位老人来幼儿园活动。

2. 做好接待准备。

活动过程：

1. 带爷爷奶奶来快乐生活营做客，引导幼儿热情、有礼貌地与老人打招呼。

2. "这几位老爷爷、老奶奶，他们很久没有和小朋友们一起玩了，你有什么话想对他们说？"

引导小朋友向爷爷奶奶提问。

如：爷爷奶奶，你们今年多大了？你们最喜欢吃什么？你们喜欢去哪儿玩？

"小朋友们很关心爷爷奶奶的日常生活，让我们来听一听爷爷奶奶想对我们说的话吧。"

3. 请爷爷奶奶跟小朋友说几句话。

教师小结：小朋友们，爷爷奶奶很喜欢你们。他们希望你们今后要多吃蔬菜，少吃糖，身体才能棒棒的；多逛公园，少看手机；早睡早起，多喝水，快乐健康地长大！

4. 快乐分享：

（1）给爷爷奶奶表演节目。

（2）给爷爷奶奶剥橘子、香蕉、糖果，并与他们一起品尝。

（3）给爷爷奶奶敲敲背、捶捶腿。

（4）向老人赠送自己制作的礼物。

5. 与爷爷奶奶告别。

大班社会：参观老房子

设计意图：

我们幼儿园旁边就有一所老房子，青色的墙、黑色的瓦，古色古香，别具一格。政府在维修老房子的时候，小朋友每天从这里经过，都流露出好奇的目光，并提出了很多问题:"这座房子是怎样建成的?墙砖为什么与别的房子不一样?房顶为什么是三角形的?"于是我们展开了"老房子"的探究活动。

活动目标:

1. 欣赏老房子,初步了解老房子的建筑风格,感知建筑与生活习俗、文化传统的关系。

2. 感受家乡建筑别具风格的古朴美,进一步树立对民居等古建筑的保护意识,增进爱家乡的情感。

活动准备:

1. 对幼儿进行安全教育。

2. 提出参观要求:仔细看、多提问、多思考。

活动过程:

1. 活动导入。

"家,是我们每个人最熟悉的地方,它记录着我们成长过程中点点滴滴的幸福和欢乐。幼儿园旁就有一所特别的房子,今天就让老师带你们一起去看一看。"

2. 参观老房子,理解构造。

(1) 参观老房子,引导幼儿对老房子有个整体的视觉感受(见图3-28、图3-29)。
"你看到了什么?它整体像是什么形状的?它是什么颜色的?"

(2) 观察老房子的构造。

引导学生观察了解老房子的"屋顶、门窗和墙"等细节,以及院内的天井。

图3-28　老房子的门真精致　　　　图3-29　摸摸老墙砖

(3) 引导幼儿猜猜老房子各个部件的作用。

引导学生提出问题,并猜测答案,然后老师根据学生的回答进行总结。

老房子当年都是用烧制的青砖盖的,显得十分古朴,现在为了保护文物,在维修时也用青灰色的砖,与之相协调。

老房子的屋顶都呈三角形的形状,被称为坡形顶,是因为这样的结构稳固。

古建筑中的"天井"是指房屋和房屋(或围墙)围合成的露天空地。古建筑的整个宅子是封闭的,唯有天井是与天通、与地连的,不仅可以用来采光、通风,更有通天地的寓意。

有不少老房子的墙面或门窗刻有砖雕或木雕，寓意丰富、古朴典雅，是古建筑不可缺少的组成部分，有人物、山水、花卉、禽兽、虫鱼及各种吉祥图案等。砖雕、石雕和木雕称作"三雕"，多用来做装饰用。

3. 围绕老房子进行讨论。

（1）老房子和我们现在居住的房子有什么不一样？

（2）你认为老房子最美的地方在哪里？

4. 讨论：老房子的维护。

"因为老房子的历史悠久，所以有很多地方也出现了破损，怎么办呢？"

需要建筑工人定期进行维护。

活动延伸：

欣赏我国其他传统民居建筑类型：北京四合院、陕北窑洞、福建土楼、广西竹楼、湘西吊脚楼等。

大班社会：镇江锅盖面

设计意图：

镇江锅盖面是镇江特色美食"三怪"之一，大人小孩都很喜欢。教师引领幼儿走近家乡美食，萌发热爱家乡的情感，秉承"生活即教育"的理念，丰富幼儿活动。

活动目标：

1. 了解面条是怎样制作的，知道面条的种类很多。

2. 喜欢面条，尊重营业员的工作和劳动成果。

3. 增进热爱家乡的情感。

活动准备：

1. 选择中营街的面条店作为参观地点，并事先做好联系。

2. 参观前交代纪律和注意事项。

活动过程：

1. 出发前的谈话活动：参观过程中的安全教育。

（1）跟随老师，不离开集体。

（2）在面条店不乱摸乱动，小心被烫。

2. 参观前的观察要求。

面条店是什么样的？面条店里的面条都有哪些，是怎样制作的？你最喜欢吃什么面？

3. 进店，引导幼儿观察制作面条的材料，了解镇江锅盖面的制作方法。

（1）了解制作面条所需的材料。调料，如酱油、胡椒粉、麻油、葱花；附菜，如豆芽、香干、雪菜等；面条种类，如细面、宽面、小刀面。其他有荷包蛋、茶叶蛋等。

（2）了解镇江下面条的特色手法"面锅里面煮锅盖"的含义。

（3）了解面条的种类，如腰花面、猪肝面、肉丝面、鸡蛋面、香肠面、长鱼面等。

（4）引导幼儿与营业员交流，从而更清楚地了解镇江锅盖面的特色。

4. 观看厨师下面条，品尝面条，感受镇江面条的味道。

5. 小组讨论参观面条店的感受，培养爱家乡的情感。

（1）面条是怎么下出来的？

（2）你看到了哪些种类的面条？

（3）"面锅里面煮锅盖"是什么意思？

教师小结：锅盖面是镇江特色美食"三怪"之一，在全国都很有名气，我们都很喜欢吃，我们为家乡镇江而感到自豪（见图3-30）。

图3-30　面条真香呀

面 条 店

锅盖面是镇江特色美食——"三怪"之一，小朋友们决定自己开一家面条店。根据需要，孩子们选择各式各样的材料进行装饰摆放和制作，就这样，"小小面条店"开业了。

游戏目标：

1. 知道锅盖面是镇江的特色美食，增进爱家乡的情感。

2. 明确"小小面条店"里各小朋友的角色，感受同伴间交往的快乐。

3. 尝试用低结构材料，有创意地制作各种面条。

活动现场：

第一阶段：做面条

环境：快乐生活营。

材料：自制面条的材料（白棉线、白皱纹纸、白色黏土等）。

孩子们的问题：面条是什么样的？怎样制作？

"我吃过细细长长的面条。""我吃过宽宽的、粗粗的面条。""我吃过硬硬的、厚厚的面条。"……孩子们经过讨论，一致决定用各种材料把自己知道的面条做出来。乐乐选择了轻黏土，他卖力地搓着。豆豆选择用皱纹纸，她小心地捻着。小米选择了彩纸，他用剪刀小心翼翼地剪着。不一会儿，各种各样的面条出现了，五颜六色的，孩子们开心地拍着手。

第二阶段：面条的浇头

环境：快乐生活营。

材料：自制面条的材料（白棉线、白皱纹纸、白色黏土等）、炊具、餐具、"各种菜"。

孩子们的问题：面条里可以加什么？

"我们的面条只有一种吗？""我吃过好多种面条呢！有肉丝面、香肠面、肉圆面。""还有鸡蛋面、长鱼面、腰花面。""对呀对呀！这些面条可好吃了，我们的面条店也要有这些面。"孩子们开始搜集材料，在山上采摘一些树叶、野花、野菜当作"蔬菜"，又用轻黏土、乒乓球做荷包蛋、鸡蛋……很快面条里的"浇头"就完成了。小朋友们纷纷来体验，假装美美地吃着，一片欢笑声。

第三阶段：面条店正式营业

环境：快乐生活营。

材料：自制面条的材料、炊具、餐具、各类菜、"钱币"、角色扮演的服装（厨师、服务员）。

孩子们的问题：我们可以怎样分工合作？

面条店准备营业啦！孩子们开始商量角色分配，一个收银员、两个厨师、两个服务员，其他小朋友扮演顾客，围在收银台前点单。厨师煮"面条"、放"浇头"，穿着围裙的服务员一边端面条一边说："来喽！你的××面来了！"同时打扫卫生，收拾桌面。

面条店里的"客人"络绎不绝，"生意"真不错，孩子们都很喜欢这个游戏。

分析与支持：

参观过面条店以后，孩子们就有了在笪家山上开"面条店"的想法。起先，下面条的道具很简单，孩子们选用了跟面条颜色很接近的白色皱纸和白色轻黏土做面条。随着情节的发展，孩子们又放起了"浇头"，笪家山上的材料很多，孩子们能够自发寻找替代材料，而且很逼真。有了"浇头"，面条的品种更加丰富了。最后，"面条店"开办起来了，有了角色分工，孩子们玩起游戏来更加热闹了。

看得出，孩子们很喜欢参与"面条店"的游戏，能联系自己的生活经验进行活动，特别是表现在客人点菜、厨师做菜方面，模仿了真实的面条店的场景，说明社会生活是孩子模仿的源泉。在平时的日常生活中，成人要帮助孩子多多观察生活，积累一定的生活经验，孩子的游戏水平才能提高。

活字印刷

游戏目标：

1. 了解幼儿园周围的老街老巷，增进爱家乡的情感。

2. 尝试开展活字印刷术活动，了解中国古代四大发明。

3. 初步产生对汉字的兴趣。

游戏准备：

1. 油墨、滚轮、夹板、印刷盒、宣纸或白纸。

2. 由老师和家长在木片上刻好与周边街巷相关的字，准备一些包含老街名称

的图片。

游戏玩法：

1. 幼儿观察图片，认识老街老巷的名称。

2. 根据图片中老街的名称，幼儿一一对应找到活字木片。

3. 按顺序排列后放入印刷盒。

4. 用滚轮刷上油墨，夹上夹板，放上白纸进行印刷。

5. 将印刷好的名称悬挂晾干。

采草药

春天到了，笪家山上的小草越长越多，"探寻达学园里的花花草草"的活动悄然展开，孩子们自发地观察着各种小草的模样。

活动目标：

1. 知道一些常见的花草名称，如车前草、白茅、马齿苋、蒲公英等。通过比较，感知其各自不同的特征。

2. 通过玩"采草药"的游戏，感受中华医药文化的博大精深，萌发对中草药的兴趣。

活动现场：

第一阶段：观察与发现

环境：快乐生活营。

材料：各种各样的草、放大镜、手套、篮子。

孩子的问题：花花草草有名字吗？

"老师，这是我刚发现的花，好看吗？""老师你看，我找到了像锯齿一样的小草。"……达学园里的花花草草太多了，孩子们不断有新的发现。"这些花花草草叫什么名字？它们有什么作用？"为了有进一步的了解，孩子们决定用纸笔将自己找到的花草记录下来，回到家里和爸爸妈妈在网络上查找与它们相关的资料，第二天到幼儿园和小伙伴们分享。

第二阶段：探究与了解

环境：快乐生活营。

材料：各种各样的花草、放大镜、手套、篮子、图片材料。

孩子的问题：这些花花草草有什么用？

在活动中，老师和孩子们共同挖掘到了生活中常见的草，比如：车前草、白茅、马齿苋、蒲公英、狗尾草、荠菜、艾草、薄荷草等。带着和爸爸妈妈找到的资料，孩子们通过比一比、看一看、摸一摸、闻一闻来辨别种类，感受植物的不同特性，最后将采摘来的花花草草根据特性进行阴干、晾晒（见图 3-31、图 3-32）。

图 3-31　这是什么草呢？

图 3-32　挖野菜

第三阶段：分类与整理

环境：快乐生活营。

材料：各种各样的花草、分类盒或"中药柜"、手套、图片材料。

孩子的问题：怎样把这些花花草草收集起来？

经过几天的晾晒，花花草草都已经干枯了，有小朋友说，这些干枯的花花草草很像中药房里的草药。"我们把它放在柜子里吧！"小朋友们经过商量，决定开一个小小"中药铺"，用打印好的图片做标志，然后把收集到的花花草草分类摆放，按需拿取。

分析与支持：

幼儿会主动有意识地观察周围的环境，起初是无意识地采摘，当他们发现小花小草们各自不同的特征以后，产生了辨别的想法。经过家长的配合，通过不断的尝试和积极探索，幼儿有了初步的分析和分类经验，随后有了开办"中药铺"的想法。最后，幼儿用简单的计划和记录，和他人分享，体验了合作探究和发现的乐趣。

在活动期间，教师要及时观察到幼儿的需求，并根据他们的年龄特点提出进一步的要求，如整理、归类、晾干、开"中药铺"等，提出"鹰架"式的理论架构，让幼儿"跳一跳，够得着"，从而获得更大的发展空间。

迁移活动

基地体验手记：走进梦溪园

活动时间：两小时体验

活动地点：梦溪园沈括故居

我们的问题：

"老师，梦溪园在哪里？是谁的家？"

"沈括是什么时候的人？"

"他的房子和我们住的一样吗？"

"听说他有许多发明，他是科学家吗？"

我们的准备：

在镇江市梦溪广场，有一座沈括的雕像屹立多年。沈括故居梦溪园就位于梦溪广场西北的梦溪园巷内，原有面积约十亩，是北宋著名科学家沈括晚年居住的地方，他在此写成了科学巨著《梦溪笔谈》。

我们的活动：

俗话说："百闻不如一见。"今天小朋友们带着激动和好奇的心情来到了沈括故居梦溪园。刚走到门口，孩子们就被它那江南园林的建筑风格所吸引，纷纷发出感叹："哇！真好看！""门口那两个圆圆的石头是做什么用的？"这时讲解员阿姨走过来热情地接待了小朋友们，为他们答疑解惑。小朋友们一一参观了梦溪园的大理石匾额、硬山顶平瓦房、清式厅房；最后来到成就展示处，这里有《梦溪笔谈》著作、天气预测的仪器模型、毕昇的活字印刷术模型、立体地形模型、计算时间的浮漏仪模型、"梦溪"古石碑等。

孩子们看得十分入神，听得津津有味，并不时地提出问题，讲解员一一予以耐心解答。

"老师，你看这里还有个小花园，站在这里看风景真美！"

"沈括发明了这些东西，对人们的帮助真大！"

"古代的人真聪明！"

参观结束，孩子们回到幼儿园，组织讨论。

1. 沈括是哪个朝代的人？（北宋，距今约一千年前）

2. 他居住的地方叫什么？（梦溪园）

3. 他编写的巨著叫什么？（《梦溪笔谈》）

4.《梦溪笔谈》里介绍了什么？（关于数学、物理、天文、机械、医学、气象等方面的知识）

鼓励幼儿回去以后和家长介绍一下参观经过。

我们的收获：

沈括和他的《梦溪笔谈》是中国的骄傲，也是人类文化史特别是科学史领域的荣耀。通过本次参观活动，小朋友感受到了科学的重要性，激发了要好好学习本领的愿望。小朋友们一脸惊喜地说："原来在我们的家乡就有一位这么伟大的科学家，他真的是太厉害了！我们要向他学习。"

主题成效与感悟

《指导纲要》中指出：社会领域的教育具有潜移默化的特点。幼儿社会态度和社会情感的培养尤其应渗透在多种活动和一日生活的各个环节之中，要创设一个能使幼儿感受到接纳、关爱和支持的良好环境，在环境中激发幼儿学习活动的需求。因此，我们采用了多种活动方式，如邀请社区老人来园，走出去实地参观，等等。孩子们在亲身经历、亲自感受中，体验到的学习乐趣，远远胜过一味地灌输、说教。

《纲要》指出，游戏是孩子们的游戏，环境也是孩子们的环境，所以，游戏、环境的主人当然是孩子。教师应尊重和信任孩子，把孩子参与讨论、解决实际问题的积极性最大限度地调动起来，让学习成为一种主动的需求和乐趣。

大班主题活动二：我的中国心

问题搜索

我知道：

10 月 1 日是国庆节。

中国古代有四大发明，中国人很聪明。

我还知道：

中国的全称是中华人民共和国，首都是北京，国旗是五星红旗，国歌叫《义勇军进行曲》。

我想知道：

中国有多大？

中国现在有多强大？

主题引导

爱国主义教育一直以来是一个传统而又经典的教学内容，《指导纲要》中指出："幼儿的爱国主义教育应以情感教育和培养幼儿良好行为习惯为主，注重潜移默化的影响，并贯穿于幼儿生活与各项活动之中。"因此，爱国主义教育始终是我们教学的重点。"我的中国心"这个主题教学活动中，我们将让孩子从身边的"抗疫英雄"学起，从爱国科学家学起，以此来弘扬正气，萌发幼儿爱祖国的情感。

《指南》中指出，要让幼儿爱祖国，为自己是中国人感到自豪。我们将"我的中国心"系列活动融入幼儿的一日生活中，融入园本课程实施中，融入园所文化的建设中，将浓浓的爱国情在师幼心田中传递，为筑造实幼梦，实现中国梦，而共同努力奋斗！

集体活动：快乐生活营

大班社会：跟着网络游故宫

设计意图：

故宫是中国明清两代的皇家宫殿，也叫作紫禁城，作为明清时期中国文明的见证者，它被列入世界文化遗产。

我们得知有一位家长正在北京，便和他商量了"跟着网络游故宫"这节课程，我们将通过网课的形式，连线身在故宫的学生家长，通过"云游故宫"的特殊形式，带领孩子们欣赏故宫的独特风姿，在领略祖国风采的同时也进行一次美学体悟，学习更多关于我们祖国的历史知识，增进爱国情感。

活动目标：

1. 初步了解故宫建筑的特点及其价值。

2. 初步学习关于明清两代的一些历史。

3. 爱自己的祖国，增强民族自信心、自豪感和爱国主义情感。

4. 感受网络的神奇，科技的强大。

活动准备：

1. 事先与家长联系，做好时间、地点等方面的接洽准备。

2. 根据幼童的年龄特点，设计参观线路。

3. 围绕主题，设计几个容易引起幼儿兴趣和思考的小问题。

活动过程：

1. 介绍今天活动的内容，引发幼儿的兴趣（可以猜一猜是哪位小朋友的家长）。

2. 连线家长，互相问候。

3. 根据幼童的年龄段简单介绍行进路线，通过远程视频展示故宫建筑，由家长进行介绍，教师辅助。

（1）引导幼儿沿中轴线观察主要宫殿建筑群，如金水桥、太和门、太和殿、乾清宫、坤宁宫、午门……介绍它们的名称用途，简要了解其建筑艺术特点。

（2）了解故宫的历史。故宫历经明、清两个朝代，至今有600年历史。

4. 师生、家长互动，远程学习历史文化知识。

教师鼓励学生向家长进行提问，家长就故宫的人文艺术景观进行简单的科普性介绍。

5. 结合电视剧或所阅读过的绘本，请幼儿说说自己所了解的一些故宫知识。

6. 教师总结：虽然我们没有真正走进故宫，但在这一堂特别的课上，家长利用网络的形式，带领大家游玩了故宫，相信大家对于故宫都有了初步的认识，对明清时代的建筑特色、艺术水平有了更多的了解。故宫是世界的瑰宝，我们为中国古代文明而感到自豪，为我们是中国人而感到自豪。

大班社会：一节特殊的网课

设计意图：

今年因为新冠肺炎，很多学校上半年都开不了学，大家过年也走不了亲戚，甚至还有小朋友的爸爸妈妈奋斗在抗疫第一线，很久都回不了家。为了加强儿童对身边社会生活的感知，今天我们将以一场特殊的网课形式，再现疫情时期出现的勇敢的人。

活动目标：

1. 知道新冠肺炎的危害性，知道讲究卫生，了解基本的卫生常识。

2. 能有抗疫意识，主动为抗疫做些力所能及的事。

3. 爱自己的祖国，增强民族自信心和自豪感，培养爱国主义情感。

活动过程：

1. 播放一段适合幼儿观看的抗疫视频：医生护士紧急救治新冠肺炎病人的视频。

2. 听老师讲抗疫故事。

根据儿童的年龄段，选取两个故事：

一是钟南山爷爷的故事："他一边呼吁大家不要去武汉，一边自己踏上了去武汉的高铁……"

"钟南山爷爷为什么要这样做呢？"

"那我们能为打病毒怪兽做些什么呢？"

第二个故事是在建立方舱医院、火神山医院、雷神山医院时，无数社会人士慷慨解囊、捐款捐物的事迹，还有很多善良的人自发自费地前往武汉帮忙。

"大家这么热心地帮助武汉，是为什么呢？"

3. 医生家长视角中的抗疫。

"我们班上正好有一位小朋友的家长是镇江江滨医院的医生，在这次的抗疫活动中一直坚持奋斗在抗疫第一线，现在，我们就跟他视频连线，请他向我们讲述抗疫第一线的故事。"

医生家长介绍当初的重症病区，观看当时的救助设备：白色的病房、精密的仪器和厚重的隔离门……

介绍厚厚的防护服，忙碌的医护人员……

介绍当初收治病人时那惊心动魄的一幕……

请幼儿向医生家长和其他医护人员致以问候和敬意。

4. 请幼儿谈一谈自己遇到过的抗疫小事。

教师引导幼儿讲述身边印象深刻的抗疫小故事。如有的小朋友的父母是街道、社区的基层工作者，他们时刻待命，昼夜颠倒，坚守在岗位上，只能偶尔抽出吃饭的时间跟家里的老人和孩子打一通视频电话。有的小朋友的父母被迫在线上办公，一边看着孩子们上网课，一边工作……

5. 通过师幼互动和交流，说说自己能为抗疫做的小事。

"那我们能为防疫做些什么呢？"

引导幼儿从自身做起，支持防疫工作，出门戴口罩，勤洗手，多通风，及时消毒清洁，不去人多的地方……

6. 总结：虽然我们不能像医护工作者那样冲在第一线，但我们后方的工作也同样重要，树立防疫意识，不给医护工作者添麻烦，相信我们的国家和政府，是我们每个人都能做到的小事。

大班社会：了不起的茅以升爷爷

设计意图：

茅以升是我们镇江人的骄傲，是中国现代桥梁之父。他从小立志造桥，后来经过不懈努力，终于成为一名闻名中外的桥梁专家，为祖国做出了杰出的贡献。为了让幼儿懂得从小要树立远大理想，脚踏实地地去学习、实践和探索，我们设计了本次活动。

活动目标：

1. 知道茅以升是我国著名的桥梁专家，理解建造一座桥的意义。

2. 知道牢固性、安全性对桥的重要性。

3. 体验探究的乐趣，感受科技创新的魅力，启迪孩子们对科学的热情。

活动准备：

1. 钱塘江大桥的图片或视频。

2. "塌陷的桥梁"图片或视频。

活动过程：

1. 谜语导入。

猜谜语："驼背公公趴江面，人来车往很方便。不怕风吹和雨打，交通运输做贡献。"

"你们知道中国的桥梁之父是谁吗？今天我们就来认识他——了不起的茅以升爷爷（见图3-33）。"

2. 听故事，理解故事内容。

"小朋友知道为什么茅以升爷爷喜欢造桥吗？我们一起听听《茅以升爷爷的故事》吧。"

图3-33　茅以升

茅以升10岁那年的端午节，他的家乡举行龙舟比赛，看比赛的人都站在文德桥上（他因为肚子疼没有去），由于人太多把桥压塌了，砸死、淹死不少人。这一不幸事件沉重地压在茅以升心里，他暗下决心：长大了一定要造出最结实的桥。从此，茅以升只要看到桥，不管它是石桥还是木桥，他总是从桥面到桥柱看个够。

图3-34　钱塘江大桥

茅以升上学读书后，从书本上看到有关桥的文章、段落，就把它抄在本子上，遇到有关桥的图画就剪贴起来，时间长了，积攒了厚厚的几本……

3. 引导幼儿谈谈自己的想法。

"你觉得茅以升爷爷是个什么样的人？"

4. 观看图片：由茅以升爷爷设计建造的杭州钱塘江大桥（见图3-34）。

"你们觉得他了不起吗？为什么？"

"茅以升爷爷是怎样努力的？他是为了谁而努力呢？"

5. "你知道茅以升爷爷是哪里人吗？"

观看茅以升爷爷故居的图片，告诉大家故居所在地——镇江。

除了保存了茅以升爷爷的故居以外，镇江还有茅以升路、茅以升中学、茅以升纪念馆，都是为了纪念茅以升爷爷突出的贡献。我们为茅以升爷爷而自豪和骄傲。

6. 教师总结：造一座牢固的桥非常重要，因为它会关系到很多人的生命。

为了建造最安全最坚固的桥梁，茅以升爷爷硬是克服重重困难，经过几年的努力奋战，使钱塘江大桥像一条彩虹横跨江面。童年时的茅以升爷爷就有了美好的理想。我们从小也应该树立美好的理想，应该像茅以升爷爷一样，为自己的理想不断努力、奋斗，为家乡、为祖国做贡献。

成效与感悟：

通过这节课，幼儿学习到了生命安全对于桥梁的重要性，也体会到茅以升精神是一种了不起的民族责任感、民族自信力。作为一位划时代的科学家，对祖国忠贞不渝是茅以升精神财富的核心，也是老人一生的坚守。同时，老人对待科学的严谨与不懈的追求也是孩子们永远学习的榜样。

迁移活动：

家长带领孩子参观茅以升纪念馆——世业洲大桥公园。

区域游戏：我会做标志

游戏目标：

1. 了解标志的特征和作用，体会标志所蕴含的意义。

2. 能够迁移对各种标志认识的经验，尝试大胆为班级设计和创作标志。

3. 懂得积极为班级做有益的事，培养幼儿规则意识，提高自律能力。

游戏准备：

1. 各种彩纸、水彩笔、双面胶等。

2. 各种标志的卡片，如禁令标志、警告标志、提示标志等。

游戏玩法：

1. 分享收集的标志，了解标志的作用。

2. 将标志投放到游戏当中，让幼儿在"我是交通小警察""争做文明小司机""文明小公民"等游戏中理解标志。

3. 设计班级的标志。如图书角和午睡室需要"静"的标志，图书架旁需要"爱护图书"的标志，开关旁需要"小心触电"的标志，空调旁需要"节约用电"标志，盥洗室需要"节约用水"的标志，阳台处需要"不攀爬栏杆"等标志……

图3-35　我来设计标志

4. 分享设计。幼儿设计后和小伙伴一起交流分享，评选出较突出的设计作品（见图3-35）。老师和孩子们一起将所制作的标志贴到相应的位置上。

旅　行　棋

进入大班的孩子对飞行棋情有独钟，因为它新颖有趣、规则简单、容易理解，是一种简便易行的游戏形式。棋类游戏不仅能帮助幼儿开发智力，训练思维，还能培养幼儿的规则意识和做事认真细致的好习惯。所以当班内有几个孩子从家里带棋来玩时，我们予以了鼓励，然后有更多的孩子也被棋类游戏所吸引，无论是在休息还是在区域活动中，棋类游戏都是"热门的抢手货"。

活动目标：

1. 会和同伴合作玩飞行棋，掌握飞行棋的规则。

2. 了解一些风景名胜，能够创意性地设计飞行棋。

活动现场：

第一阶段：玩飞行棋

环境：快乐生活营。

材料：飞行棋棋盘、骰子一枚、机会卡。

孩子的问题：怎么下飞行棋？

区域活动时间，萱萱和曦月又开始玩飞行棋了，她们依旧用"石头、剪刀、布"的方法决定谁先谁后。曦月先掷骰子，看骰子上的数字是几，就走几步。她们按照这样的方法下完一局，曦月赢了。萱萱说："这样不好玩，总是这样玩好无聊哦！"曦月说："那我们想想看有什么新的方法吧！"可是过了好一阵子她们俩还没有想出什么好的方法，所以两个人玩了一会儿就没兴趣了，在那边玩起了机会卡。

第二阶段：做旅行棋，画有关于祖国的风景名胜标志。

环境：快乐生活营。

材料：飞行棋棋盘、祖国风景名胜图片、白纸、彩笔、剪刀。

孩子的问题：中国的风景名胜有哪些？

对于飞行棋的规则，班上绝大部分小朋友都掌握了。

今天，我带来了纸、彩笔和卡片，请小朋友合作自制一张飞行棋，要求在棋盘中画出祖国的风景名胜。

小朋友们首先讨论中国的风景名胜：北京故宫、天安门、长城、西安兵马俑、上海东方明珠、安徽黄山……

然后大家分工，对照风景的图片，每人画一个景点作为标志，要求画出该景点的特征。

小朋友们一边讨论，一边绘画。画好后，他们将标志剪裁下来，贴到大白纸做的棋盘上。

我们为这副自制的飞行棋取了名字，叫"旅行棋"。然后，由我和一位能干的小朋友合作，在风景标志与标志之间，画出需要走的路径。

第三阶段：玩自制旅行棋

环境：快乐生活营。

材料：旅行棋棋盘、骰子、彩笔、白纸。

孩子的问题：这个地方你认识吗？

自制好旅行棋后，小朋友们尝试着下了起来。经过商量，有四位小朋友首先下棋，其他小朋友在旁边当小观众或小参谋。

"咦，这个地方我不认识。""我也不认识。"有的小朋友画的标记特征不明显，下棋的小朋友犯了难。

我请愿意帮忙的小朋友重新设计一个标记，然后我帮他们写上地点，覆盖在原来的地方。这下子，旅行棋看起来像模像样了。

小朋友围成一圈，下旅行棋的样子太可爱了。通过下旅行棋，他们又了解了不少祖国的风景名胜，激发了爱祖国的情感。

分析与支持：

进入大班后，孩子们对棋类活动更加感兴趣了，在玩飞行棋或掷骰子时，知道你一步我一步地轮流玩。萱萱和曦月两个人一会儿就走完了棋，玩了几次后就没兴趣了，这也跟他们的年龄特点有关，大班的孩子更喜欢富有挑战性的活动，如果挑战难度高，他们会更有成就感。换一种方法正是满足了他们的心理，也让活动得以继续。于是我针对本次主题"我的中国心"设计了自制飞行棋的活动。大班的小朋友对于规则意识已经比较清晰了，所以当我提出制作旅行棋的要求后，他们很快就明白了我的意图，参与积极性特别高。当自制的图在游戏中引发了矛盾以后，他们也能在老师的引导下，很快解决矛盾，让游戏得以顺利进行。

制作小白花

游戏目标：

1. 会用白色的纸有创意地制作小白花，提高动手操作能力，增强想象力。

2. 知道小白花是用来祭奠故人的，为清明节扫墓活动做准备。

游戏准备：

1. 各种白色的纸若干，小剪刀、扎丝、线绳、双面胶等。

2. 有关制作小白花的图片步骤若干。

游戏玩法：

1. 选择自己喜欢的纸，将它剪裁成想要的形状，如正方形、长方形或圆形，

作为制作小白花的材料。

2. 通过观看制作步骤图，尝试学做小白花。

3. 展开想象，尝试有创意地制作小白花，要求是立体的。

4. 将制作好的小白花放在美工区展柜上，供大家欣赏。

迁移活动

基地体验手记：参观镇江烈士纪念馆

活动时间：清明节前夕，两小时体验

活动地点：镇江烈士纪念馆（烈士陵园）

我们的目的：

对幼儿进行爱国主义教育，培养对革命先烈的崇敬和缅怀之情。

我们的问题：

"老师，烈士是帮我们打仗的解放军叔叔吗？"

"老师，烈士纪念馆是什么地方呀？里面住着烈士吗？"

"为什么我们要带着小白花去烈士纪念馆呀？"

……

我们的活动：

在出行前，老师给小朋友们讲了烈士们的光荣事迹及参观注意事项，小朋友们听得很认真，也深深记在了心里。

第二天上午，我们早早地来到纪念馆门口，孩子们一起排着整齐的队伍等待入馆，这时，一位讲解员阿姨出来接待了我们，孩子们排着队有秩序地走了进去。纪念馆的墙面上，悬挂着大量的历史图片，透过这些历史图片及实物，全面展示了中华民族从鸦片战争到抗日战争再到解放战争，保家卫国的伟大历程。讲解员阿姨为大家重温了那些历史中的重大事件和重要人物，使大家缅怀了那一段艰苦而伟大的岁月，也让大家感受到了在那个炮火纷飞的年代，革命先烈浴血奋战、宁死不屈的爱国情怀。

在去纪念碑的路上，孩子们远远就看到静静耸立在眼前的烈士纪念碑，脸上的神情肃穆。老师向他们介绍了纪念碑上"革命烈士永垂不朽"这几个大字是张爱萍将军亲笔题写的，孩子们的眼中都流露出崇敬的目光。

在纪念碑前，孩子们排好队，一个接着一个，认真地献上了自己做的小白花，并瞻仰了烈士墓前一块块题写着烈士姓名的墓碑，一个个凝神肃穆，对烈士们充满了崇敬的感情。结束后孩子们围着纪念碑走了一圈，发现碑身三面都雕刻着历史战争故事图，孩子们一边走一边听老师讲解图中蕴藏的催人泪下的战争史（见图 3-36、图 3-37）。

图 3-36　去烈士陵园扫墓

图 3-37　参观镇江烈士纪念馆

我们的收获：

纪念馆之旅，让孩子们既增长了知识，也开阔了视野，正所谓读万卷书，不如行万里路。孩子们在实践中，不仅初步了解了中华民族解放的历史，而且激发了他们热爱家乡、热爱祖国、保护文物的美好情感！这次活动不仅拓展了幼儿学习的空间，更让幼儿在实践的过程中感受到了美好生活来之不易，感恩祖国，缅怀先烈。

主题成效与感悟

《纲要》中指出，要扩展幼儿对社会生活环境的认识，激发爱家乡、爱祖国的情感。社会情感的学习主要是幼儿通过在实际生活和活动中积累有关的经验和体验而完成的。现如今，"抗疫"早已融入我们的生活，通过此次主题活动，幼儿能更深刻地意识到抗疫其实离我们很近。孩子们通过观看抗疫视频和聆听抗疫故事，更深刻地认识到祖国人民的力量，也激发了想要向前辈学习、热爱祖国、努力报效祖国的情感，更坚定了他们的中国心。

5~6 岁年龄段的幼儿应该知道自己的民族，知道中国是一个多民族的大家庭，各民族之间要互相尊重，团结友爱。知道一些国家的重大成就，爱祖国，为自己是中国人感到自豪。我们通过茅以升爷爷的事例，让幼儿了解中国人的伟大，并为自己是中国人、镇江人而感到骄傲和自豪。同时通过"跟着网络游故宫"的活动，孩子们认识到中国灿烂的文化历史，愈加激发了身为一个中国人的自豪感。

四、家园互动与评价

走进"达学园"

"达学园"课程开展以来，得到了家长们的一致好评。很多家长认真给予了我

们意见反馈，认为在市区这样寸土寸金的地方，能够保留这样一个纯天然的绿色户外场地，作为孩子的生活和学习乐园，真的非常了不起，老师们太有心了。

也有很多家长积极地带一些低结构材料给我们使用。如厚实的纸箱板，我们用来做隔断或盛放游戏材料；锅碗瓢盆和瓶瓶罐罐，给小朋友们办家家、玩打击乐；水枪、玩具枪、玩沙工具，可以玩野外勇者训练营游戏；还有很多废旧牛仔衣牛仔裤，给我们用来制作牛仔帐篷，或是直接帮我们缝制成漂亮的餐桌布等。

孩子们放学回家后，家长们也会抽出时间来跟孩子谈话，问问孩子今天有没有去笪家山上玩游戏，玩了什么游戏，交到了哪位好朋友，等等。总之，大家都对"达学园"的活动充满期待。

半日开放活动期间，我们给家长发放了调查问卷，请家长们填写，然后针对一些典型的问题进行了总结。

"达学园"家长调查问卷（大班）

项目	家长观察要点	反馈		
集体活动	1. 注意力集中，能够始终跟随老师活动。 2. 积极开动脑筋，举手发言。 3. 做操作练习效率高，乐意自己动手动脑。	是 是 是	一般 一般 一般	否 否 否
区域游戏	1. 能够自主选择区域，有主见。 2. 能积极与同伴互动交流。 3. 能积极使用游戏材料，并乐于探索材料的用法。 4. 在游戏中情绪好，有自信心。	是 是 是 是	一般 一般 一般 一般	否 否 否 否
意见	通过半日活动观察，您有何意见和建议？			

2016年正式实施的《幼儿园工作规程》对家园合作提出明确规定，幼儿的发展规律决定了家园合作是重要的教育活动内容之一。于是，针对半日开放活动，我们把相关的调查问卷内容事先在班级QQ群予以公布，希望家长了解其相关内容，并在活动中有目的地对孩子进行观察，对课程的实施予以关注。

在我们班半日开放活动当天，吸引了30位家长的参与，并在活动后收到了30张调查表，家长就半日活动中对孩子的观察、游戏的参与及幼儿园的课程模式进行了评测与反馈。

有86%的家长在反馈表的选项中填写了"是"，他们都表示，孩子能够专注于幼儿园的活动，对"达学园"的课程和孩子在幼儿园的发展与成长均表示了肯定。在反馈意见中有家长写道：教师能够在活动中肯定和鼓励幼儿，使每个孩子都充满自信，勇于创新，关注到了孩子的全面发展。也有家长写道：在活动中，教师也能够引导孩子们互相欣赏、互相学习，这样的品质也是难能可贵的。

调查表中，也有个别家长提出了一些问题，在其后的家长见面会中，我们也及时予以了答复。

例1：有家长反映，孩子在活动中不太讲究卫生，弄得很脏，担心回班级后不能够好好洗手整理。

我们的回答：孩子在活动中很投入，把手弄脏是很正常的。回班级后我们会给孩子洗手、整理的时间，并督促孩子认真洗手，洗完手后，我们也会逐一检查。同时我们教孩子学习了七步洗手法，明确了洗手的重要性，相信孩子们会认真完成洗手这件大事的。

例2：有家长反映，自己的孩子比较胆小，在山上活动时显得比较被动，总是看着别的小朋友玩，自己不大放得开，问老师是否能够多多关注他。

我们的回答：每个孩子的性格都不一样，有的比较活泼大方，有的比较内敛羞怯，不同性格的孩子在活动中的表现自然也是不一样的。我们会尽量关注到每个孩子，对于胆小羞怯的孩子，我们一方面会多多鼓励他，另一方面也会给他适应的时间，让他先观察，再进入，而不是一味地催促，当他有了决断和适应性以后，相信他会逐渐融入群体环境的。

通过这次的半日开放活动，我们也感觉到，家长们对于"达学园"的特色课程是非常支持的，他们在活动中不仅关注到自己的孩子，也注意观察了其他孩子。当看到孩子们在一起其乐融融地游戏、交往、分享快乐时，他们也由衷地感到高兴。有些家长也不知不觉地和孩子玩到了一起，还会向孩子提出一些小问题，并耐心听取孩子的回应。他们纷纷表示，在当今社会，回归自然、尊崇本真、寓教于乐的教育越来越受人关注，市实幼能够及时有效地开展"达学园"课程，做了一件大好事，受益的不仅仅是孩子，更是全部家庭，家长愿意竭诚与幼儿园合作，为课程的更好实施，做好支持、配合工作。

我们也向家长表态，愿意在今后的工作中，进一步加强家园合作，在相互信任、相互尊重的前提下，通过网络、照片、视频分享、家长研讨会等多种形式，进行幼儿园和家庭的信息分享，特别是对孩子活动的观察分享，让家长更好地理解、支持儿童的发展，通过课程更好地促进儿童的学习。

大自然给了孩子们无限的创想空间

大一班家长　张超

初听孩子描述这个笪家山的场景时，我们这些家长很是不以为然：这么一个土气的地方，到处都是杂树和野草，能给孩子带来什么样的收获呢？

时不时地，从孩子的嘴里，我听到一些关于山上的故事：

"妈妈，今天我在山上看到很多西瓜虫，它们有许多脚，我们看它们赛跑呢……"唉哟，我家胆小的蛋蛋居然敢抓虫子了，真是让我没想到。

"妈妈，今天我和蔡旭尧、希希几个人在小舞台上表演音乐会了，我敲的是架子鼓，希希敲的是啤酒瓶，蔡旭尧唱歌，我们表演得可欢乐了……"我惊讶极了，追问了半天，才知道这些孩子利用废旧物品，如饼干罐、木棍、啤酒瓶等材料，自编自导地开了一场小小的音乐会。

"妈妈，我们山上的蒲公英可多了，我们摘了很多，把它送到'药房'里去了。蒲公英是一种野菜，可以吃的，它还是一种中药呢。"说实话，我对蒲公英的了解还真不多，看来，孩子们在野外也长了不少知识呢。

渐渐地，通过孩子的描述，我对幼儿园的这座笪家山在脑海里有了初步的印象——它是一座颇有大自然气息的小山坡，小山坡上有许多"宝贝"：树木、野花野草、石子、羽毛、瓶瓶罐罐、锅碗瓢盆……这些看上去不起眼的物品，成了孩子们眼中的"宝贝"。

终于有一天，幼儿园开放了半日活动，我迫不及待地想要去亲眼看一看这座藏满了"宝藏"的笪家山。

沿着原木搭建的栈道，我走上了山坡，抬头望去，满眼郁郁葱葱的松树，这些松树都很高大了，密密地遮住了天空，阳光从树的缝隙中洒下来，树荫间斑斑驳驳的光影，真像一座原始森林。

树和树之间，有的架起了攀登架，有的拉起了吊床，有的竖起了悬梯，还有人工制作出来的牛仔布帐篷，一座迷彩丛林似的迷宫，树下，摆放着整整齐齐的水泥砖，几根原木桩围绕着一扇宽大的旧门板，还有几只半旧的柜子，格子里整齐地放置着一些物品，有文具、石子、木块……最令人叫绝的是一座用竹子搭建的恐龙架，架上悬挂着很多绿色的啤酒瓶——这里恐怕就是蛋蛋所说的"小舞台"了吧？

看着这些充满着乡土气息的物品，我的心情久久不能平静，我没想到，这么原始场所、这么简易的物品，居然能够带给孩子们那么大的快乐。

我们常常为孩子没有一个好的活动场所而苦恼，在我们的心目中，好的娱乐场所难道只是那些精致的儿童乐园、精美的淘气城堡吗？作为现代人的我们，已经渐渐地忘记了什么是最真实的学习场所，忘记了自己小时候玩过的玩具和游戏。而现在，镇江市实验幼儿园回归了本真，把最真实的大自然送到了孩子们的眼前，孩子们在自然中生活，在自然中学习，在自然中游戏，在自然中创造，孩子们在这里乐此不疲，重拾了欢乐，而这些，不正是我们家长所期望的吗？

五、快乐生活营的精彩瞬间

图 3-38 至图 3-53 是孩子们在快乐生活营留下的精彩瞬间。

图 3-38　小舞台

图 3-39　搭灶台

图 3-40　缠缠绕绕

图 3-41　物品分家家

图 3-42　挖野菜

图 3-43　我会炒青菜

图 3-44　悄悄话

图 3-45　搭鸟窝

图 3-46　小小厨师真忙碌

图 3-47　我是小厨师

图 3-48　漂亮的休闲吧

图 3-49　忙碌的小木匠

图 3-50　搭建小工坊

图 3-51　我们的小帐篷

图 3-52　采草药

图 3-53　我和小树比比高

（生活与社会课程案例由张凌云、刘莉、朱莉娟、唐梦恬、朱敏提供）

第四篇

艺术与创想课程——小山上的艺术梦

一、项目课程简介

(一)背景

德国教育家第斯多惠认为,教学的艺术不在于传授本领,而在于激励、唤醒和鼓舞。笪家山是一座有着悠久文化历史的小山岗,是孩子们生活游戏的自然乐园,山上的鸟叫、虫鸣,树枝、树叶,石头、沙子、水土为幼儿的艺术学习提供了得天独厚的天然资源,是我们师生的宝贵财富。

艺术是人类感受美、表现美和创造美的重要形式,也是个人表达自己对周围世界的认识和情绪态度的独特方式。在艺术世界中,艺术与创想是幼儿用自己的方式来理解世界,自由地表现、表达自己的所思、所想和所感,获得许多经验的艺术想象与创造活动。为了进一步创设促进孩子们学习与发展的生活环境,镇江市实验幼儿园依托笪家山自然环境为载体,创生出了尊重幼儿身心发展内在规律,充分满足儿童平等与尊重、发现与理解、自由与生长的"艺术与创想"主题课程。

主题课程中的艺术创想营是镇江市实验幼儿园达学园户外活动区中的一个亮点区,它融合了美术、音乐、舞蹈、综合艺术等领域的内容,通过让幼儿在自然环境中感知、体验、互动、交往,建立与自然的连接,运用多种(自然、生活、废旧)材料工具,对物品进行创意设计,进而呈现出形式多样的艺术表征形象以及表达自我的综合艺术活动,实现发展幼儿初步的艺术表现与创造力的活动目的。

"艺术与创想"主题课程的提出,是在融合幼儿园美术教育的基础上,充分挖掘身边的自然教育资源,力求为幼儿创造"看一看大自然""听一听自然声""找一找自然物"等与大自然直接对话的情境和机会。让孩子在阳光下,在色彩斑斓、想象奇异的自然世界里,尽情展现对周围生活的认识与感悟,提高他们感受美、表现美、创造美的能力,同时引导幼儿在生活中展开艺术创想,一起发现、感受和欣赏生活中美的事物,理解他们的欣赏行为,支持幼儿自发的表现和创造,让艺术走向自然,走进生活,在每个孩子的心中种下一粒美丽的种子。

在这个充满感受与欣赏、表现与创造的自然乐园中,孩子们用树枝、树叶、石头、鲜花、布条、颜料、锅碗瓢盆等材料为我们描绘演奏出了一场"艺术狂想曲",展现了一幅幅天真烂漫、妙趣横生的画卷,为他们童年快乐的道路留下最美好的印迹。

(二)目标

1. 在创设笪家山自然环境中,初步学习感知、欣赏自然环境与生活环境中的自然美与形态美,喜欢欣赏不同形式与风格的艺术作品,发展审美情趣。

2. 通过亲身体验、直接感知、实际操作等方式,喜欢进行艺术活动,乐意用自然材料与常规材料,进行多种艺术创作活动,创造性地大胆表现自己的所思所想。

3. 通过了解艺术是感受美、表现美和创造美的重要形式，在多途径、多领域的融合创作活动中，掌握一定的艺术技能，发展初步的艺术表现力与创造力。

4. 在尊重与理解、欣赏与支持幼儿艺术创作的基础上，结合美术、音乐、舞蹈、综合艺术等活动内容对幼儿进行艺术想象与审美教育，在活动中培养幼儿细心观察、大胆创造、乐于表现等个性品质。

二、艺术与创想课程网络图

结合《指南》，依据课程背景与目标，观察幼儿行为，发现幼儿艺术活动中的兴趣点，将零散的艺术经验归纳梳理成有价值的课程内容。具体见图4-1、图4-2。

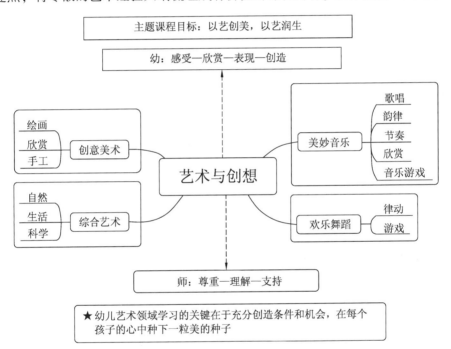

图 4-1　"达学园"艺术与创想学习路径图

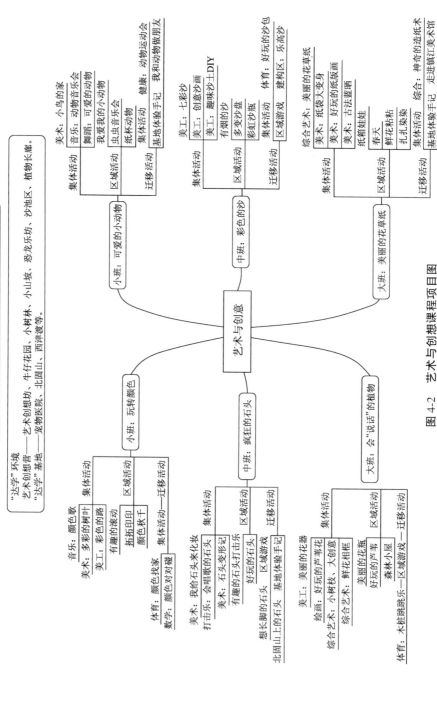

核心要素：艺术表现、艺术创造、综合艺术实践

"达学"环境
艺术创想墙——艺术创想坊、牛仔花园、小树林、小山坡、恐龙乐坊、沙池区、植物长廊。
"达学"基地——宠物医院、北固山、西津渡等。

图 4-2　艺术与创想课程项目图

三、主题设计与活动反思

小班主题活动一：玩转颜色

问题搜索

我知道：

大海是蓝色的，云朵是白色的。

花朵有黄色、红色、紫色、白色……

太阳是红色的，月亮是黄色的。

葡萄是紫色的，橙子是橘黄色的。

我还知道：

彩虹糖有好多种漂亮的颜色。

把树叶涂上颜料放在纸上按一按，就能变成美丽的树叶拓印画。

把黄色的颜料倒进水里，水就能变成黄颜色。

我想知道：

为什么花有不同的颜色？

为什么紫甘蓝遇到不同的水会变出不同的颜色？

为什么两种不同的颜色混在一起会变成另一种颜色？

为什么枫叶是红色的？

主题引导

　　在孩子眼中世界是美妙多姿的，红、橙、黄、绿、蓝、靛、紫……这些漂亮的颜色为他们带来了绚丽多彩的世界：蓝色藏在广阔的天空中，绿色藏在大片的草丛里，黄色藏在向日葵的花瓣上，红色藏在妈妈的裙子上……当孩子们睁大眼睛环顾四周，发现色彩无处不在。缤纷的色彩就像是镶嵌在孩子们生活中的快乐音符，带给他们无限的想象和快乐。

　　《指南》"艺术领域"中提到："要尊重幼儿自发的表现和创造。"教师的任务就是给幼儿创造机会，让幼儿在感受美、体验美的过程中，学习创造美，学会用自己的方式去表现美。小班幼儿对于鲜艳的色彩极为敏感，而颜色的变化会使幼儿兴奋、惊奇，产生浓厚的探索欲望。针对幼儿的年龄特征，我们从孩子的兴趣点出发，从一个"玩"字着手，让幼儿置身大自然，试图通过多种艺术创造活动，让他们在做做玩玩中认识颜色，并在"玩色"的过程中感受到颜色的微妙变化，初步感受周围环境的绚丽色彩，体验色彩与其变化带来的乐趣。在"玩色"天地里，一个个色彩作品鲜艳有趣，吸引着孩子去与颜色一起游戏玩耍；在"玩色"

天地里，一个个小小的马蒂斯、毕加索在这里悄悄萌芽；在"玩色"天地里，一个个快乐的小精灵，描绘着属于他们的童话世界！

集体活动：艺术创想营

小班音乐：颜色歌

活动目标：

1. 感受乐曲中颜色的变化，大胆表述自己的情感和体验。

2. 能跟随熟悉的音乐做身体动作。

3. 感受自然界中颜色的美丽，体验音乐活动的乐趣。

活动准备：

各种颜色的花、歌曲音乐。

活动过程：

1. 倾听乐曲，熟悉旋律。

"你们听了这首曲子，有什么感觉？""你听到了哪些颜色？"（红、橙、黄、绿、青、蓝、紫）

2. 再次倾听。

（1）师幼一起点数颜色。

我们一起数一数，一共有几位颜色朋友啊？（1、2、3、4、5、6、7）它们今天想和小朋友们玩捉迷藏的游戏。下面我们一起去笪家山上把它们找出来吧！（红色朋友在哪里？）没有出来。那怎么办呢？（引导幼儿想办法）

（2）教师完整清唱歌曲，幼儿欣赏歌曲，找出红色。

"谁来说说在歌曲里你都听到了什么？"（幼儿自由回答）

（3）幼儿自主学唱歌曲，找出其他颜色。

"小朋友，你们一定很想把其他的颜色朋友也都找出来吧？"

（4）用声音、动作表现歌曲内容。

3. 自由探索大胆寻找各种颜色的花朵。

"你们把刚才的颜色朋友都找到了。在我们的自然探秘室里也有好多颜色的小花朵呢，我们一起唱着歌跳着舞把它们找出来拍一拍。"（黑色、棕色、粉色）

4. 活动结束。

春天到了，小草、小树都长出了绿绿的小芽，各种颜色的花儿也都开了，让我们到外面去寻找更多漂亮的颜色吧！

小班美术：多彩的树叶

设计意图：

笪家山上有许多树，一年四季树下的地上总会有许多不同形状、不同颜色的树叶，树叶是大自然馈赠给我们的礼物，而加入树叶等自然物进行美术创作，不仅能激发幼儿的艺术创作灵感，而且对发展幼儿想象力、创造力起着积极的促进作用。

活动目标：

1. 能发现叶子有不同的形状，尝试用颜色结合自然物进行艺术创作。

2. 乐于参与活动，体验不同绘画形式带来的乐趣。

活动准备：

1. 各种形状不一的树叶（枇杷叶、栀子花叶、广玉兰叶等）。

2. 颜料、小石头、小花、小草等自然物。

活动过程：

1. 观察笪家山上的树叶，激起幼儿学习兴趣。

（1）幼儿自由捡拾喜欢的树叶，仔细观察。

"你捡的这些树叶是什么颜色的？有什么不一样吗？"

（2）自由讨论，大胆猜测。

（3）鼓励幼儿大胆说出自己的想法。

2. 引导幼儿探索不同种类的叶子。

（1）鼓励幼儿寻找几种不同的叶子，猜测它们是什么树的叶子。

（2）将找到的栀子花叶、广玉兰叶和枇杷叶进行比较。

（3）幼儿对比结果：它们的颜色、形状都不一样。

3. 幼儿大胆想象，进行创作。

（1）讨论你想和树叶做什么游戏。

（2）幼儿自由表述。

（3）"你想在树叶上怎么画画呢？用什么工具画？"（启发幼儿运用涂色、花纹、线条等方法装饰树叶，见图4-3、图4-4）

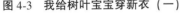

图4-3 我给树叶宝宝穿新衣（一）　　图4-4 我给树叶宝宝穿新衣（二）

（4）鼓励幼儿大胆创作。（可添加花瓣、小草等自然材料）

（5）巡回指导，帮助个别幼儿。

4. 集体布置大树。

师幼共同将涂好的树叶粘贴在大树枝条上。

小班美工：彩色的路

设计意图：

小班孩子对颜色十分感兴趣，特别喜欢彩色。一天，毛毛问："路上怎么会有一些白色和黄色的图案？可不可以在路上画画？"基于小班幼儿的年龄特点，我们从幼儿的生活经验和兴趣点取材，遵循由易到难、循序渐进的原则，设计了本次活动，让幼儿大胆想象，创作彩色的路。

活动目标：

1. 在"玩色"、画画、唱唱学学的活动中，积极用水粉笔进行"玩色"游戏，感受色彩、线条、节奏、动作之美。

2. 能大胆进行创作活动，体验美术活动带来的快乐。

活动准备：

1. 物质准备：在笪家山上用宣纸铺成"小路"。

水粉颜料（红、绿、黑、蓝），水粉笔若干，调色盘、擦布若干。

2. 经验准备：幼儿已熟悉歌曲《走路》。

活动过程：

1. 创设情境，引发兴趣。

"笪家山上住着许多小动物，我们一起去看一看吧。"师幼随音乐进入山上。

"这里的动物真多呀！你能说说这些动物的名字，还能学它们走路的动作吗？"

2. 结合歌曲，尝试用水粉笔进行"玩色"游戏。

（1）回忆歌曲。

"歌曲《走路》中唱到几种小动物？小动物们是怎样走路的？幼儿有节奏地说出歌词，并随歌曲的伴奏音乐围坐在教师身边唱歌。"

小结：跳跳跳、摇摇摇、爬爬爬、游游游，小动物们有节奏地走路真有趣。

（2）根据歌词（动物走路的不同姿态），感受和体验色彩。

"草地上的水粉笔宝宝也想学小动物走路，如果请你给笔宝宝穿上漂亮的袜子学小兔、小鸭、乌龟和小鱼走路，你会用什么颜色？"

小结：我们可以给笔宝宝穿红袜子学小兔跳、穿黄袜子学小鸭摇、穿黑袜子学乌龟爬、穿蓝袜子学小鱼游。

（3）尝试用水粉笔作画。

从情感方面启发幼儿："水粉笔宝宝不会走路，怎么办呢？"

从动作方面启发幼儿："我们一起扶起笔宝宝，让它站起来，一边唱歌一边学走路。"

引导幼儿随音乐边唱边选择相应的颜色，当唱到"跳、摇、爬、游"时用水粉笔在宣纸铺成的"小路"上画。

播放歌曲《走路》的伴奏音乐，幼儿一边唱歌一边画，鼓励幼儿大胆地用多种线条进行创造性的表现。

(4) 活动结束。

"今天，我们一起帮助水粉笔宝宝走成了一条彩色的"路"，本领真大！"

（师幼齐跳"摘果子"走出笪家山）

有趣的滚动

孩子的世界是五彩缤纷的，颜色在日常生活中极为常见。各种美丽鲜艳的色彩，给他们带来了无限的艺术创作空间。孩子们有各种各样的玩具，尤其是球体及带轮子的小车等更是数不胜数，他们总是选择喜爱的玩具，蘸上自己喜欢的颜色，饶有兴致、乐此不疲地进行滚画游戏。

活动目标：

1. 喜欢滚球，体验滚动带来的乐趣。

2. 通过探索、讨论和同伴分享滚画的方法。

3. 感受色彩变化带来的美感，发展审美能力。

活动现场：

第一阶段：滚球

环境：智慧探索营——自然探秘室。

材料：小型纸盒、玻璃弹珠等圆形球体。

孩子的问题：这些球可以怎么玩？

安安和骏然用玻璃弹珠在纸盒里玩打弹珠游戏。安安拿起纸盒平端着左右晃动起来，弹珠在纸盒里自由滚动。没过多久，好多小朋友都蹲在安安身边，走近一看，看到弹珠在纸盒里滚来滚去，"哇，真好玩！"小家伙们都忍不住想要尝试一番，他们兴奋地把玻璃弹珠等各种大小不一的球放在盒子里滚来滚去。

第二阶段：滚画

环境：艺术创想营——自然工坊。

材料：小型纸盒、各种各样大小不一的球、水粉颜料。

孩子们玩过各种大小不一的球后，又开始寻找更多的玩法啦！"把球蘸上颜色滚出来会是什么样子呢？"孩子们找来了乒乓球、小皮球、软软的小绒球，有的居然拿来了不光滑的大龙球……大家都想看看各种球在滚动后的运动轨迹及颜色线条变化（见图4-5、图4-6）。

图4-5　滚画真好玩

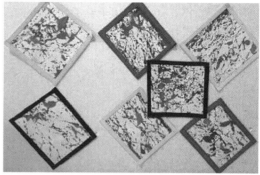

图4-6　美丽的滚画

第三阶段：玩转滚珠画

环境：艺术创想营——自然工坊。

材料：超大型纸盒、各种球体及带轮子的小汽车等玩具。

在一段游戏探索与经验的积累后，孩子们不再满足于只是用纸盒玩滚来滚去的作画游戏。他们在颜料的选取与颜色的碰撞过程中也越发大胆，从单一的圆形球体发展到了对多种玩具材料的尝试（见图4-7）。

图4-7　我的大球滚画

分析与支持：

1. 激发幼儿的创造想象力。

幼儿对滚珠画充满了好奇与探究欲，在实际操作中获取了滚珠画的更多玩法，通过自己的创作来表达对外部世界的认识和感受，并在创作过程中体验到了自主探索、大胆尝试、自由表达的艺术活动乐趣。

2. 尊重幼儿的游戏愿望与自发表现。

教师充分尊重了孩子的意愿和经验，适当地引导、建议，并支持幼儿自发的艺术表现与创造，让幼儿"玩"出更高水平。

拓拓印印

最近孩子们饶有兴致地进行了"玩色"活动。在游戏中,小家伙们拿起玩具开始仔细观察,玩具可以作画吗?家里吃的水果蔬菜呢?还特意搜集了许多形色各异的果蔬片或者蔬菜根带来尝试,开启了拓印画的探索之旅。

活动目标:

1. 尝试用喜欢的玩具、果蔬等各类物品进行拓印"玩色"活动。
2. 乐于参与艺术创作,体验拓印画的乐趣。

我们的想法:见图4-8。

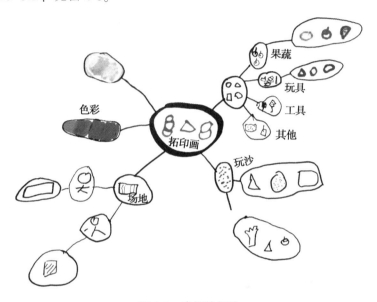

图4-8 我们的想法

活动现场:

第一阶段:玩具拓印画

环境:艺术创造营——创意工坊。

材料:各种玩具、颜料。

孩子的问题:把玩具放在颜料里印出来的画会是什么样的呢?

笑笑拿起圆形积木跑过来,对我说:"老师,我想用积木蘸上红色,让它变成红灯笼。"豆豆说:"我想拿我的雪花片,放在颜料上变出一朵白色雪花。"其他的小朋友也在寻找一切可以拓印的玩具。

第二阶段:果蔬拓印画

环境:艺术创造营——创意工坊。

材料:各种果蔬片或者蔬菜根等、颜料。

孩子们用玩具进行拓印后,又开始寻找新的拓印画工具(见图4-9至图4-11)。他们蘸取颜料尝试进行果蔬外形拓印:有的印出了好看的玫瑰花;有的用玉米拓

印出了一条弯弯曲曲的石子路;有的则用秋葵横切面拓印出了小星星;还有的用单棵的小白菜茎拓印出了鱼鳞、水草和珊瑚……

图4-9　各种各样的蔬菜

图4-10　五彩缤纷的拓印画

第三阶段：　玩转拓印画

环境：艺术创想营——创意工坊。

材料：多种可以拓印的生活物品(幼儿自己的身体部位也作为拓印材料)。

在一段时间的游戏探索与经验积累后,孩子们找到了生活中更多好玩的拓印材料,如废旧的鼠标、键盘、茶杯、碗……在拓印的过程中,他们还发现了身体的每个部位,如手、脚、膝盖、屁

图4-11　蔬菜也能画画

股等都可以进行拓印。原来拓印画如此有趣!

分析与支持：

1. 挖掘生活材料,体验拓印乐趣。

美国著名教育家杜威认为,教育是社会生活的过程。结合小班幼儿年龄特点和艺术发展水平,通过生活中常见的拓印素材,让孩子们体验到了拓印艺术创作的乐趣。孩子在活动中不仅认识了各种蔬果的切面形状与纹路,而且体验到了拓印画的艺术美和创作乐趣。

2. 激发幼儿想象力与创造力。

在活动中,幼儿能大胆尝试将身体的各个部位也作为拓印的内容素材,这充分体现了幼儿有较强的想象力与创造力,激发了他们深入参与艺术活动的兴趣与欲望,让其"最近发展区"得到最大限度的发展!

颜色秋千

在户外活动时,萌萌在玩轮胎秋千,她一边前后摇摆,一边和旁边的浩浩说："浩浩,我想搭一个秋千,搭一个能够在上面画画的秋千。"萌萌的想法立刻获得了浩浩的支持,浩浩说："我想让红色、黄色、蓝色、绿色,好多颜色都来坐荡

千。"秋千和绘画的结合会是什么样的呢？于是一场有关于颜色和秋千的美术创作活动开始了……

活动目标：

1. 通过观察、探索等方式，尝试用荡秋千的方法大胆进行色彩艺术创作。

2. 感受色彩变化带来的美感，发展审美能力。

活动现场：

第一阶段：创作"秋千画"

环境：艺术创想营——自然探秘室。

材料：PVC管、颜料、铺地大白纸。

孩子的问题：用什么方法让秋千边摇边画呢？

清宝和轩轩最爱玩荡秋千了，他们找来了PVC管做主体架构，用麻绳吊起了纸杯作为荡秋千的载体，而真正在秋千上荡漾的其实是五彩缤纷的颜料。在第一次荡秋千后，豆豆突然喊道："老师，不好啦，秋千一摇起来地上全是颜料！"我循声望去，发现荡秋千的每个孩子身上、脸上都有斑斑点点的颜料。要怎样才能不让地上、身上变脏呢？

第二阶段：颜色荡秋千

环境：艺术创想营——自然探秘室。

材料：PVC管、颜料、铺地大白纸、玻璃垫。

为了保持活动场地整洁，隔挡颜料的材料就变得尤为重要，它不仅要具有不渗油水的作用，还需要有环保循环利用等特性。在多次讨论后，孩子们决定用软玻璃垫做隔挡，避免荡起来的颜料四溅。在尝试过程中，他们还发现太稠的颜料黏在纸杯里，不易从纸杯洞眼里洒出来；太稀的颜料还没有荡起来可能就已经从纸杯洞眼里流失了。孩子们在观察—探索—调整—实施—再调整的多次磨合中，找到了秋千作画的最佳材料和探寻出制作秋千画的最好效果（见图4-12）。

图4-12　颜色宝宝荡秋千

第三阶段：秋千变变变

环境：艺术创想营——自然探秘室。

材料：搭建的秋千画主体、颜料、铺地大白纸、大排刷。

经验准备：前期秋千画制作经验。

小画家们终于在经验中找到了最佳创作形态，果果又开始尝试使用大排刷作画，在大家的努力下，一幅色彩绚丽的秋千画就此诞生了（见图4-13）！

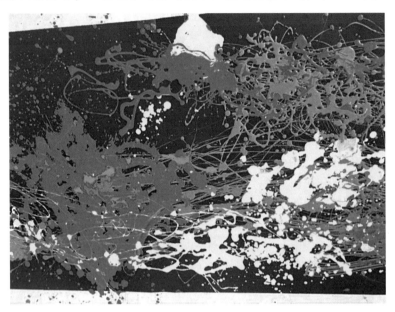

图4-13　我是小小"波洛克"

分析与支持：

1. 鼓励幼儿大胆表现与创造。

《指南》中指出：鼓励幼儿在生活中细心观察、体验，为艺术活动积累经验与素材。幼儿在反复探索、尝试过程中找到了制作秋千画的方法和作画要点，并通过游戏丰富了知识，发展了认知经验、想象力和动手操作能力。

2. 大胆想象，激发艺术创作水平的提升。

艺术创作活动要根据幼儿的生活，帮助幼儿围绕主题开展想象进行艺术表现。在活动中，幼儿能够大胆想象尝试使用多种方法作画，并通过美的色彩、美的行动，在头脑中形成了审美心理意象，真正成为艺术创作的小主人。

　迁移活动

小班体育：颜色找家

活动目标：

1. 仔细倾听，能找出相对应的颜色。

2. 在找寻颜色活动中能够遵守游戏规则，注意安全。

3. 发展身体动作灵敏性，从中体会到游戏带来的乐趣。

活动准备：

1. 拓展营地健康运动营。

2. 彩虹伞、律动音乐、颜色游戏卡。

活动过程：

1. 跟着《小兔子体操》做热身运动。

2. 观察美丽的彩虹伞。

（1）请幼儿说说，伞上有哪些颜色？

（2）这些颜色像什么？

3. 游戏：颜色找家。

（1）踩颜色。

（2）碰颜色。

（3）坐颜色。

幼儿绕着彩虹伞，朝着同一方向走，当听到"回到×颜色的家"时，马上找到对应的颜色，谁的速度最快，找到的颜色又正确，谁就获胜。

4. 放松活动。

教师带领幼儿一起放松身体和四肢。

小班数学：颜色对对碰

活动目标：

1. 认识红、黄、蓝三种颜色，并能正确说出名称。

2. 能够按物体的颜色分类。

3. 愿意参与游戏活动，体验活动的乐趣。

活动准备：

1. 红、黄、蓝三种颜色的小猫各一只，房子各一座。

2. 红、黄、蓝三种颜色的图形盒子各一个，小圈形若干。

3. 小动物头饰若干。

活动过程：

1. 山上寻猫，并认识它们。

（1）幼儿在笪家山上寻找三只藏起来的猫。

（2）通过观察、比较，发现三只猫的不同之处，巩固对红、黄、蓝三种颜色的认识。

（3）根据小猫的颜色为它们取名。

2. 游戏：颜色对对碰。

（1）送小猫回家。

孩子观察三座房子的颜色，大胆表达房子和小猫有哪些相似之处，根据颜色

把小猫送回家。

（2）小猫吃鱼。

① 小猫肚子饿了，请你们从篮子里拿出小猫的食物——小鱼干，看看这些小鱼有什么不同？

② 幼儿操作：将颜色相同的鱼干放在一起。

③ 喂小猫。幼儿把不同颜色的鱼干送到相应颜色的小猫房子里。

（3）小猫爱锻炼。

① 选择自己喜欢的小猫头饰，鼓励孩子大胆说说选择这个颜色的理由。

② 根据选择的颜色找到正确的跑道，进行游戏。

（4）结束活动。

请幼儿看一看还有哪些玩具和物品颜色与自己选择的颜色是一样的。

主题成效与感悟

1. 幼儿发展评价。

（1）对幼儿认知的评价。

色彩是最能表现情感的手段之一，色彩是吸引眼睛注意的诱饵。《指南》提到：幼儿的艺术表现与创造首先表现为自发性，儿童生来具有艺术潜能。在感受与欣赏、表现与创造的艺术创想活动中，孩子们对颜色产生了浓厚的兴趣，充分体验到了色彩变化带来的快乐，能用自己喜欢的方式创造性地表现色彩美。

（2）对幼儿学习能力的评价。

在发现色彩、感受色彩、玩转色彩的过程中，幼儿感受到了色彩的美丽和千变万化的神奇，并从"无处不在的色彩""自然融合的色彩""奇妙创意的色彩"等三个内容层面中，通过认识、感知、实验、操作等多种创作方式，学会运用色彩进行创意表达，体会到了色彩叠加和色彩融合的变化之美，绚丽的色彩激发了他们的创作兴趣，发展了其观察力、创造力和审美情趣。

2. 教师课程实施评价。

（1）对材料提供适宜性的评价。

材料是幼儿美术创意活动的重要工具，运用适宜的材料会使幼儿产生更加浓烈的创作兴趣。如在"颜色秋千"美术活动中，教师依据幼儿年龄特点和发展水平，提供了多种能够引发其创作兴趣的作画工具，从而提高了他们对材料特性的认识，激发了想象力。

（2）对教师角色的评价。

① 欣赏者。

在本主题中，教师以幼儿身边喜爱的各种颜色为活动切入点，通过生活中的寻找与发现、游戏中的感受与观察、谈话中的梳理与分享，让幼儿发现色彩无处不在，逐步积累更多关于色彩的经验。教师采用了积极鼓励、正面引导等多层次的评价和激励措施，试图激发每一个幼儿的艺术创作激情，帮助他们获得知识和各种能力。

②支援者。

创造力是幼儿与生俱来而又潜在的一种能力。作为教师，我们应该给幼儿提供一个轻松自在的美术创作环境，关注幼儿对色彩的想象，积极、热情地鼓励幼儿参与"玩色"，进行创意表现与表达。在幼儿观察、发现、想象和表现的过程中，激发幼儿对美的欣赏和对生活的热爱，让他们有探索寻找新的作画方法的权利，有充分想象和创作作品的空间。

③引导者。

在美术创意活动中，教师应对幼儿表现出来的创造力和表现力进行认真分析，并适时鼓励，引导幼儿大胆进行美术创作，并学会用合理的手段正确地表达自己的情感，让幼儿在大自然、大社会中获得直接经验与相应的艺术表现方法和技能，真正成为孩子艺术创作过程中的引路人。

小班主题活动二：可爱的小动物

问题搜索

我知道：

大象有长长的鼻子。

猴子的屁股是红色的。

熊猫喜欢吃竹子。

我还知道：

小蜜蜂会采蜜，蜂蜜是甜甜的。

恐龙的身体是大大的，它有很多种类。

白鲸宝宝会喷水。

我想知道：

长颈鹿为什么个子那么高？

猫头鹰为什么夜里不睡觉？

小鱼为什么会在水里游？

小鸟为什么会飞？

主题引导

动物是大自然的无价之宝，是我们人类的朋友，喜爱动物是幼儿的天性。孩子和动物之间，似乎有着天然的联系，千变万化的动物世界总是能够引起他们的注意，幼儿对不同种类的动物充满了好奇心与探索兴趣。古灵精怪的小猴，温顺可爱的小白兔，憨态可掬的熊猫……这些动物在孩子的眼中都极为可爱，是他们

童话世界中的人物，也是幼儿天真世界中的一部分。在平时的游戏活动中，我们时常会发现孩子们会进行动物故事表演，在美工区绘制有关动物的绘画，拼搭捏造出许多生动可爱的动物艺术作品，或在扮演区进行虫虫音乐会展示，那一刻孩子们的脸上洋溢着幸福的微笑，那一刻孩子们与动物朋友之间融汇出满满的爱。

《指南》"艺术领域"中提到：让幼儿观察常见动植物，创造机会和条件，支持幼儿自发的艺术表现和创造。为了让小班幼儿对小动物产生兴趣，愿意亲近小动物，萌发出艺术创作的好奇心和创作欲，我们以"动物朋友"为切入点，从幼儿熟悉并喜爱的动物开始，通过绘画、手工、舞蹈、音乐表演等多样的艺术表现活动，进一步延伸幼儿对各种动物特征的观察了解，并在看一看、摸一摸、说一说、玩一玩、做一做等游戏情境中，尊重他们自发的表现和创造，引导其用丰富多彩的方式了解和获得有关动物的更多信息，从而让幼儿在感受美、体验美的过程中，学习创造美，学会用自己的方式去表现美。

集体活动：艺术创想营

小班美术：小鸟的家

设计意图：

《指导纲要》中指出：艺术是人类感受美、表现美和创造美的重要形式，也是表达自己对周围世界的认识和情绪态度的独特方式。孩子们对笪家山上的小鸟尤为感兴趣，小鸟住在哪里？小鸟的家在什么地方？它的家是什么样的？可爱灵动的小鸟，成为孩子们生活创作的素材，他们开始了关于小鸟家的艺术创作活动。

活动目标：

1. 通过观察，了解自然界中鸟的外形、颜色特征。

2. 能自由选择工具、材料进行鸟巢艺术创作。

3. 在活动中充分认识和了解生活中的美，引发对动物的关爱之情。

活动准备：

1. 环境准备：艺术创想营——小树林。

2. 材料准备：油画棒、水粉、彩纸、树枝、小花等自然材料。

活动过程：

1. 进入笪家山寻找小鸟，引发兴趣。

（1）听声音。

"孩子们，你们听，山上有叽叽喳喳的声音，这是谁的声音呢？"

（2）寻找鸟。

幼儿寻找小鸟，师幼一起观察，老师简单讲解小鸟的基本身体构造。

"小鸟有家吗，它的家叫什么呢？"（鸟窝、鸟巢）大部分小鸟都喜欢把家建在哪儿?(树上)让我们一起去自然探秘室看看吧!

2. 欣赏探究。

(1)欣赏"小鸟的家"。

"其实小鸟的家还有更漂亮、更舒适的,我们一起来找一找小鸟的家吧。"(幼儿欣赏大自然中小鸟的家,了解它们的种类、环境等)

(2)探究"小鸟的家"。你看到的小鸟家是什么样子?是用什么材料做的?

(3)鼓励幼儿畅谈自己看到的鸟窝。

3. 艺术创作。

(1)大胆想象,用多种生活材料、废旧材料、自然材料制作鸟窝。

师:你想做个什么样的鸟窝?打算用什么材料?

(2)教师巡回指导,鼓励幼儿大胆尝试不同材料进行鸟巢创作制作。

4. 展评作品。

幼儿互相欣赏作品,并把制作好的鸟巢放到笪家山上的树枝上、山洞里。

小班音乐:动物音乐会

活动目标:

1. 乐意通过熟悉的音乐感知歌曲旋律,发现节奏的不同。

2. 能愉快大胆地参加音乐活动,尝试用不同的方式进行节奏表现,体验音乐活动的乐趣。

活动准备:

1. 环境准备:艺术创想营——小树林。

2. 物质准备:节奏卡。

活动过程:

1. 谈话导入,引出活动。

"今天的天气真好,小动物们正要举行音乐会,我们一起在山上听小动物们唱歌吧。"

2. 感知不同小动物的叫声及其节奏。

(1)"孩子们,你们看到哪些小动物来参加唱歌比赛了呢?"

(2)幼儿自哼自唱或模仿有趣的动作、表情和声调。

(3)听音乐感知节奏,尝试用图谱进行多种形式的旋律节奏感知。

3. 动物音乐会。

(1)幼儿自由创编动作,能跟随音乐哼唱。

"你们听到这段音乐想到了什么?你们想用什么样的动作来表现呢?"

(2)边唱边琢磨动作。

(3)幼儿自由分角色进行演唱活动。

小班舞蹈：可爱的动物

设计意图：

小班孩子对各种小动物的形态、叫声及行走动作都充满了强烈的兴趣和好奇心。自从开展过"动物音乐会"后，孩子们又开始对其他动物的行走模样产生好奇。基于孩子们的活动需求，我们再次把孩子们带到了笪家山上，一场可爱的动物舞会即将开始……

活动目标：

1. 熟悉音乐旋律和内容，能够模仿不同动物的脚步声。

2. 在感受音乐特点的基础上，尝试根据动物的身形特点创编动作，初步培养节奏感。

3. 在活动中，激发对舞蹈活动的乐趣。

活动准备：

1. 经验准备：幼儿已有一定的音乐节奏认知。

2. 物质准备：大象、小兔子、小鸡、小鸭的动物服装；小鼓一只；音乐。

活动过程：

1. 模仿动物走路进场。

播放音乐，师幼随音乐有节奏地进入笪家山。

"小朋友们，你们刚才在学谁跳舞啊?"（大象、小兔子）

2. 以"可爱的动物"引出主题，激发幼儿兴趣。

（1）欣赏"可爱的动物在跳舞"。

"听说，这里住了很多可爱的小动物，我们来看看它们在做什么?"

（2）幼儿欣赏音乐。

"有个好朋友来我们这儿做客了，咱们听听这是谁的脚步声?"（大象）

3. 听音乐，根据旋律、节奏创编舞蹈动作。

（1）听音乐跳舞。

"我们一起听着小动物们的脚步声跳舞吧!"

（2）分别听四段音乐，根据音乐节奏创编小动物跳舞的动作，表现小动物在舞会上跳舞的情景。

"你觉得小鸡是怎样跳舞的? 小鸡跳舞会是什么动作?"请幼儿创编不同动物跳舞的动作。

4. 活动结束。

教师和幼儿跟随音乐边走边跳下山。

区域活动

我爱我的小动物

在我们的日常生活中，家里养的小狗、小猫，鱼缸里面养的小金鱼等小动物，它们都是孩子们亲密的小伙伴，而小动物们可爱的形象深深吸引着每一个孩子，他们喜欢动物，对千变万化的动物世界充满了好奇心和探索兴趣。

活动目标：

1. 乐意在大自然的环境中自主选择不同的材料进行艺术创作。

2. 能根据动物外形特征，大胆尝试用多种辅助材料进行装饰、添画。

3. 愿意参与手工活动，体验艺术活动的乐趣。

我们的想法：见图4-14。

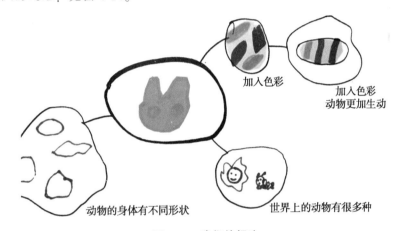

图4-14　我们的想法

活动现场：

第一阶段：动物的外套

环境：艺术创想营——自然探秘室。

材料：动物图片、油画棒。

孩子看到了各种各样有趣的动物图片。恬恬说："这个是大熊猫，它的身上只有黑色和白色，很可爱。"欢欢说："我看到了老虎，身上有黄色还有黑色。"其他小朋友也纷纷说起了自己看到的动物的颜色。

鼓励孩子在山上寻找动物图片，然后帮这些小动物穿上好看的衣服。

第二阶段：收集装扮物

环境：艺术创想营——自然探秘室。

材料：笪家山自然物。

点点："老师，我上次看到淘淘的小猫身上沾了一些树叶，像解放军，下次我也要让小动物穿上树叶衣服。"大家都表达了自己的想法。

孩子们到山上寻找适合装扮小动物的材料，有的孩子捡来了树叶，有的孩子捡来了落下的花瓣，还有的居然捡来了小石头……孩子们在老师的鼓励下尝试将这些材料分类并放置在制作区。

第三阶段：动物大变身

环境：艺术创想营——自然探秘室。

材料：树叶、花瓣、石头、生活材料、废旧材料、胶水、双面胶、黏土、胶棒、剪刀等。

孩子们开始用这些自然物装扮小动物。欢欢把一些树叶用手揉碎，然后用胶棒一点点粘在动物身上。过了一会儿，他把胶涂在了纸上，抓了一把树叶洒在上面用力地拍。孩子们有的选择了用单一的自然物装扮，有的选择了用多种自然物装扮。不一会儿，一个个用自然物和生活材料制作的可爱小动物就做好了。孩子们把装扮好的小动物布置在班级美工区里。

分析与支持：

1. 自然物的利用引发幼儿创作能力的发展。

《指南》"艺术领域"中指出：幼儿的艺术感受是指幼儿被周围环境或生活中美的事物或者艺术作品所吸引。活动中，幼儿在进行艺术创作时，能够利用自然物作为装饰材料，自然物的树叶、花朵、树枝、石头都是引发孩子想象力和创造力的珍贵创作材料。

2. 拓展幼儿多领域发展。

教师引导幼儿按照自己的意愿和能力自主地选择操作材料，运用多种方式表现自己对小动物的认识、喜爱和关心，而完成的作品可以在主题墙上进行动物分类、自主粘贴，也可在语言区进行故事讲述，实现了有活动的开始，也有活动的延展。

虫虫音乐会

筜家山上不仅有漂亮的花草，还有很多可爱的昆虫。自从孩子们开展过"虫虫的故事"之后，他们对虫虫类的小动物尤为喜爱，每天孩子们的谈论中都是各类昆虫，这架势可丝毫不亚于"追星族"呀，一场有关于虫虫音乐会的活动即将开始……

活动目标：

1. 关注自然界昆虫的色彩、形态等特征，感受昆虫的美。

2. 用歌唱和舞蹈等多种艺术形式表现对虫虫的认识。

3. 愿意参与扮演，体验表演活动的乐趣。

我们的想法：见图 4-15。

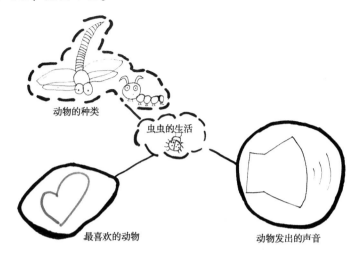

动物的种类

虫虫的生活

最喜欢的动物

动物发出的声音

图 4-15　我们的想法

活动现场：

第一阶段：我看到过的虫虫

环境：智慧探索营——自然探秘室。

材料：昆虫视频、图片。

孩子的问题：昆虫长得都一样吗？

带着这些问题，孩子们在"自然探秘室"开始了自己的调查。他们通过昆虫视频及生活中的观察，发现每一种昆虫长得都不一样，它们不仅身体形状不同，而且活动方式也不一样，有些是在地上爬的，有的则是有翅膀可以飞的。

第二阶段：虫虫的叫声

环境：艺术创想营——自然探秘室。

材料：自制乐器、小木棍、小石头。

孩子的问题：每种虫虫发出的声音都不一样，那我们能模仿它们发出的声音吗？

孩子们兴致勃勃地带着自己准备的"乐器"来到了笪家山。他们拿出了自己想要扮演的虫虫道具，选择了小木棍、小石头，还有用沙土制成的沙罐，开始了音乐会演奏。这时候跳跳跑到我面前兴奋地说："老师老师，你听我们虫虫的叫声好听吗？""好听呀！你听，山上的小鸟也跟着你们一起唱呢！"

第三阶段：虫虫音乐会

环境：艺术创想营——自然探秘室。

材料：自制乐器、昆虫扮演道具、简单的乐器图片。

孩子的问题：虫虫音乐会怎么演奏呢？

孩子们选择了自己想要装扮的动物道具，自制乐器，然后商讨哪种虫先叫，哪种后叫，每次叫几下，商讨后把图片粘贴在纸上，尝试着合作看图进行表演。点点指着图上的一处说："这里我和欢欢、闹闹一起叫，有点吵，我们分开叫吧！"

同伴同意后，他们又继续尝试新的合作……

活动延伸：增添有关虫虫的歌曲、舞蹈、游戏，不断丰富自选活动的内容。

分析与支持：

1. 支持幼儿自发的艺术表现和创造。

《指南》中指出：幼儿的艺术表现与创造是指在他们头脑中形成审美心理意象，利用艺术的形式语言、艺术的工具和材料将它们重新组合，创作出对其个人来说是新颖独特的艺术作品的能力。虫虫音乐会就是利用了这一教育契机，在活动中给予幼儿独特的艺术表现，支持、理解并欣赏他们的表现创作，让幼儿在观察——聆听——表演的过程中进一步了解昆虫的各种外形特征，从而对虫虫有更深层的认识。

2. 艺术活动方法上注重幼儿的内在体验。

在幼儿进行虫虫音乐演奏时，教师没有提供给幼儿艺术表演的具体范本，而是注重孩子们对于虫虫小动物的认知经验，并根据幼儿喜爱的表演方式，鼓励孩子积极大胆地表现心目中虫虫音乐会的表演方式，尝试打开幼儿的多感官通道，将视、听、觉有机结合起来，运用形象化、直观化、生动化的艺术教育方法，真正让艺术走进幼儿生活，让幼儿在艺术活动中得到全面发展。

纸杯动物

《指南》中指出：要指导幼儿利用身边的物品或废旧材料制作玩具、手工艺品等来美化自己的生活或开展其他活动。在游戏活动中，我们提供了材料——纸杯，试图启发幼儿利用废旧材料进行艺术创作，从而促进孩子想象力与表现力的发展。

活动目标：

1. 观察了解常见动物的基本特征，感知动物外观特征。

2. 能够用纸杯、树叶、卡纸、吸管等低结构材料制作纸杯动物。

3. 乐意参加活动，体验自主、独立、创造的乐趣。

我们的想法：见图4-16。

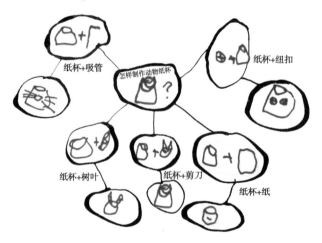

图4-16　我们的想法

活动现场：

第一阶段：纸杯拼拼乐

环境：艺术创想营——创意工坊。

材料：纸杯。

孩子的问题：纸杯还有其他不一样的玩法吗？

班上多出了一些纸杯，孩子们开始讨论纸杯可以用来干什么。点点说："我们可以把纸杯滚着玩。"欢欢说："老师，可以把杯子垒起来玩。"闹闹说："我会拼，我会把杯子垒高，像长颈鹿。"说完，孩子们开始拼纸杯，有的拼了一个小花猫，有的拼了一朵花，还有的拼成了毛毛虫……

第二阶段：动物纸杯

环境：艺术创想营——创意工坊。

材料：纸杯、剪刀、勾线笔、彩笔、各种自然材料。

孩子发现原来纸杯可以变成各种有趣的动物造型。欢欢说："我想用山上的小花小草做小老鼠的胡子。"其他的孩子听后都跑到山上捡来叶子、花瓣、树叶、树枝等。恬恬把树叶剪断，笑着说："咦，这个好像耳朵噢！"闹闹把捡来的花瓣粘贴在杯子底，当成了狮子头上的毛。经过努力，一个个可爱的小动物都出现了，用纸杯做的动物真是太好看了！

分析与支持：

1. 提供适宜的材料和帮助。

活动中，教师给幼儿提供简单的纸杯，让孩子们根据自己的喜好和创意，相互交流、相互欣赏、共同提高。活动不仅提高了幼儿的环保意识和对美术活动的兴趣，还培养了幼儿发现美、欣赏美、表现美、创造美的能力。

2. 支持幼儿的艺术表现与创造。

《指南》指出：教师应创造条件，支持幼儿自发的艺术表现和创造。幼儿能够根据自己的想法，用纸杯和辅助材料做动物造型，并进行绘画、粘贴、装饰等艺术创作。教师给幼儿提供展示自己作品的平台，并充分启发和鼓励他们，才能使孩子的艺术表现与创造力得以发展。

小班健康：动物运动会

活动目标：

1. 尝试运用肢体动作来表现动物的不同形态，感受模仿游戏的快乐。

2. 在活动中遵守游戏的玩法和规则。

活动准备：

1. 拓展营地：健康运动营。

2. 经验准备：已会模仿一些小动物的表情、动作。

3. 材料准备：环境创设，各种小动物头饰、小椅子若干、颁奖音乐、课件。

活动过程：

1. 山上寻动物，尝试模仿小动物。

（1）鼓励孩子在山上寻找今天来参加活动的小动物。

（2）说一说、数一数，找到了几个小动物，它们是谁？

（3）幼儿尝试用动作、肢体模仿这些动物的动作。

2. 动物运动会。

（1）幼儿自由组队尝试游戏。

幼儿自由组队（5~6人一组），每组选一个小动物。游戏开始，幼儿开始向前走（模仿头饰上的小动物的动作），绕着小椅子走，到达终点。教师扮演猫头鹰裁判员，为到达终点的"小动物"发奖牌。

（2）教师讲解要领和注意事项。

当裁判员发令后，每组的"小动物"做自己标志性的动作向前走，当走到小椅子摆放处时，不能碰到椅子，绕过去，左绕一次，右绕一次。一定要走"S"形路线，把每个椅子都绕过后返回，把接力棒给下个幼儿，依次进行。

（3）幼儿开始游戏，教师鼓励孩子大胆游戏。

3. 颁发奖牌。

为获胜队颁发金牌，为其他两队颁发银牌。

基地体验手记：我和动物做朋友

活动时间：一小时体验

活动地点：实验幼儿园中营校区附近的宠物店

我们的问题：

"宠物店是什么地方？里面是什么样子的？"

"店里都有哪些动物，它们是怎么生活的？"

"这么热的天，宠物店里的动物洗澡吗？它们是怎么洗澡的？"

"如果小动物们生病了怎么办？……"

我们的准备：

孩子们，你们知道吗？在离我们幼儿园不远的地方有一个小动物的家，就是宠物店啦！

我们的活动：

准备出发了，小朋友又兴奋又期待，宠物店里会是什么样子呢？孩子们你一言我一句，相互讨论着。终于到咯，好激动呢！店里的阿姨热情地向我们介绍了一些小动物的名称和生活习性，还有它们的日常用品，有粮食、零食、玩具、衣服、鞋子……"袋子上画猫的是猫粮，画狗的是狗粮。""是什么味道呢？好想尝一尝哦！还是留给小狗吧，它们该饿了。"这边有几只小动物生病了，需要医生给它们治疗,所以要在笼子里休养几天。"小狗生病了,在打吊瓶呢,这个是听诊器,当小狗咳嗽的时候就用它来听一听。""好乖哦!狗狗是我们的好朋友。""这是美容室,给小狗美容的地方,就像我们一样,可以打扮得漂漂亮亮的呢!还可以剪头发、做发型呢!"给斗牛犬洗澡咯,瞧它开心的样子,真可爱。

一个小时的体验活动很快结束了。通过这次活动,小朋友知道了狗的好多品种,有漂亮的博美,可爱的泰迪、萨摩耶,肥嘟嘟的加菲猫,神气的蓝猫等,还知道了小狗不是只吃骨头,它的主食是狗粮。动物们也很胆小,我们要保护动物。回到幼儿园后,小朋友把自己看到的最喜欢的小动物画了下来(见图4-17至图4-19),宝贝们今天收获满满。

图 4-17　王宸瑞（3 岁）《小狗面具》

图 4-18　殷思麒（3 岁）《小鸟宝宝》

图 4-19　仇睿西（3 岁）《我喜爱的动物宝宝》

我们的收获:

《指南》中指出:让幼儿观察常见动植物及其他物体,引导幼儿用自己的语言、动作等描述它们美的方面。小动物是我们人类最亲密的朋友,在幼儿的心目中,动物世界有趣又神秘。本次活动,培养了幼儿热爱、保护小动物的情感,让孩子们走进小动物的世界,更进一步了解小动物。体验式的教育可以让孩子在玩中学,并且学得快乐,学得深刻。我们相信,在以后的生活中小朋友们都可以和

小动物们友好相处。

1. 幼儿发展评价。

（1）对幼儿认知的评价。

动物是我们人类的朋友，大多数动物以其憨态可掬的模样得到了小朋友们的喜爱。在本次主题活动中，我们试图让幼儿在看一看、学一学、做一做、演一演等环节中，加深他们对于动物的认知，熟悉和喜欢多种动物形象，进一步学习探索艺术创作的不同方法，发展初步的艺术表现与创造能力。

（2）对幼儿学习能力的评价。

在以动物为主题的艺术活动中，我们多以游戏的方式吸引孩子主动参与活动。幼儿可以在生动有趣、轻松自在的艺术游戏情境中，理解和掌握常见动物的明显特征，感受到不同动物的身形大小、皮毛颜色、动作形态及声音变化。幼儿通过绘画、手工、模仿、扮演等多种形式，进行有关动物的艺术活动并大胆表现。

2. 教师课程实施评价。

（1）对材料提供适宜性的评价。

我们遵循主题活动与区域活动相融的原则，投放了适合主题活动和区域活动的艺术创作材料，如自然材料、动物头饰、绘画美工材料、辅助材料等，同时在自然角中饲养了小金鱼、小乌龟、小兔子等小动物，启发幼儿用歌唱和动作表现小动物，并在区域中选择自己喜欢的材料做游戏。

（2）对教师角色的评价。

① 欣赏者。

《指南》指出：尊重幼儿的兴趣和独特感受，理解他们欣赏时的行为。教师要提供丰富的材料，让幼儿自主选择，用自己喜欢的方式去模仿或者创作，成人不做过多的要求，同时要给予幼儿积极正面的肯定与评价，建立幼儿的自信心。如："你做的小老鼠真可爱。""小白兔的胡萝卜看起来真香。"

② 支援者。

教师营造安全的心理氛围，让幼儿敢于并乐于表现，如：欣赏和回应幼儿的哼哼唱唱、模仿表演等自发的艺术活动，赞赏他们独特的表现形式，尊重其游戏想法，提供丰富的便于幼儿取放的材料、工具或者物品，支持幼儿进行自主创作，了解并倾听幼儿的艺术表现想法和感受。而在幼儿对于游戏活动内容无法确定时，教师则要给予适当帮助，提高幼儿的艺术创作和游戏发展水平。

③ 引导者。

幼儿艺术教育活动应成为师幼积极互动、共同发展的活动，教师要引导幼儿在与自然、社会的直接接触中，在亲身观察实践中获取知识经验，给予幼儿活动的具体参与、指导和帮助，促进幼儿活动水平的不断提高。

中班主题活动一：疯狂的石头

问题搜索

我知道：

山上的石头最多了。

有些石头很光滑。

有些石头是白色的，有些石头是黑黑的。

我还知道：

有些石头是圆圆的，有些石头是尖尖的。

石头上可以画画。

将鸡蛋液倒在滚热的石头上会变熟。

我想知道：

为什么石头的形状都不一样呢？

石头是从哪里来的？

为什么有的石头在土里，有的石头在水里？

主题引导

大自然中，沙子、石头等自然物都是孩子们十分喜爱的天然"玩具"。石头是一种十分容易获取的教育资源，它是大自然赐予我们的宝贵礼物。在日常生活中，多数孩子都很喜欢捡石子，特别在他们发现了那些奇形怪状、千奇百怪的石子后，都忍不住捡上几块喜爱的石头，装在口袋里或是装在妈妈的背包里带回家，又或是在当下和小伙伴们用石子随机摆出各种造型，让自己脚下的石子独一无二，令人浮想联翩。

"生活即教育"是陶行知先生教育思想的主线和重要基石，它指引我们要充分利用周围自然环境，使生活成为课程资源，让幼儿在充分感知、观察、了解的基础上探索发现。基于先生的指导思想，我们从中班幼儿年龄特征和兴趣需求出发，以石头为载体，设计了形式多样的艺术创作情境，让幼儿认知了石头的自然属性，能根据石块的形状大胆想象，并用色彩鲜艳的油画棒、水粉颜料、树叶、纸张、毛线等各类材料，通过绘画、粘贴、拼接等方法进行石头画组合创作。同时幼儿根据制作的石头画又衍生出以石头为媒介的环境资源融合创作活动，如"有趣的石头打击乐""北固山上的石头"等。幼儿在活动中不仅提高了艺术想象力和创作能力，而且在轻松愉悦的欢乐氛围中，体验到了拥抱自然、独立创造的艺术之乐！

集体活动：艺术创想营

中班美术：我给石头来化妆

设计意图：

在笪家山，有很多自然材料能用来作为幼儿艺术创作的素材。孩子们平时特别喜欢捡笪家山上的石头玩，他们常常把捡来的石头收集到一起，装在篓子里，渐渐地，篓子里的石子越来越多，已经放不下了。石头还可以干什么？是不是可以用来作为孩子们艺术创作的材料？于是，本节活动就这样生成了。

活动目标：

1. 通过观察、欣赏等方式，尝试在自己捡来的石头画上进行创作。

2. 萌发对大自然美的事物的喜爱，愿意用绘画的形式表现自己的所见所想。

活动准备：

1. 经验准备：了解各种动植物的特征（见图4-20），并能够用简单的线条表现。

2. 材料准备：勾线笔、水彩笔、孩子们自己捡的石头。

3. 环境创设：艺术创想营——创意工坊。

活动过程：

图4-20 笪学园里树叶多

1. 欣赏各种有趣的石头画。

（1）教师拿出一筐用石头画成的草莓，提问：你们看这是什么？（草莓）这些可不是真的草莓哦！谁能猜一猜，它们是怎么变出来的？

引导幼儿用手去摸一摸，发现答案。

（2）欣赏石头画的实物与图片。

问题：你最喜欢哪幅石头画？为什么？你觉得是怎么画出来的？

2. 寻找绘画素材。

教师和幼儿一起来到笪学园，观察笪学园自然环境中的一草一木，说一说它们的特征，寻找创作石头画的形象素材（见图4-21、图4-22）。

图4-21 形状不一样的石头

图4-22 我画的石头画

问题：你会在石头上画什么？

3. 笪学园中的艺术创作——石头画。

幼儿在笪学园中选择自己喜欢的地方，进行艺术创作。

4. 作品展示和交流。

孩子们将自己的作品交换着欣赏，并和小伙伴说一说自己的创作故事（图4-23至图4-25）。

5. 活动延伸。

可以用制作好的石头画来装饰教室或作为益智区昆虫棋的棋子。

图4-23 石头画真好看

图4-24 我的石头画最美

图4-25 石头画棋子

中班打击乐：会唱歌的石头

设计意图：

豆豆在山上找石头，准备进行石头画创作，在找寻石头时他发现两块石头碰在一起会发出清脆的声音。石头可以作为美术创作材料，那它能做乐器吗？不同的石头碰在一起能发出什么声音呢？基于幼儿的好奇心和活动兴趣，我们和幼儿一起生成了"会唱歌的石头"趣味打击乐活动。

活动目标：

1. 通过搜集各种石头及辅助物品制作石头打击乐器。

2. 通过操作，运用不同的方法体验不同石头打击乐器敲击的声音，感知声音的强和弱。

3. 选择自制的石头打击乐器为音乐伴奏，体验打击乐活动带来的乐趣。

活动准备：

1. 经验准备：幼儿有过敲击打击乐的经验，对音乐有基本的节奏感，会看图谱。

2. 物质准备：石头、空塑料瓶子、易拉罐（可封口的）、小勺子、树枝、与音乐匹配的节奏卡。

活动过程：

1. 开始部分。

"今天，老师带来了一些我们之前在笪家山搜集来的石头。这些石头你们还记得吗？"（出示各类石头，幼儿观察）

2. 基础部分。

（1）"看！这里有大石头、小石头。还有像豆子一样的石头。石头能发出声音，它能做乐器吗？怎样做石头乐器呢？"

（2）幼儿探索用石头进行打击乐器的制作。

① 提问：一块石头能做乐器吗？两块石头碰在一起能发出什么声音？

② "用空塑料瓶、易拉罐（可封口的）、小勺子、树枝，能不能制作成石头乐器呢？"

（3）幼儿制作，教师巡回观察指导。

（4）请幼儿展示自制石头打击乐器，并大胆说出制作想法。

（5）幼儿根据制作的石头乐器进行音乐演奏。

① 听音乐，初步感知曲调、节奏变化。

② 出示图谱，进一步感知音乐结构。

③ 尝试根据图谱进行打击乐节奏练习。

④ 个别、小组，集体跟随音乐进行合作演奏。

3. 结束部分。

幼儿们互换乐器，进一步感受不同乐器的声音及演奏变化。

中班美术：石头变形记

活动目标：

1. 在石头原有外形基础上大胆想象，尝试用多种艺术表现方式，设计并制作出自己喜欢的石头造型作品。

2. 乐意在同伴面前大胆讲述自己的制作过程和创意。

3. 体验参加创意活动的乐趣。

活动准备：

1. 经验准备：幼儿已具有初步的画石头经验。

2. 物品准备：各种植物、大小不同的纸盒、白乳胶、水粉颜料、画笔、牙签、毛线、绳子、泡沫板、橡皮泥、剪刀、水彩笔、油画棒。

活动过程：

1. 玩摸一摸游戏，引出石头。

准备一个盒子，里面装着不同材质的物品，摸一摸，有什么不同感觉。

2. 讨论如何用石头进行造型创作。

（1）提问：石头有什么形状？（圆形、椭圆形、三角形……）像什么？

（2）在生活中有什么东西像它？怎么样把它变成你想的东西？需要用到什么材料？

3. 去笪家山寻找自己作品所需要的石头。

幼儿根据自己想要制作的作品去笪家山寻找需要的石头。

4. 幼儿自主创作，教师巡回指导。

（1）重点指导幼儿在石头上用什么工具作画、如何连接、怎样放置。（可以用油画棒、水彩在石头上绘画；用泡沫胶、橡皮泥连接；用纸盒、稻草、泡沫、饮料瓶支撑作为底座）

（2）鼓励幼儿大胆想象，各种辅助材料都可以考虑。（稻草可做鸟窝、头发、衣服等，果壳可装饰成五官、铺成道路等，采集的野花、野草可以装饰园林）

5. 作品展示，分享交流。

（1）幼儿介绍作品创意。

（2）幼儿将自己制作的作品布置在园内美化环境。

有趣的石头打击乐

孩子们对声音有浓厚的兴趣，在音乐世界里，孩子们已经不满足于玻璃瓶、小鼓这样的材料发出的各种声音，他们发现石头也可以当作一种很不错的乐器，不同大小的石头在不同的状态下发出的声音都不尽相同，这让孩子们更加着迷地开始研究这种新乐器——石头。

活动目标：

1. 通过搜集各种石头及辅助材料制作石头打击乐器，体验自制打击乐器的快乐。

2. 通过操作，运用不同方法体验不同石头敲击的声音。

我们的想法：见图 4-26。

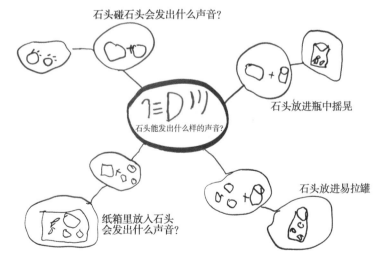

图 4-26　我们的想法

活动现场：

第一阶段：石头的秘密

环境：艺术创想营。

材料：不同种类、不同大小的石头。

孩子的问题：石头除了大小、形状不同，还有哪些不同？

散步时，孩子们发现了许多不同的石头。"老师你看，这块石头好小啊！""这块石头好硬啊！""这块石头是黑色的！""这块石头摸起来滑滑的，是不是鹅卵石呀？"这时旁边的毛毛说道："老师，这块石头的形状好像小山，有的地方高，有的地方低，摸上去好戳手呀，原来石头有这么多不同的种类呢！"孩子们都特别兴奋地和旁边的小朋友分享自己的发现，探索石头的秘密。

第二阶段：石头的声音

环境：艺术创想营。

材料：不同形状的石头、墙壁、地面等。

孩子的问题：石头为什么会发出声音？为什么有的石头发出的是"咚"的声音，有的发出的是"哒"的声音？

阳阳不小心把石头掉到了地面上发出"咚"的声音，乐乐高兴地说："石头掉到地上好像敲鼓的声音啊！"小朋友们纷纷拿起自己的石头在墙面、泥土等各个地方敲，和同伴分辨石头敲击所发出的不同声音。

第三阶段：美妙的乐器

环境：艺术创想营——小树林。

材料：各种石头、瓶子、盒子、罐子等。

孩子的问题：石头还能发出哪些声音？还有哪些方法可以让石头发声？

孩子们奇思妙想："可以两个石头进行敲打发出声音。""把石头放到瓶子里摇。""可以放在易拉罐里面。""我们可以根据节奏来摇。"孩子们纷纷拿着瓶子，随歌曲的旋律进行打击乐活动。

分析与支持：

1. 适宜的材料促进想法的提升。

每个幼儿都喜欢敲敲打打，对声音具有一种天生的敏感性。而音乐教育是对幼儿创造性能力的第一个开发高峰期，我们可以让幼儿在打击乐演奏活动中发展自己的探索精神和创造能力，在演奏活动中获得音乐的享受。

2. 独特的创作促进幼儿艺术情感的发展。

《指南》中指出：中班的幼儿喜欢倾听各种好听的声音，感知声音的高低、长短、强弱的变化。能用拍手、踏脚等身体动作或可敲击的物品敲打节拍和基本节奏。孩子们通过搜集各种石头及提供辅助材料制作石头打击乐器，通过操作，运用不同方法体验不同石头敲击的不同声音，感知了声音的强和弱，培养了对节奏感的兴趣。

好玩的石头

笪家山上最常见的自然材料就是石头，石头的各种颜色、形状都深深地吸引着孩子们的注意力，他们喜欢用这些自然材料自主进行创造性的游戏，有时候两块扁平的石头中间夹了一片树叶，就是汉堡包，把小树枝放在石头下面又变成了小鸡……《指南》中强调：要尊重幼儿自发的、个性化的表现与创造。为了满足幼儿玩石头的需求，我们开展了一系列有关石头的游戏活动。

活动目标：

1. 通过触摸、观察，感知石头的特征。

2. 喜欢石头艺术创作活动，尝试用多种自然辅助材料和生活材料，大胆表现石头的创意组合造型。

3. 体验用自然物创作的乐趣。

我们的想法：见图4-27。

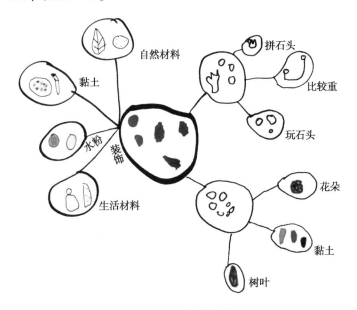

图4-27 我们的想法

活动现场：

第一阶段：捡石头

环境：艺术创想营——自然探索室。

材料：石头。

石头是构成自然生态环境的一种无生命的物质，同时也是幼儿经常接触的事物。吃过饭之后，孩子们一起来到笪家山散散步。蛋蛋捡起一块石头说："你们快看，这块石头的形状像爱心。"圆圆也捡了块石头："我的这块石头，摸上去很粗糙，仔细看上面有好多小洞洞……"小朋友们互相观察、触摸不同的石头，感受每块石头形状、触感、轻重的区别。"我们捡了这么多石头有什么用呢？"乐乐问。"可以垒高玩。""可以拼成毛毛虫。""我想做汉堡。"小朋友都开心地商讨着石头的玩法。

第二阶段：拼石头

环境：艺术创想营——自然工坊。

材料：各种形状、质地、颜色的石头。

孩子们拿出石头在地上比画、摆放着。蛋蛋把小石头聚在大石头旁边，看了看说："老师快来看，我用石头拼成了一朵花。好像花瓣少了些，我再放一些。"圆圆说："老师，你来看我用石头拼了一只毛毛虫。""你的毛毛虫怎么没有眼睛？"旁边的豆豆问。"没有笔，怎么画？""我帮你吧。"豆豆说完，在旁边捡来一截枯树枝，折了一点放在石头上，"你看，眼睛有了吧。"（见图4-28、图4-29）

图4-28　我用石头做个什么呢？

图4-29　用树枝做娃娃的眼睛

第三阶段：装饰石头

环境：艺术创想营——自然工坊。

材料：各种各样的石头、自然辅助材料、彩笔、颜料、轻黏土。

孩子的问题：树枝可以插在石头上当装饰吗？还有哪些东西也可以装饰？

渐渐的，孩子们不再满足于只用石头进行摆画造型了。球球说："老师，我用小花做了石头宝宝的眼睛和嘴巴，还有裙子。"他和同伴讨论还可以用什么材料做装饰，孩子们各有各的创意，吸管、树叶、皱纹纸都可以做头发，树叶可以做裙子……不一会儿，一个个石头做的"小人儿"就出现在了笪家山上（见图4-30、图4-31）。石头、树枝、树叶、纸等常见的物品，打开了孩子们想象力的大门。

图4-30　我的石头盆景

图4-31　我做的石头娃娃真可爱

分析与支持：

1. 自然材料便于幼儿创作。

《指南》"艺术领域"中提到：支持幼儿收集喜欢的物品并和他一起欣赏。自然环境对于石头创作是至关重要的。笪家山鸟语花香、资源丰富，石头随处可见、形态各异，有利于幼儿就地取材。

2. 促进幼儿艺术表现与创造能力的提升。

幼儿在捡拾石头的过程中，可以实现与大自然的亲密接触，萌发对美的感受和体验，激发创作兴趣，学会用自己的方式去表现美和创造美。通过研究，幼儿在活动中提高了自主性和创造力，使自己的想象力和创造力得到了充分发挥。

区域游戏：想长脚的石头

游戏目标：

1. 乐于参加实验活动，感受不同石头滚动的远近、快慢的差别。

2. 在操作中体验合作探索的乐趣。

游戏准备：

1. 拓展营地：智慧拓展营。

2. 各种形状、手感不同的石头，纸板，记录表，笔。

3. 智慧探索营——石头路场地布置。

游戏玩法：

1. 选择不同形状的石头，在起点处往同方向滚动，看看哪种形状的石头滚得最远，并把结果记录下来。

2. 选择不同手感的石头，在倾斜的纸板上滑下来，记录哪种滑得远。

3. 幼儿各自选择一块石头，进行滚石头比赛。

基地体验手记：北固山上的石头

活动时间：两个小时体验

活动地点：镇江北固山公园

我们的问题：

"爸爸妈妈带我去过北固山，可好玩了！"

"北固山里有树，有花，还有各种各样的石头呢！"

"北固山上哪里的石头最多呢？"

"石头上怎么会有花纹？"……

我们的准备：

石头在我们的生活中随处可见，山上、河边、田野里、小路上都可以看见它

们。这些看似不起眼的石头，却会被幼儿视为宝贝。孩子们喜欢形状不同的石头，他们会向大人追问各种有关石头的问题。让我们走进北固山公园，一起探索有趣的石头世界！

我们的活动：

利用假期，家长、孩子和老师一起去北固山捡拾大小不一、形状各异的石头。孩子们在这里三五成群，挑选着自己喜欢的石头，一起自主探索。他们有了不同的发现："老师，你快看，我找到了很多鹅卵石。"涵涵抱着一堆鹅卵石惊喜地欢呼（见图4-32）。

图4-32 捡到好多鹅卵石！

"老师老师，这些鹅卵石好光滑。""这个圆圆的石头像我吃的小鹌鹑蛋。""你们快看，这个椭圆形的石头上有好多花纹，像猎豹。"新奇的发现让孩子们兴奋无比，更加细心地寻找不同的石头、不同的特点（见图4-33、图4-34）。

图4-33 北固山的石头（一）

图4-34 北固山的石头（二）

在观察探索中孩子们发现了石头的许多特点，同时还玩出了不同的花样。在孩子们眼中一颗颗小小的石头也有着无限的美好和想象空间。孩子们将光滑的小石头放在一起，铺成小路，在上面走、跑、跳、爬，感受石头小路带来的乐趣。"踩在上面感觉脚底好舒服啊。""你们快看，我盖了一座高楼。"孩子们自主玩起了搭建游戏，一群小小建筑师诞生了。刚开始他们搭建的高楼总是倒塌，这是为什么呢？通过观察，他们终于发现了问题，原来只要把最底下的基底用大的石头盖稳，高楼就不会倒塌啦！"老师，我们一起在石头上画画吧。"贝贝提出了自己的想法，孩子们七嘴八舌地讨论起来："我要在石头上画一条小鱼。""它的形状像乌龟，我要把它画成小乌龟。"回到家后，宝贝们用画好的漂亮石头会拼摆出什么作品呢？（图4-35至图4-38是幼儿作品、教师作品和亲子作品）

图4-35　樊轩宇（3岁）《快乐小鱼》

图4-36　教师作品《可爱的猫头鹰》（韦娜娜）

图4-37　亲子作品《石头小人》
（豆豆和豆豆妈妈）

图4-38　亲子作品《鸟巢宝宝》
（果果和果果妈妈）

我们的收获：

石头是孩子们最喜闻乐见且非常爱玩的一种自然玩具。《指南》中指出："大自然为孩子们学习和探究提供了广阔的空间，亲近大自然可以萌发孩子的好奇心和探究欲望，强健体魄，愉悦心灵。"一石一世界，在孩子的心中所有的石头都富有鲜活的生命力。活动中，孩子们在玩中做，做中学，大胆创新，自由想象。让我们一起走进大自然，一起探索更多的奥秘！

{主题成效与感悟}

1. 幼儿发展评价。

（1）对幼儿认知的评价。

在活动中，幼儿能初步感受并喜爱环境、生活和艺术中的美，对于这个年龄段的幼儿来说他们都喜欢参加艺术活动，并能大胆地表现自己对于各类石头的认知情感和实践探索体验，能用自己喜欢的方式进行有关石头的艺术表现活动。

（2）对幼儿学习能力的评价。

幼儿在平时的游戏活动中就喜欢收集各种各样的石头，在日常生活中养成了自觉主动保护环境的良好行为习惯。孩子们能以自身眼光审视、欣赏身边常见的小石头，感受它们的质朴、自然之美，学习利用不同石头的颜色、形状等特征进行石头拼贴、绘画等方面的创作表现。

2. 教师课程实施评价。

（1）对材料提供适宜性的评价。

石头这类材料是大自然赋予我们的产物，在生活中随处可见，由于取材方便，孩子们可以利用周末时间和爸爸妈妈一起到户外进行石头认知和捡拾活动，把石头作为艺术创作和表演的原材料，再结合美术方面的学习，歌唱表现石头的歌曲，开展石头打击乐活动，欣赏大自然中奇石、怪石和石头艺术品的图片资料。在不断发现、尝试、探索中，喜欢自然界中石头的自然之美、生活之美、艺术之美，不断丰富对不同艺术表现形式的体验与感受。

（2）对教师角色的评价。

① 欣赏者。

《指南》"艺术领域"中说道：艺术是人类感受美、表现美和创造美的重要形式，也是表达自己对周围世界的认识和情绪态度的独特方式。教师在活动中，应充分激发幼儿的兴趣需要，促使幼儿更有兴趣地参与到活动区游戏中，从而获得丰富的知识与经验，能力得到不同程度的提高。如：通过让幼儿观察不同的石头以及欣赏作品，让孩子们在感受与欣赏过程中，产生相应的创作联想，从而能够去创造、表现美。

② 支援者。

《指南》"艺术领域"中指出："教师要创造条件让幼儿接触多种艺术形式和作品，尊重幼儿的兴趣和独特感受，理解他们欣赏时的行为。"教师在活动前可以让幼儿欣赏用石头拼搭的一些作品、在石头上作画等，使幼儿学会用心灵去感受和发现美，并用自己的方式去表现和创造美。

③ 引导者。

幼儿对事物的感受和理解不同于成人，他们表达自己认识和情感的方式也有别于成人。幼儿独特的表现往往蕴含着丰富的想象和情感，成人应对幼儿的艺术表现给予充分的理解和尊重，不能用自己的审美标准去评判幼儿，更不能为追求结果的"完美"而对幼儿进行千篇一律的训练，以免扼杀其想象与创造的萌芽。

中班主题活动二：彩色的沙

问题搜索

我知道：

海边有很多沙子。

有些沙子是黄色的。

沙子摸起来手感软软的。

我还知道：

沙子加入水之后能变得更紧。

用模具也可以压出形状来。

不同的沙子有不同的作用。

我想知道：

为什么沙子的颜色会不一样？

沙子从哪里来？

我们可以制作沙子吗？

为什么海边有很多沙子呢？

主题引导

沙子是一种常见的自然物，它细小、松散、可塑性强。幼儿对沙子有着天然浓厚的兴趣，玩沙游戏是幼儿童年欢乐、自由和权利的象征，是他们心理发展的需要。玩沙对于幼儿来说，是一种轻松、愉快、易行的游戏活动，只要有小桶、水壶、铲子、铁锹等玩沙工具，孩子们就能置身沙的海洋，玩上一整天也不会觉得腻。沙子的流动性、可塑性强等特点，诱发了儿童的奇妙想象和艺术表现欲，它蕴藏着无数的艺术创作契机。在孩子的沙世界，每个幼儿都变成了魔术师，展示着自己的创作魔力，一双双小手在沙盘画中欢乐地挥舞，一个个沙瓶画记录着孩子们如梦一般绚丽多彩的沙乐园。他们互相协作，有说有笑，玩出了各种花样。有的堆高山，有的做城堡……忙得不亦乐乎！

《指南》"艺术领域"中提到：创设宽松的心理环境和丰富的物质材料环境，尊重幼儿自发的有个性的艺术表现与创造。基于中班幼儿年龄特征及艺术活动需要，我们从幼儿兴趣点出发，以沙土为基本材料，试图让幼儿与材料发生交互作用，在触、摸、玩等操作过程中有所发现，有所收获，并通过自身的想象与探索，进行创意玩沙艺术构想与创作。如在沙画盘中幼儿经过不断尝试，能够初步运用"抹沙、点沙、勾沙、漏沙"等技巧创作沙画，将绘画游戏与沙游戏有机地结合起来，实现了艺术领域与多领域共育的融合发展，幼儿在发现沙的有趣现象和变化的同时，提高了他们对美的感受力和欣赏力。

集体活动：艺术创想营

中班美术：七彩沙

设计意图：

一天，妞妞正向大家展示她的橘红色手指甲，她兴奋地告诉大家这是凤仙花的汁染的。花也能染色吗？它还能染别的东西吗？孩子们的好奇心被充分调动。《指南》中指出：幼儿艺术领域的学习可以利用大自然中美的事物，让幼儿用自己喜欢的方式创造美。幼儿在尝试活动中达到"玩中学，学中做，做中求进步"的目的。

活动目标：

1. 乐意参加染沙活动，对染沙感兴趣，知道植物可以做成染料。

2. 在给沙染色中获得愉悦的情感体验，培养创新意识与审美能力。

活动准备：

沙池、榨汁机、烧杯、花朵、水果、食用色素等。

活动过程：

1. 设疑导入，引起兴趣。

（1）出示烧杯里的各色汁水，请幼儿闻一闻。

（2）提问："老师的这些漂亮汁水，你们知道是什么吗？"

（3）幼儿和旁边的小伙伴商量讨论。

2. 尝试榨汁，集体记录。

（1）教师在山上摘下几颗枇杷剥皮，用榨汁机现场榨汁。"刚才你们回答得对不对呢，老师先不告诉你们，让我们一起来做个小实验。"（榨好的果汁可以请幼儿品尝）

（2）"我们再来猜一猜，其他的这些汁水分别是用什么做成的。"

（3）幼儿分组，通过闻、尝等方式讨论答案。

（4）扩展生活经验：在日常生活中，你还见过哪些有颜色的植物？

3. 果汁染沙，初步操作。

（1）幼儿在山上寻找认为可以榨汁的各种材料。

（2）幼儿根据分组，商量取一种植物做染料。

（3）教师榨汁，幼儿尝试用榨出的汁加多种食用色素给沙池里的沙染色。

4. 发散思维，集体创作。

用收集的几种植物一起榨汁，幼儿猜想会得到什么颜色的染料。

5. 展示作品，晾干沙。

"我们的沙子喝了许多不同颜色的果汁，看，用笪家山的果子和漂亮的食用色素制作的彩色沙，真是又香又好看，让我们一起把它们放在树下晾干吧！"

中班美术：创意沙画

设计意图：

沙子在我们生活中随处可见，而玩沙是孩子们尤为喜爱和感兴趣的游戏活动。《指南》中指出：应鼓励幼儿大胆地想象，运用不同的艺术形式表达自己的感受和体验。基于幼儿对沙子特性的了解和对多种玩沙方式的好奇与探索，我们以笪家山为活动载体，生成了创意沙画活动。这一活动符合中班幼儿认知规律，能促进其想象力与创造力的发展，且能激发他们的艺术表现力。

活动目标：

1. 通过多种艺术表现手法展现笪家山的自然环境特征。

2. 尝试运用画、抓、刮、漏等方式进行沙画创意制作。

3. 体验沙画创意的新奇和创作的成功感，分享合作的快乐。

活动准备：

1. 经验准备：沙画欣赏，有对沙画制作的初步认知。

2. 物质准备：沙池、沙盘若干。

活动过程：

1. 在沙池里找沙，进行沙画材料准备。

"小朋友们，今天我们又来玩沙了，你们可以在山上找一个你喜欢的地方，收集一些你想进行沙画创作的沙。"

2. 引入情境，幼儿观察学习各种不同的沙画手法。

（1）幼儿回忆制作沙画的方法。

提问：你们之前都是怎么玩沙的？都用过哪些方法？

请个别幼儿说出玩沙的方法。

（2）拓展幼儿想象，探索制作不同的沙画手法（画、刮、抓）。

（3）小结：提升幼儿的绘画经验，知道用画、刮、抓的办法可以画出很多图案。

3. 情境进一步深入，幼儿独立创作沙画故事。

（1）以笪家山为主题进行情境作画，尝试用画、刮、抓的创作手法。

师：我们的笪家山上有许多美丽的动植物，你们可以选择喜欢的部分进行沙画制作。

（2）综合运用艺术表现形式，适当使用自然辅助材料进行自由创作。

（3）交流、分享沙画创作的手法和寻找快乐的情景。

4. 根据已有沙画制作经验，进一步丰富作画方法。

（1）幼儿讨论看过的沙画制作视频内容，探讨更多沙画创作的方法。

（2）小结：尝试漏、捏等绘画方法。

5. 幼儿合作进行沙画创意制作。

（1）幼儿协商合作，自由绘制，教师巡回指导并及时引导幼儿交流分享。

（2）请幼儿介绍自己在创作沙画时的所思所想。

中班美工：趣味沙土 DIY

设计意图：

在一次角色游戏时"服务员"说他们的盘子不够用了，要请小朋友帮帮忙。孩子们参与讨论，到处寻找材料。当他们来到玩沙区时，有孩子提问：沙土能做餐具吗？《指南》中指出：在大自然和社会文化生活中萌发幼儿对美的感受和体验，丰富其想象力和创造力，用自己的方式去表现和创造美。盘子、碗贴近幼儿的生活，沙土灵活多变，玩法多种多样。

活动目标：

1. 愿意了解沙的特征，尝试按物体的大小分沙。

2. 喜欢参加美工活动，能大胆和同伴用沙合作完成餐具的基本形状。

活动准备：

沙池、水、挖沙工具、幼儿已对餐具有一定的了解。

活动过程：

1. 激发幼儿的活动兴趣。

（1）角色区幼儿讲述遇到的困难。

（2）幼儿自由分组讨论制作材料。

2. 回忆、观察。

（1）引导幼儿讨论生活中的碗、盘子是什么样的。

（2）每组将讨论得出的碗、盘子的外形简单地画出来。

（3）各组推举一名幼儿讲述：碗有几个部分？碗口是什么形状？盘子有几部分？盘口是什么形状？

（4）师幼共同小结：碗有碗口、碗身和碗底，从上向下看，是凹进去的，碗口有圆的，有方的，还有六边形的；盘子有盘口、盘底和盘边，形状也有很多种，比碗扁。

3. 多种多样的餐具。

（1）聊聊更多你知道的餐具，说出特征。

（2）讨论：你准备帮角色区制作什么样子的盘子和碗？

（3）幼儿再次自由组合，尝试制作碗、盘。

4. 幼儿制作。

教师巡回指导，鼓励幼儿大胆创作出和别人不同的作品。

5. 展示。

（1）请幼儿简单介绍自己的作品。

（2）幼儿自由欣赏。

有趣的沙

沙子在日常生活中极为常见，它是大自然给予孩子最天然质朴的一种玩具，孩子在玩沙的过程中，能获得很大的乐趣，培养想象力。中班的孩子已经不局限于教师教他们怎么玩沙，他们在游戏中不断探索发现，找到了许多不一样的玩沙方法。

活动目标：

1. 尝试用不同形状、大小的容器取沙，喜欢挖沙活动。

2. 愿意用刮画笔进行沙画图案创作。

3. 乐意使用多种辅助工具进行沙画制作，感受艺术创作的乐趣。

我们的想法：见图4-39。

图 4-39　我们的想法

活动现场：

第一阶段：沙子大比对

环境：智慧探索营——沙乐园。

材料：沙池、各种沙。

孩子的问题：为什么沙子的颜色不一样？为什么有的沙子细，有的沙子粗？

带着这些问题，孩子们开始了沙子大搜索，他们有的带来太空沙，有的找来建筑用的黄沙，有的借来海边带回的沙子。他们细细区分沙子的干湿度、松软度以及粗细等，在家长的帮助下知道了这几种沙的来源，了解到更多有关沙子的秘

密。接着，他们将带来的沙子放到了沙池里进行对比。

第二阶段：沙子画法大讨论

环境：艺术创想营——自然工坊。

材料：沙池、树枝、纸盒、刮画笔。

孩子的问题：沙子可以画画吗？沙子怎么才能变成我想要的形状？

天气晴好，孩子们喜欢来到笪家山，在山上的沙池里用树枝画画。池子站不下，孩子们会找来鞋盒，装上沙，用刮画笔创作。沙子即是孩子的画板，且可循环无限制地创作。

活动室里，将带来的沙子放入美工区后，绵绵开始使用它做装饰。一旁的楷楷说："我觉得撒在纸上面不好，一碰就乱了。"原来绵绵在画完海水后将沙撒在下面当沙滩，但一拿起纸，沙滩就"消失"了。"用双面胶把沙子贴上。""用胶把沙子粘成想要的样子。"……

第三阶段：制作沙画

环境：艺术创想营——自然工坊。

材料：纸盒盖、彩纸、废旧塑料瓶、胶水、刮画笔。

孩子的问题：沙子可以变成彩色的吗？可以用它直接做手工吗？

根据之前的谈论，孩子们经过各种试验，最后总结出：用胶水先画出想要的样子，然后再撒沙，这样沙子粘在胶上不会掉，还能有好看的造型。接着一幅幅用沙装饰的海滩、小兔、小花就完成了。

看着自己的创作，孩子们又开始了讨论："要是沙子能是五颜六色的就好了！"经过孩子们的讨论，在老师的建议下，孩子们从笪家山上的沙池挖来沙子，用颜料、水进行搅拌，然后晒干，色彩斑斓的彩沙就问世了，后面的作品色彩更加丰富。

分析与支持：

1. 适宜的材料促进能力的进一步提升。

《指南》"艺术领域"中指出：提供丰富的便于幼儿取放的材料、工具或物品，支持幼儿进行自主绘画、手工、歌唱、表演等艺术活动。幼儿艺术领域学习的关键在于充分创造条件和机会，使幼儿在大自然和社会文化生活中萌发对美的感受和体验。

2. 独特的创作促进幼儿情感的发展。

幼儿对玩沙乐此不疲，通过观察、交流，提升了艺术创造能力。幼儿对事物的感受和理解不同于成人，他们独特的创作、想法蕴含着丰富的想象和情感。

多变沙盘

沙盘画是通过将沙子、白胶粘贴在纸盘上，幼儿在沙子上作画的一种艺术表现形式。它把沙子与美术活动相结合，带给孩子一种不一样的玩沙形式和视觉体验，让幼儿极大程度地体验到沙子作画的乐趣和新奇，激发幼儿浓厚的作画兴趣。

活动目标：

1. 探索沙盘画的制作方法，大胆绘出自己喜爱的图案。

2. 体验用沙子创作的乐趣。

我们的想法：见图4-40。

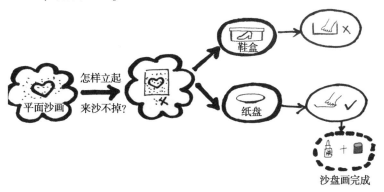

图 4-40 我们的想法

活动现场：

第一阶段：鞋盒沙画

环境：艺术创想营——自然工坊。

材料：沙、乳胶、鞋盒。

孩子的问题：怎么才能让鞋盒里的沙画图案竖起来给别人看？

莒家山的沙池一次容不下那么多小朋友，因此不少幼儿在旁边用鞋盒当纸玩沙画。"老师，你看我画的！"浩浩开心地说，但由于太激动，一不留神就把鞋盒竖了起来，之前的画变回"一盘散沙"。

"怎么才能不坏呢？"围绕这个问题，孩子们开始了讨论。"用胶带贴上去！""用胶水！"……

通过几次实验，孩子们最终选择了用乳胶先画好图案，再撒沙。瞧，等干了之后，一只只小兔、小鱼，就牢牢地粘在了鞋盒上面，可以竖起来给别人看啦！

第二阶段：纸盘沙画

环境：艺术创想营——自然工坊。

材料：沙、乳胶、纸盘、毛笔、颜料。

孩子的问题：鞋盒可以用别的代替吗？

几天后，孩子把材料区的为数不多的鞋盒用完了，开始找其他材料代替。妮妮发现了角落的纸盘，试了试厚度后开始操作。"我发现盘子也可以用，而且比鞋盒子更好用。""我来试试！真的哎，这个好这个好！鞋盒边上太高了，手够不到里面，只能用毛笔。"

在讨论和尝试中，孩子们用纸盘、乳胶、沙子做出了更加轻便的沙画。点上合适的颜色，一幅幅充满童趣的沙画就完成了。

分析与支持：

1. 创造机会和条件，支持幼儿自发的艺术表现和创造。

《指南》中提出：教师应提供丰富的材料让幼儿自主选择，用他们喜欢的方式去创作。活动中，幼儿通过细心观察和体验，发现盘子比鞋盒好操作的原因在于边的高低，孩子的发现为今后进行更深入的艺术活动积累了经验和素材。

2. 独特的想法促进能力的提升。

在沙盘画中幼儿能体验到不同形式的作画乐趣。而一次性蛋糕盘也易于收集，孩子过完生日后，把这些用过的盘子洗净再利用，还可以变废为宝，无形中为环保献上自己的一份力。

彩虹沙瓶

柔软的触感，不断变化的形状，沙土带给孩子们的不仅是快乐，还有想象、创造、探索和智慧。通过玩沙可以回归自然，培养艺术修养和意志品质，更能通过眼、手的配合，促进左右脑的开发和协调性。彩色沙瓶会让孩子对色彩产生浓厚的兴趣，从而发现美，创造美。

活动目标：

1. 通过挖、分离、搅拌等操作，发展小肌肉的灵活能力。
2. 对颜色搭配感兴趣，在调配彩虹沙瓶时发展手眼协调能力。
3. 愿意尝试制作彩沙，体验染色的乐趣。

我们的想法：见图4-41。

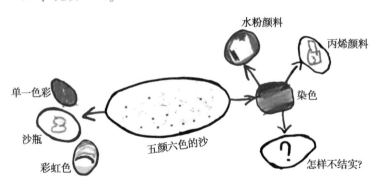

图4-41 我们的想法

活动现场：

第一阶段：沙子大变样

环境：艺术创想营——创意工坊。

材料：沙子、水、丙烯颜料、搅拌棒。

孩子的问题：沙子只有黄沙和白沙吗？我可以让沙子像彩虹一样变成五颜六色的吗？

带着这个问题，孩子们回家和父母一起搜集有关沙子的资料。他们在上网查询的过程中发现，有彩色的沙子，有人造彩沙，也可以用颜料进行染色，孩子们对染色游戏比较感兴趣，因此商量着来到筀家山的沙池，挖取少量的沙，用调好的水粉颜料进行染色。

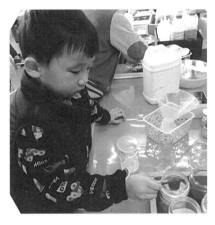

图4-42 我想用丙烯颜料试一试

由于水粉颜料的显色度不佳，调到沙里几乎没什么效果，孩子们又陷入了难题。教师拿出一罐丙烯颜料，鼓励孩子们再次尝试，他们发现用丙烯染色的效果好（见图4-42）。

第二阶段：彩色瓶子

环境：艺术创想营——创意工坊。

材料：自制的彩沙、透明玻璃瓶、漏斗。

孩子的问题：我们做好的彩色沙子怎么保存？

孩子们做好的彩沙经过晒干、捏散后已经可以用来装饰或者做沙画了，他们用报纸垫在沙下面，保存、拿取不方便。妞妞说："我们找几个玻璃瓶来装彩沙吧，这样就不会洒了，也能看见是什么颜色的沙子。"几个小伙伴用手抓沙，瓶口小，沙子进瓶的少、漏的多（见图4-43）。"我奶奶用一个前面尖尖的东西倒油，她说这个东西不会让油跑出来，我明天带来装沙子。"皮皮说。

第二天，孩子们用上了皮皮带来的漏斗，一瓶瓶彩色的沙瓶就诞生啦！

第三阶段：彩虹沙瓶

环境：艺术创想营——创意工坊。

材料：彩沙、自制彩沙、透明玻璃瓶、漏斗。

孩子的问题：把这么多颜色混到一个瓶子里，会像彩虹一样吗？怎么才能像彩虹一样一道一道的，不会乱七八糟？

图4-43 画沙瓶画要小心

"不同颜色的沙混在一起会乱七八糟。""混在一起也很好看啊。""我们试一种颜色一种颜色地装！"孩子们自主地讨论着心里的问题和解决方法。通过他们一波波的操作，我发现孩子在刚开始用小漏斗漏沙时，漏斗的角度垂直，导致瓶中的沙中间高，两边低，但几次后，他们也发现了这个问题，用小手360°转动漏斗，根据自己的需要控制沙量，使沙子铺平。"看，我的彩虹做好了！""真美丽！我们叫它彩虹沙瓶好不好？"

分析与支持：

1. 教师适时有效的引导，激发幼儿艺术创造兴趣。

《指南》"艺术领域"中指出：教师应支持幼儿自发的艺术表现和创造。在孩

图 4-44　看我们的彩虹沙瓶

子遇到水粉染色问题时，教师适当的引导、建议，能够激发幼儿的创造力和想象力，提高他们的创造兴趣。沙瓶画非常锻炼小朋友的手脑协调、色彩的搭配能力。

2. 独特的想法促进智慧的提升。

将五颜六色的沙子灌入形态各异的玻璃瓶中，堆砌出五彩斑斓的美丽奇景（见图 4-44）。孩子的想象力与创造力都融入其中，每个孩子做的沙瓶画都是独一无二的。一层一层地把彩沙放进玻璃瓶里，静静感受色彩流动的美好。

中班体育：好玩的沙包

活动目标：

1. 愿意参加玩沙包游戏，在游戏中发展动作的灵敏性、协调性。

2. 乐意与同伴一起游戏，体验共同游戏的快乐。

3. 在游戏中体验游戏带来的挑战与快乐。

活动准备：

1. 拓展营地：健康运动营。

2. 设计活动场地：在山上摆上各种活动器械。

3. 人手一只沙包、轻松活泼的音乐。

活动过程：

1. 开始部分。

（1）队形、队列练习：一路纵队走、一个大圆走、十字开花走、八路纵队走等。

（2）幼儿自由玩沙包。

2. 基本部分。

（1）引导幼儿把沙包放在身体的一个部位（如头顶上、肩膀上、手心上……），然后从场地中摆的各种活动器械上走过，保持沙包不掉到地上。

（2）玩沙包比赛：要求幼儿把沙包放在身体的不同部位在活动器械上走，每走过一遍要换一个地方放，如第一次放在肩上，第二次就要放在头上等，谁的方法多谁就是第一名。

（3）玩游戏"带着沙包走小路"。幼儿分成八组，每组前面放五个沙包，间距一米。游戏开始，每组第一位幼儿手拿沙包从第一个沙包起，把一个沙包放在身体一个部位，快速走过去，再快速走回来，把手里的沙包交给第二位小朋友，这样依次进行。重复游戏时，沙包放的地方每次都不能相同。

3. 结束部分。

玩丢沙包游戏（同丢手帕游戏），边玩边唱。

区域游戏：乐高沙

游戏目标：

1. 愿意尝试、创造乐高沙的不同玩法。

2. 乐意参与到动手操作的活动中，激发想象力。

游戏准备：

1. 拓展营地：智慧探索营。

2. 乐高模具、干沙、喷壶、沙池。

游戏过程：

1. 导入。

"小朋友们特别喜欢玩乐高，我们现在又和沙子做了好朋友，今天老师教你们用沙子和乐高来搭建一个城堡。"

2. 讨论、尝试。

（1）幼儿自主选择喜欢的乐高模具形状。

（2）在沙池中取沙填充进去，边填充边使用喷壶将沙子淋湿。

（3）等待沙子干后，倒出来的沙块就是乐高的形状了。

（4）自由分组，用这些沙块进行建构游戏。

3. 幼儿分工合作，大家一起动手操作。

4. 欣赏作品，交流心得。

主题成效与感悟

1. 幼儿发展评价。

（1）对幼儿认知的评价。

每个幼儿心里都有一颗美的种子。《指南》"艺术领域"中提到：幼儿艺术领域学习的关键在于充分创造条件和机会，在大自然和社会文化生活中萌发幼儿对美的感受和体验。幼儿对自然界的一切都充满了好奇，他们在玩沙的过程中通过观察、感知、比较、交流，获取了沙子的基本特征，并在多元化的活动中培养了初步的环保意识，体验到了玩沙的乐趣。

（2）对幼儿学习能力的评价。

幼儿学会了用心灵去感受和发现美，用自己的方式去表现和创造美。教师通过分离、挖、塑造、经验回忆等活动，让幼儿感知探索沙轻、细小、不溶于水及加水后容易塑造等特性，发展了幼儿的感知能力，诱发想象力和创造能力，引起幼儿对周围自然物的关注，培养了幼儿爱护周围自然物的情感。

2. 教师课程实施评价。

（1）对材料提供适宜性的评价。

孩子们都非常喜欢玩沙，而怎样在玩中有目的地去引导孩子观察和感受沙的特性，是玩沙游戏的重点。《指南》也明确指出：提供丰富的便于幼儿取放的材料、工具或物品，支持幼儿进行自主绘画、手工、歌唱、表演等艺术活动。幼儿游戏时，我们根据幼儿的兴趣点和实际发展水平为他们提供玩沙的辅助材料，适当的辅助材料的提供，激发了幼儿的建造兴趣和艺术想象力，丰富主题情节，从而引导幼儿"玩"出更高水平。

（2）对教师角色的评价。

① 欣赏者。

在本主题活动中，教师试图激发每一个幼儿的艺术创作与建构活动激情，帮助他们获得知识和各种能力。如在幼儿尝试进行沙画制作时，教师充分尊重幼儿内心的想法，在观察了幼儿的沙画作品后，及时肯定并鼓励幼儿作品的呈现状态，并让同伴一同欣赏，培养幼儿的自信心，进一步激发幼儿的创作欲望。

② 支援者。

教师在游戏过程中要有一双善于观察的眼睛，支持并给予幼儿正确的引导，让幼儿能够自主进行有关沙的创作。在幼儿创作过程中，教师不做过多干预或把自己的意愿强加给幼儿，尊重幼儿自发的表现和创造，给予适当的指导，促进幼儿在原有基础上有所发展。

③ 引导者。

在活动中，幼儿得到的反馈越多，就越能积极探索，增强好奇心和主动性，获得新的经验。教师通过多种教育方式，积极引导鼓励幼儿，根据生活经验围绕主题展开想象，进行艺术表现。

大班主题活动一：会"说话"的植物

问题搜索

我知道：

笪家山有许多树叶、树枝和小野花。

有些叶子是厚厚的，亮亮的。

有些叶子薄薄的，没有亮光，软软的。

地上会有茂密的松针、落叶。

我还知道：

把鲜花晒干，可以变成美丽的鲜花相框、鲜花帽。

用芦苇杆可以拼搭出小房子，搭出帐篷。

有树叶书签、树叶花盆、树叶碗、树叶灯……

我想知道：

为什么到了秋天，有的树叶是绿色，有的树叶已经掉落了？

为什么树叶在秋天会变黄或变红？

为什么把松树叫"常青树"？

主题引导

自然界千变万化、奇趣盎然，潜藏着许多秘密。云雨雷电、变幻莫测的天气变化；一年里春夏秋冬的四季轮回；四季里植物的发芽、开花、结果、落叶……这些生长规律都是引发孩子关注、谈论和思考的话题。花瓣、树枝、树叶、石头……它们都是大自然赐予我们的独特产物，而这些植物是笪家山上随处都可以捡到的东西，具有很天然和纯自然的特征。不管是在春暖花开、鸟语花香的春季，或是烈日炎炎、绿树成荫的夏季，又或是落叶知秋、橙黄橘绿的秋季，还是寒冬腊月、银装素裹的冬季，孩子们总是特别喜欢来到他们喜爱的小山坡，轻嗅一下草香，拾起一片落叶，捡上一根树枝，粘上一片花瓣。在这里孩子们能够感受到自然界中美好的事物，能够和小伙伴们高兴地哼唱着小曲，开心地使用自然材料进行艺术创造。

《指南》"艺术领域"中提到："每个幼儿心里都有一颗美的种子。"教师的任务就是给幼儿创造机会，让幼儿在感受美、体验美的过程中，学习创造美，学会用自己的方式去表现美。这些有关天气、四季及植物的种种现象和变幻演绎着神奇与美妙的自然景象，就像大自然跟孩子之间的密语，引发孩子观察与创作的兴趣。大班孩子对自然界现象已经有了相对丰富的经验，此时正是和孩子一同深入感受大自然的神奇、揭示大自然的秘密、体验大自然的美好时机。因此，我们从孩子的兴趣点出发，让孩子置身于大自然，试图通过形式多样的艺术活动，实现与其他营地的多领域、多元化的融合发展，旨在进一步激发幼儿对美的感受和体验，丰富其想象力和创造力。

集体活动：艺术创想营

大班美工：美丽的花器

活动目标：

1. 通过观察、触摸，初步了解陶器的质地、形状及用途。

2. 尝试利用陶泥的特性，运用多种工具和材料制作立体、半立体花器制品。

3. 大胆将内心感受表现在作品中，体会到陶艺活动的乐趣。

活动准备：

1. 经验准备：幼儿逐步掌握了一些制作陶泥的技巧。

2. 物质准备：操作工具，即擀面棍、塑料刀、树枝、奶瓶、不同形状的果冻

盒、牙签、塑料袋等。清洁工具，如湿纸巾、抹布、围裙、小墩布等。

活动过程：

1. 观察导入，唤醒幼儿进行陶艺活动的兴趣。

"我们笪学园有许多的花草，用什么方法能让它们变得整齐美观呢？"

教师在聆听幼儿的想法后，充分肯定幼儿的美好创意，鼓励幼儿自己制作花器。

"你们想做什么样的花器呢？"鼓励幼儿说出自己的设计。

2. 大胆尝试花瓶制作，教师巡回观察指导。

（1）幼儿根据自己的设想，运用各种美术材料和工具进行创作。

（2）探索制作花瓶所要的整体造型工具。

3. 启发幼儿运用各种工具材料表现陶器上的纹样。

（1）"如果花器立不起来怎么办？"幼儿探索使用辅助材料进行立体造型。

（2）幼儿大胆选择需要的辅助材料进行装饰，增加泥制品美感。

鼓励幼儿在笪家山上选择自然辅助材料进行装饰。

4. 作品展示与介绍。

鼓励幼儿向同伴、教师们介绍自己的花器作品。

大班绘画：好玩的芦苇花

活动目标：

1. 通过多种感官了解芦苇花的外形特征，乐意用芦苇花进行艺术创造。

2. 大胆运用多种材料，根据芦苇花的形状尝试用添画的方式创造出不同的造型。

3. 感受艺术创作中美的体验及制作乐趣。

活动准备：

1. 经验准备：了解芦苇花的外形、质地特征。

2. 物质准备：共同收集芦苇花，剪刀、胶、绳、笔等各种美术创作工具。

活动过程：

1. 认识芦苇花，了解芦苇的外形特征。

"你们知道芦苇长在什么地方吗？"

"芦苇在水里长呀长呀，到了秋天你们发现芦苇怎么啦？"

2. 通过多种感官了解芦苇花的外形特征。

鼓励幼儿通过看、摸、闻等多种方式认识芦苇花。

"请你用手摸一摸，用小脸碰一碰芦苇花，有什么感觉呢？"

大胆描述自己的感受，并认真倾听同伴的讲述。

"你看到的芦苇花像什么呢？谁有不同发现？"

3. 和芦苇花做游戏，大胆进行想象、造型。

（1）自由玩耍，鼓励幼儿多与同伴交流。

"你能用芦苇花做什么？"

（2）幼儿分享自己的想法和简单造型。

"你是怎么玩芦苇花的？你的芦苇花变成了什么？"

"一根芦苇花可以变成尾巴、小旗，两根芦苇花、三根芦苇花、好多根芦苇花又能变成什么呢？"

4. 制作芦苇花并添画形成完整的图画。

（1）幼儿用芦苇花进行艺术造型创作。

（2）教师巡回观察指导。

5. 展示幼儿作品，交流芦苇花造型创作的经验。

（1）共同欣赏幼儿作品。

（2）幼儿讲述：怎样画出漂亮的芦苇花。

大班综合艺术：小树枝　大创意

设计意图：

树枝是孩子们随处都可以捡到的东西，有时捡上一根树枝，他们都会玩上半天。《指南》中指出：在大自然和社会文化生活中萌发幼儿对美的感受和体验，丰富其想象力和创造力。孩子们用色彩鲜艳的彩泥和大自然里的树枝进行了艺术创造活动。

活动目标：

1. 尝试用自然材料和生活材料等方法表现人物，进一步激发创新意识，通过就地取材利用普通树枝，发展动手动脑能力。

2. 在制作中体验艺术创造带来的美感和乐趣。

活动准备：

1. 经验准备：已掌握缠绕、捆绑树枝的技巧，会使用工具。

2. 物质准备：幼儿在山上收集的粗细长短不一的树枝、绳子、毛线、超轻黏土、颜料、乳胶、剪刀等。

活动过程：

1. 幼儿摆弄树枝，师幼联想讨论。

"这些树枝有许多有趣的形状，看一看，像什么？"

"我这个树枝有点像小狗。"

"我的树枝有点像人。"

2. 幼儿尝试筛选树枝。

"这个小朋友的树枝有点像人。这个呢？"（像一个长颈鹿）

"不同形态的树枝可以怎么装饰？你想用什么材料进行设计创作？"

教师指导幼儿筛选制作要用到的材料。

3. 幼儿组合制作，进行故事创编。

"我看到了你们做的树枝都不同，一定有很多有趣的故事，我们可以怎样来组合呢？谁来说说你的树枝故事？"

4. 延伸制作。

幼儿将制作的树枝动物放到班级美工区，利用其他的材料进行二次艺术创作。

大班综合艺术：鲜花相框

设计意图：

花瓣和树叶是春天的象征。花和树叶都是笪家山随处都可以捡到的东西。《指南》提出：在大自然和社会文化生活中萌发幼儿对美的感受和体验，丰富其想象力和创造力。所以来源于大自然的花和树叶，成为孩子进行艺术再创造的材料。

活动目标：

1. 尝试用鲜花和树叶等自然材料，大胆选择自己喜欢的艺术形式进行相框装饰制作。

2. 乐意参与创意美术活动，体验艺术创造带来的美感和乐趣。

活动准备：

幼儿根据季节特色在笪家山收集的花、草、树叶、树枝等自然物，白胶、双面胶、胶棒、剪刀等。

活动过程：

1. 出示各种树叶和花，幼儿摆弄树枝，师幼联想讨论。

幼儿自由观察、讲述看到的用自然材料进行创意制作的图片。

讨论：收集的树叶、鲜花、树枝可以用来干什么？

2. 幼儿进行造型尝试。

3. 幼儿集体制作，进行尝试。

（1）选择花瓣、树叶、树枝等自然材料摆放、设计相框。

（2）乐意尝试用不同的工具粘贴自然物。

（3）幼儿讲述自己的设想和创作过程。

图 4-45　我的鲜花相框

4. 作品展示和评价。

鼓励幼儿向同伴、教师们介绍自己的相框作品（见图 4-45）。

请个别幼儿上台说一说：自己是怎么做的？

"今天制作了很多特殊造型的相框，我们还可以怎么造型呢？下次我们再来笪家山上进行其他植物的造型尝试好吗？"

区域活动

美丽的花瓶

花瓶是我们生活中常见的物品，它的各种造型、图案让人赞叹不已。悦悦小朋友带来了一盆植物，大家都被装植物的花瓶吸引，纷纷夸赞这个花瓶好看，七嘴八舌地说出了自己心目中好看的花瓶样子。

活动目标：

1. 运用已掌握的按压、拍打、搓、团、捏、盘泥条等多种技能方法塑造物品的外形，完成作品。

2. 在熟练掌握泥塑技能的同时，能在笪学园中寻找自己需要的辅助材料，并进行加工创造。

3. 能灵活选择各种辅助工具大胆尝试、创造，发展想象力、动手操作能力及合作能力。

活动现场：

第一阶段：有趣的陶泥

环境：艺术创想营——自然工坊。

材料：陶艺工艺品图片展示板、白陶泥土、陶艺制作工具。

孩子的问题：用什么样的方法可以制作出自己想要的花瓶？

恬恬取了一块陶泥，搓压成了一个圆柱形，然后用手在中间钻洞，发现很难把洞钻深，又取来工具一点一点挖洞，可是没挖多深，就把瓶口弄了个大缺口；豆豆把陶泥搓成长条然后拍扁，接着把两边捏合在一起，可是发现花瓶又矮口又大，没法放花；早早拿了一小块泥，压扁，然后又取了一块泥，搓了一会儿绕着那块泥围了一圈，感觉有点矮，不太像，又取了几块泥，搓成长条堆在上面（见图4-46）。过了一段时间，早早说："老师，你看我做的花瓶，像不像？"大家都觉这种方法

图4-46　我要做个陶泥花瓶

不错，有的孩子认为瓶身不好看，一道一道的，不光滑，大家商讨之后认为可以用刀把瓶身多余的泥弄掉或是用手沾些水把它抹平。

第二阶段：美丽的花瓶

环境：艺术创想营——自然工坊。

材料：陶泥初探活动的照片、白陶泥土、陶艺制作工具。

　　幼儿已有了玩陶土的经验，他们先取了适量的泥，搓圆、压扁，当作花瓶的底，然后又取一些泥进行揉搓，使水和泥融合，并将搓好的泥切一小长条出来，用搓长条的方法，将泥搓成粗细均匀的长条，再将长条盘在事先做好的花瓶底上，直到盘到自己想要的花瓶高度（见图4-47、图4-48）。之后用刮刀修整，将长条接头处抹平，使接头处黏合更加牢固。

图4-47　用长条做瓶口

图4-48　手指托住瓶底

　　第三阶段：装饰花瓶

　　环境：艺术创想营——自然工坊。

　　材料：白陶泥土、陶艺制作工具、树叶、树枝、碗、桌、椅凳、颜料、笔、口罩、护衣、手套、垫纸板、塑料盆等。

　　一段时间之后，不少孩子的花瓶模型出来了，其他小朋友都忙着商量在瓶身上怎么装饰，就看见朵朵在身边选了几截短树枝，在瓶身上按压后取出，瓶身留下了一道压痕，朵朵说："我压了一棵大树，待会儿它干点我就可以涂颜色了。"幼儿选择了自己喜欢的方式进行装饰，再加工，一个个形态、图案各异的装饰花瓶出炉了（见图4-49）！放在山上，插上野花，真好看！

图4-49　我们的陶泥花瓶做好啦

分析与支持：

1. 材料投放促进幼儿想象力、创造力和动手操作能力的发展。

《指南》"艺术领域"中提出：能用多种工具、材料或不同的表现手法表达自己的感受和想象。幼儿在制作花瓶的过程中能运用多种技能方法塑造物品的外形，适宜的材料可为幼儿的创意制作提供有力支持。

2. 初步发展艺术表现与创造能力。

多层次、丰富的材料投放使得幼儿能够灵活选择各种辅助工具大胆想象，在活动中习得了一些泥塑制作知识与技能，这些都是幼儿在感受与欣赏、表现与创造活动中获得的知识体验，是儿童进行艺术创作的财富。

好玩的芦苇

每年的初秋，滨水路、京江路两边都是芦苇花，随风飘荡，特别漂亮，孩子们一到休息天都会到那里嬉戏、玩耍，不少孩子还会采上两支芦苇花带到幼儿园给大家观赏。一天，早早对我说："老师你看，你每次都把芦苇插在瓶子里，瓶子都被插满了，你能不能给我们大家玩玩？"其他的小朋友们也纷纷附和。

活动目标：

1. 尝试用长短、粗细不一的芦苇进行拼搭、捆绑，创作出自己想要的造型。

2. 乐意参与艺术创作活动，体验到用自然物创作的乐趣。

我们的想法：见图 4-50。

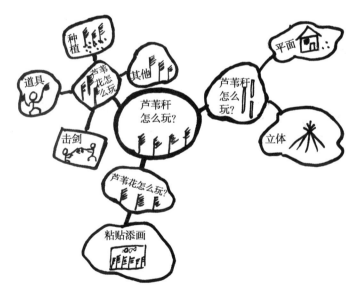

图 4-50 我们的想法

活动现场：

第一阶段：好玩的芦苇花

环境：艺术创想营——绿色园地。

图 4-51　看我找到了好多芦苇

材料：芦苇花。

孩子的问题：这些芦苇花该怎么玩？

欢欢和小崔用芦苇花当剑开始玩击剑游戏，瑶瑶和玥玥用芦苇花当道具翩翩起舞，峻峻把一支支芦苇种在沙堆里当树……没过多久，就听到浩浩说："老师，不好啦，航航搞破坏！"等我赶到那里，发现好多小朋友蹲在航航身边，原来航航用剪刀把上面的花剪掉了，只剩下光秃秃的芦秆。

幼儿尝试用这些长长短短的芦苇秆在地上拼有趣的图案（见图 4-51）。

第二阶段：芦苇秆画

环境：艺术创想营——绿色园地。

材料：芦苇秆、剪刀。

孩子们用长长短短的芦苇秆在纸上进行拼搭并进行添画，有的拼出了房子、床、梯子，有的拼出了栅栏、小人，还有的拼出了风车、小草、小花等。淘淘无意中把芦苇秆插在了黏土上，发现芦苇秆立了起来，孩子们又有了新的想法。

《纲要》中指出，幼儿的创作过程和作品是他们表达自己的认识和情感的重要方式，应支持幼儿富有个性和创造性的表达。在孩子们的游戏操作中，老师没有提供范例，而是让孩子在操作、探索中发现自己拼出的图案，鼓励孩子大胆尝试，自己创作出独特的图案（见图 4-52、图 4-53）。

图 4-52　我用芦苇秆搭个房子（一）

图 4-53　我用芦苇秆搭个房子（二）

第三阶段：芦苇秆 3D 画

环境：艺术创想营——绿色园地。

材料：芦苇、剪刀、绳子、牛皮筋。

幼儿用绳子、牛皮筋等辅助物扎芦苇秆，或把芦苇秆插在土上立起来进行组装，拼搭出自己想要的造型（见图 4-54、图 4-55）。

图 4-54 做个芦苇帐篷

图 4-55 我的芦苇站得真稳

作品展示：

孩子们将剪下的芦苇花收集了起来，在美工区里进行粘贴添画。

分析与支持：

1. 在多感官体验中，发展幼儿游戏水平。

《指南》中指出：幼儿艺术领域的学习关键在于充分创造条件和机会，在大自然和社会文化生活中激发幼儿对美的感受和体验，丰富其想象力和创造力，引导幼儿学会用心灵去感受和发现美，用自己的方式去表现美和创造美。幼儿在活动中充分调动多种感官，大胆地触摸、观赏、感受芦苇花，为提高游戏发展水平打下良好实施基础。

2. 尊重幼儿积极表达的需求和欲望。

在活动中，教师要善于发现孩子的兴趣点，鼓励他们大胆说、大胆想、大胆做，使孩子们在整个活动中都处于主体地位，充分体现幼儿的主体性、积极性和创作性。

森林小屋

设计意图：

孩子们想为笪学园的虫虫朋友制作一个小屋，考虑到他们的年龄特点，我们为孩子们提供了生活中的废旧材料——透明塑料瓶，引发幼儿的艺术创想，让他们利用自然材料和可塑性较强的轻黏土进行森林小屋的艺术创作。

活动目标：

1. 能够利用生活废旧材料和自然材料、轻黏土等进行艺术创想，制作森林小屋。

2. 激发热爱大自然的情感，提高爱护环境的环保意识。

活动准备：

1. 经验准备：了解轻黏土的简单装饰物品方法、观察过各种森林小屋的样子。

2. 物质准备：轻黏土、装了一半水的透明塑料瓶、各种可以现场取材的自然材料、黑色勾线笔。

活动玩法：

1. 幼儿选择自己喜欢的透明塑料瓶，用黑色勾线笔勾画出窗户和门的位置（见图4-56）。

2. 选择自己喜欢的黏土颜色，对小屋进行外墙的装饰，留出画窗户和门的位置（见图4-57）。

图 4-56　勾出门窗位置　　　　　图 4-57　用黏土装饰

3. 就地取材，选择现场自然环境中的各种野花野草对森林小屋的外墙进行装饰。将制作的森林小屋摆放在自己喜欢的笪学园的各个角落（见图4-58至图4-61）。

图 4-58　装饰森林小屋　　　　　图 4-59　捡点石头铺小路

图 4-60　森林小屋创意瓶　　　　图 4-61　创意瓶做好啦

迁移活动

区域游戏：木桩跳跳乐

游戏目标：

1. 尝试在不同高度的木桩上进行跳桩游戏，发展腿部肌肉力量和身体平衡能力。

2. 勇敢大胆地进行跳跃，体验与木桩做游戏的快乐。

3. 知道注意安全，懂得自我保护。

游戏准备：

大小、高矮不同的木桩（与幼儿人数相等），排列成五个纵队，自选音乐两段。

游戏过程：

1. 开始部分。

（1）幼儿绕木桩进场。

教师敲小铃带领幼儿齐步走进场内，并随时变换"高人走""矮人走""快走""慢走"等动作口令，穿梭在排列好的木桩之间。

（2）热身运动：木桩有氧操。

"木桩有高有矮，有粗有细，多有趣啊！让我们先来一起做个木桩有氧操！"幼儿每人找一个木桩，站在木桩后面，随音乐做自编木桩有氧操。

2. 基本部分。

（1）自由探索跳桩方法。

① 我们要参加一个比赛项目叫跳木桩，要从地面跳到木桩上，然后再从木桩上跳回地面。我们一起来跳一跳、试一试，看看哪种跳法比较安全、比较稳。

② 幼儿自由练习在木桩上跳上跳下，教师巡视，鼓励幼儿大胆地跳。

（2）尝试双脚并拢跳木桩。

① 请个别幼儿示范跳的方法，教师与幼儿总结出比较好的姿势。

② 鼓励胆小的幼儿先在矮一点的木桩上跳，跳熟练了再尝试高一点的木桩。教师提醒幼儿注意安全。

（3）尝试跳高低不同的木桩。

（4）尝试连续跳木桩。

幼儿在木桩上连续跳上跳下。教师鼓励幼儿大胆地跳，注意跳的时候双脚并拢。

（5）木桩接力赛。

教师讲解游戏玩法和规则，并请一个小朋友示范动作。游戏进行两次，给获胜队戴花冠。

3. 结束部分。

放松运动：随着轻柔的音乐跳木桩芭蕾舞。

主题成效与感悟

1. 幼儿发展评价。

（1）对幼儿认知的评价。

幼儿通过审美感受、艺术表现、想象创造的体验，习得了一些艺术知识与技能。如在制作美丽的花瓶过程中，幼儿通过运用按压、拍打、搓、团、捏、盘泥条等多种技能方法塑造物品的外形，并灵活选择各种辅助工具大胆想象。幼儿在感受与欣赏、表现与创造中获得的这些知识和体验，是他们进行艺术创作的财富。

（2）对幼儿学习能力的评价。

《指南》中提出：引导幼儿学会用心灵去感受和发现美，用自己的方式去表现和创造美。幼儿在进行艺术表现与想象创作的过程中，结合生活经验，通过语言和各种造型方式，创造性地表现体验、联想、想象，并通过自身的实际操作将它们现实化。

2. 教师课程实施评价。

（1）对材料提供适宜性的评价。

材料作为幼儿艺术学习的重要工具，是孩子们学习、创造的中介与桥梁，而运用特殊的材料会使幼儿产生更浓烈的创作兴趣。大自然是一个丰富多彩的物质世界，它为幼儿的艺术创作提供了天然的素材，如树叶、果壳、种子、石块、稻草等。这些随手可得的材料令孩子们既熟悉又新奇，它们贴近幼儿的生活，易于唤起幼儿的创作热情与创作欲望。在本主题活动中，幼儿通过利用不同的自然材料，培养锻炼了美术的色彩与造型、创意与装饰能力，进一步激发了幼儿的艺术创造能力。

（2）对教师角色的评价。

① 欣赏者。

教师评价幼儿的艺术作品时，评价的重点不在于幼儿自身的水平与技能，而在于艺术表现本身，在于幼儿感受美、表现美、创作美的过程。在本主题活动中，教师采用了多层次的评价和激励措施，试图激发每一个幼儿的艺术创作激情，帮助他们获得知识和各种能力。如鲜花相框活动中，教师在观察了幼儿的鲜花相框后，及时鼓励幼儿自主选择多层叠加的方式进一步展现装饰的艺术美感，并让幼儿与同伴一起欣赏作品，激发幼儿的创作欲望。

② 支援者。

教师要尊重幼儿的兴趣，优选幼儿喜闻乐见的内容。在艺术创作活动中，幼儿难免会遇到问题，这时就需要教师的支持与理解，有了教师的支持与理解，幼儿才会在创作过程中积极大胆地进行探索。教师要尊重幼儿的审美体验，耐心倾听他们的想法，针对不同幼儿的年龄特点及创作水平，采取个性化的艺术评价内容与方式，给予幼儿科学性、适宜性的鼓励与表扬，增强幼儿创作的自信心。

③引导者。

作为艺术领域的活动，其核心是美。整个过程中，无论是从环境、材料、教学过程来看还是从教师的言行来看，教师们都给了幼儿美的体验，并在此过程中充分发挥幼儿的主体性，真正了解、分析幼儿的心理需要，认真观察他们的行为特点，及时给予帮助、引导与点拨，蹲下身来与他们平等对话。

大班主题活动二：美丽的花草纸

问题搜索

我知道：

纸有很多种。

有些纸是软软的。

有些纸是硬硬的。

纸是我国古代的四大发明之一。

我还知道：

纸可以做成纸浆画。

我们生活中用的白色纸都是经过染色处理的。

纸经过雕刻、绘画、镂空就能变出好看的生活物品。

我想知道：

为什么有些纸很薄？

纸是怎么制作出来的呢？

为什么纸有不同的颜色呢？

制作纸需要什么材料呢？

主题引导

纸，是我国古代的四大发明之一，在我们的生活中，纸是最为常见的物品，纸的妙用更是无处不在：牛皮纸、硬纸板、报纸、瓦楞纸、信纸、卡纸、皱纹纸、蜡光纸……这些种类材质各异的纸，经过折叠、剪贴、雕刻、镂空等纸艺组合加工后，能变出许多富有艺术创造力的物品，如具有色彩与空间设计感的灯罩、动漫组合玩具、纸艺画等。原来生活中到处充满了奇妙而有用的纸，一张小小的纸有着大大的力量，它改变了我们的生活，为我们的世界赋予了新的生命与活力。

《指南》"艺术领域"中提到：能用多种工具、材料或不同的表现手法表达自己的感受和想象。教师的任务就是给幼儿创造机会和条件，让幼儿接触多种艺术表现形式，从而能够喜欢艺术活动并大胆表现。在平时的区域活动中，孩子时常

会用纸开展他们所喜欢的活动，幼儿对纸有着强烈的好奇心与艺术创作欲望。为此我们从幼儿兴趣点出发，让孩子睁开好奇的眼睛，展开想象的翅膀，通过折纸、剪纸、粘贴纸、造纸、制作纸浆等艺术表现形式，鼓励幼儿打开多感官通道，置身于大自然中，发现纸的由来，感受纸的多种生活及艺术用途。如在造纸活动中，教师在尊重孩子对纸的已有认知基础上，结合笪家山这个天然的自然环境资源，鼓励幼儿大胆想象和实际操作，制作古朴的花草纸，将美丽的大自然留在纸上，并引导他们用开放敏锐的心去感受，用细腻的心灵去创作，在充满"惊奇"的情境中尽情享受探索、发现和创作的乐趣。

集体活动：艺术创想营

大班综合艺术：美丽的花草纸

设计意图：

记得我们在中班时开展过有关纸的科学活动，孩子们对纸充满了兴趣。有的孩子说我们要节约用纸，有的孩子问我们可不可以自己来造纸。怎样让造纸这一伟大的发明，通过简单易懂的方式让孩子了解并传承下去呢？我们结合当下的户外游戏，试图让幼儿亲身实践，尝试制作美丽的花草纸，将美丽的大自然留在纸上。

活动目标：

1. 通过收集生活中的纸，初步感知纸的不同种类。

2. 根据已有的认知经验，大胆设计制作不同的花草纸。

3. 愿意和同伴合作，体验创作带来的乐趣。

活动准备：

1. 经验准备：前期有关纸的认知经验。

2. 物质准备：各种植物的叶子、花，小勺、小桶、网纱、吸水布等。

活动过程：

1. 导入部分。

（1）回忆之前古代人造纸的方法。

（2）幼儿观察步骤与流程，尝试制作完成一张纸。

（3）自由讨论，分享自己喜欢什么样的草纸画。

"如果你想把春天的花草留在这纸上，你会怎样做呢？"请把自己想要做的花草纸图形画在纸上。（请幼儿说一说想用什么材料做什么）

（4）鼓励每个幼儿找到一个好朋友，两人合作共同完成，用辅助材料和工具制作花草纸。

2. 体验古法造纸。

（1）分组完成，教师以参与者的身份进行观察指导（见图 4-62 至图 4-65）。

"我们该用什么方法把纸浆放入网纱里呢?"（启发能力强的幼儿说出怎样能够铺得又快又平）

（2）尝试观看自己设计的花草图案，创造性地摆放。

图 4-62 倒纸浆   图 4-63 把水沥干   图 4-64 树叶图案   图 4-65 耐心等待

（3）针对操作过程中出现的问题进行讨论。

① 铺网纱怎样又快又平?

② 让幼儿了解铺网纱的关键是纸浆不能太厚，要一点一点铺，激发幼儿带着问题继续动手探索，将自然材料放进网纱，永远保存（见图 4-66、图 4-67）。

图 4-66 我和老师一起放叶子   图 4-67 纸不能太厚

③ 让幼儿在小筐中选择自己喜欢的花草放在网纱里，也可以在自然环境中找到自己喜欢的花草完成网纱的铺平和装饰（见图 4-68）。鼓励幼儿利用各种物品对照自己的设计图进行装饰。

图 4-68 再放片花瓣

④ 将完成的作品放在太阳下晒干、保存（见图4-69、图4-70）。

图4-69 哇！我们的花草纸真漂亮！　图4-70 花草纸展示

大班美术：纸袋大变身

活动目标：

1. 尝试利用多种辅助材料，大胆想象设计出造型新颖的纸袋。

2. 在创作过程中，能用自己喜爱的艺术方式进行制作。

3. 树立废物利用的环保意识，萌发热爱大自然的情感。

活动准备：

纸袋、挂历纸、剪刀、胶棒、油画棒、落花、水彩笔、双面胶、石头等。

活动过程：

1. 情境导入，引起兴趣。

"今天我们开着小火车一起去笪家山探险吧！"（在山上的一个角落，幼儿发现废旧的纸袋）

"这里怎么有个纸袋？它在山上一定很难过吧，我们想个什么办法让它变得漂亮呢？"（幼儿进行讨论）

2. 纸袋设计大讨论。

问题：

（1）你想用什么方法让纸袋变漂亮？（鼓励幼儿大胆说出纸袋设计想法）

（2）需要用到哪些材料？

3. 寻找装饰的材料。

"笪家山上有很多的自然材料，小朋友们可以自己寻找装饰纸袋的材料哦！"（幼儿寻找自然材料：树枝、树叶、花瓣等，进行纸袋装饰）

4. 激发想象，自主设计创作，教师巡回观察指导。

（1）鼓励幼儿在纸袋外形设计上进行大胆突破，制作出创意纸袋。

（2）分组设计。

5. 作品展示与介绍。

6. 迁移活动。

设置笪家山"创意纸袋DIY"展示区。

大班美术：好玩的纸版画

活动目标：

1. 通过观察、欣赏等方式，初步掌握纸版画的制作方式。

2. 尝试用纸版画的艺术表现形式，大胆想象制作不同造型的自己。

3. 体验创作纸版画的乐趣。

活动准备：

油墨等油印工具、大小相同的纸张人手一张、厚薄不一的卡纸若干、篮子若干、作品展示板。

活动过程：

1. 律动进场，游戏导入。

幼儿摆出木头人的造型，用相机记录各种有趣的造型，初步了解纸版画的特点。

（1）欣赏木头人游戏中有趣的动作造型。

（2）讨论小结：除了用拍照的方式外，还可以用纸版画的形式记录。

（3）孩子观察纸版画的特点。

2. 观察油印纸版画的制作方法。

（1）大胆尝试摆弄肢体的各个部位，表征人物不同动态的技巧。

（2）自由固定身体各部位的造型。

（3）在粘贴好的小人上滚上油墨。

（4）用另一张纸拓印出版画。

3. 幼儿分组制作版画，教师巡回指导。

（1）自主设计制作。

（2）大胆创造各种有趣的造型，表现有创意的不同动作的自己。

4. 版画欣赏。

说说自己最喜欢哪幅作品，为什么？

大班美工：古法蓝晒

设计意图：

上学期我们班有个孩子去外地旅游，带了块"蓝晒花布"到幼儿园，通过观察，幼儿发现蓝晒花布上的颜色是由蓝色和白色组成的，色彩效果十分美丽。什么是蓝晒？在一百多年前，有一种古老的蓝晒工艺，用它制作出来的作品和我们中国的蓝印花布非常相似，蓝晒花布是用什么方法做成的呢？一场关于蓝晒工艺制作的美术活动开始了……

活动目标：

1. 初步了解蓝晒制作的古老技法。

2. 根据已有经验，尝试用各种有趣的工具材料，设计出不同的蓝晒作品。

3. 建立与同伴合作的意识，感受蓝晒创作活动带来的乐趣。

活动准备：

1. 经验准备：对蓝晒法做介绍并欣赏作品。

2. 物质准备：A、B神奇的魔术药水，布、纸、刷子、夹子、滴管、透明的塑料的板子，各种收集来的玩具，自然界中的各类花草叶子。

活动过程：

1. 开始部分。

（1）欣赏各类蓝晒作品，引发对蓝晒工艺的兴趣。

讨论：在一百多年前就有了这些好看的作品，它们是怎么样制作到布上去的？这些图案为什么会和真的图案一模一样呢？

（2）猜一猜，作品是怎么制作的？

（3）探索各种工具及使用方法。

结合各类蓝晒的工具（刷子、滴管、透明板子、夹子、纸，以及神奇的魔术药水），幼儿自由想象并进行探索（见图4-71至图4-74）。

2. 初步体验用蓝晒法制作自己喜欢的作品。

分组合作，自由创作蓝晒作品。

（1）动手试一试配制魔法药水。

（2）选择自己喜爱的物品放在纸上进行制作。

图4-71　把喜欢的叶子放平（一）

图4-72　把喜欢的叶子放平（二）

图4-73　加点魔法药水（一）

图4-74　加点魔法药水（二）

（3）将作品放在有阳光的地方晾晒10~20分钟，用沙漏计时（见图4-75、图4-76）。

图 4-75　放在太阳下晒一晒（一）　　图 4-76　放在太阳下晒一晒（二）

（4）冲洗作品，呈现图案，完成作品（见图 4-77）。

图 4-77　冲洗作品

3. 结束部分。

（1）作品展示（见图 4-78、图 4-79）。

图 4-78　晒蓝画、好神奇（一）　　图 4-79　晒蓝画、好神奇（二）

（2）请幼儿说一说最喜欢的作品及理由。

纸箱娃娃

　　在我们的生活中，无论是买电器还是收快递，都会用到纸箱包装，这样家里会堆积越来越多的纸箱。废弃的纸箱不仅容易获得，还具有经济、环保、可重复利用等特点。在教育提倡"低投入高效益"的今天，该如何发挥创造力，让生活中最常见的纸盒子、纸箱子获得新生呢？于是我们调动家庭和社区的资源，收集了大量废旧的纸箱，不断挖掘纸箱的利用价值，使其成为美工区活动的好材料。

活动目标：

1. 能够利用纸箱材料，通过设计、组合、造型拼搭等方式，进行创意纸箱制作。

2. 在游戏活动中乐于想象，发掘纸箱新玩法。

3. 建立与同伴合作的意识，体会到合作活动的乐趣。

活动现场：

第一阶段：自主设计纸箱造型

环境：艺术创想营——创意工坊。

材料：纸箱、丙烯颜料、各种低结构美工材料。

孩子的问题：纸箱可以做玩具吗？可以做城堡吗？

幼儿园里有许多大纸箱，孩子们喜欢钻到纸箱里说悄悄话、看看书。基于幼儿兴趣需求与创作需求，我们将收集的各种纸盒和纸箱放入艺术创想营中，并规划出一个空间来支持幼儿的创作。

刚开始纸箱创作时，有的幼儿制作楼房，有的幼儿制作楼梯，有的幼儿制作火车……孩子们都是各做各的作品，并用美工区的材料对纸箱进行自己喜爱的装饰。

在整个制作过程中，我们发现幼儿可以根据纸箱的形状、大小，拼接制作成不同的造型。

第二阶段：团队合作，共同装饰纸箱

环境：艺术创想营——创意工坊。

材料：纸箱、丙烯颜料、各种低结构美工材料、山上的自然装饰材料。

孩子的问题：做的纸箱玩具放在一起会不会很乱？可以用山上的花花草草进行装饰吗？

几次活动之后，我们发现幼儿创作的兴趣似乎减弱了，在该区域的幼儿只是在模仿其他小朋友的作品来制作。于是，我们利用笪家山的自然环境，为孩子们的艺术创作提供了天然的素材，如果壳、蛋壳、树叶、种子、石块、稻草等，这些随手可得的材料令孩子们既熟悉又新奇，它们贴近幼儿的生活，易于唤起幼儿的创作热情与创作欲望。

1. 团队合作，明确创作主题。

组织孩子一起讨论，引导分组创作，最终大家自由组合，分成了4组。孩子以快要毕业了送给弟弟妹妹一件礼物为主题，明确了创作主题为娃娃，进行团队制作。

2. 根据主题，大胆自由创作。

形成团队之后，孩子到"达学园"中找一些辅助材料来装饰制作的娃娃，有的找树叶、小石块，有的找果壳、稻草等，忙得不亦乐乎。在制作中，幼儿在给娃娃添上五官的同时还设计了喜怒哀乐的表情（见图4-80）。

在注重脸部细节之后，有的幼儿又提出了装饰头发、手臂、动作等，幼儿不断地在完成他们的作品。过了一段时间后，孩子们发现他们合作制作的纸箱娃娃造型越来越多，也越来越大（见图4-81）。

图4-80 我要做个大纸箱娃娃

图4-81 大嘴娃做好啦

分析与支持：

1. 提供适宜的材料和帮助。

《指南》"艺术领域"中指出：提供丰富的便于幼儿取放的材料、工具或物品，支持幼儿进行自主绘画、手工、歌唱、表演等艺术活动。美工区是幼儿最喜欢的区角，在美工区里提供一些大小、长短不同的纸盒子、纸箱，让幼儿自由创作。

2. 支持并尊重幼儿的艺术创作。

幼儿艺术领域学习的关键在于充分创造条件和机会，在大自然和社会文化生活中激发幼儿对美的感受和体验。充分利用户外自然环境，为孩子们在艺术创想营中的艺术创作提供了天然的素材，从而让幼儿能够自由创作。

春　天

在"神奇的造纸术"活动中，孩子们了解到纸的来源、发展和在生活中的实际作用，对纸产生了浓厚的兴趣。没用的纸经过加工是否可以再次使用呢？如何加工？孩子们对这个话题总是乐此不疲。

活动目标：

1. 在玩纸浆的过程中，体验新的作画方式带来的乐趣。

2. 在想象创作的过程中，能用简单的材料装饰，让纸浆画变得更丰富、更好玩，体验用纸浆作画的乐趣。

3. 鼓励幼儿积极参与，用自己已有经验表现出春天的美景。

活动现场：

第一阶段：废纸可以怎么玩

环境：艺术创想营。

材料：废纸。

每一周结束，园内的收纳箱里总是堆满了孩子们用过的废弃画纸。一段时间后，有几个小朋友打起了废纸的主意：他们有的把纸撕成碎片，比赛谁吹得远；有的把纸折成飞机，比谁的飞得远；还有的把纸团成球，比赛谁能扔进垃圾篓。

第二阶段：纸浆制作

环境：艺术创想营——创意工坊。

材料：废纸、容器、水、胶水、小树棍等。

孩子的问题：如果这些纸湿了还有用吗？

幼儿把废纸撕成条状放在容器里，在容器里倒入适量的水不断搅拌，把容器里的纸搅碎，之后加入胶水。第二天，孩子入园时发现容器里的纸粘在一起了。哇！纸浆做出来了！

第三阶段：创意纸浆画

环境：艺术创想营——创意工坊。

材料：画板或盘子、颜料、筷子、牙签、乳白胶、搅拌物、装纸浆的容器。

孩子的问题：纸浆可以是五颜六色的吗？纸浆可以用来画画吗？

1. 彩色的纸浆。

幼儿发现做出来的纸浆都是一种颜色，于是他们又想："加点颜色进去会不会有所不同呢？"孩子们带着这样的想法，有的从家里带来了墨汁，有的把妈妈做蛋糕的食用色素也带来了，还有的孩子从美工区中发现和寻找材料。最后他们选择了色彩丰富的水粉颜料加入纸浆，纸浆有了颜色。通过区域游戏活动，让幼儿自己通过直接感知、实际操作和亲身体验，获取经验，以达到学习的目标（见图 4-82、图 4-83）。

图 4-82　给纸浆加点颜色　　　　　　图 4-83　我们的多彩纸浆点

2. 纸浆画《春天》。

孩子们把自己所需要的纸浆调配好后，选择底板将看到的笪家山春景简单勾勒出来，用适合自己的辅助工具，将彩色的纸浆分别放在图上。最后等颜料将图全部填满后，自然晾干就完成啦。

分析与支持：

1. 提供材料让幼儿自由探索。

《指南》中指出：幼儿艺术领域的学习关键在于充分创造条件和机会，在大自然和社会文化生活中激发幼儿对美的感受和体验，丰富其想象力和创造力，引导幼儿学会用心灵去感受和发现美，用自己的方式去表现和创造美。活动中，教师抓住了幼儿对纸浆的兴趣，让他们在操作、实践中去感知纸浆的形成，并尝试用各种工具进行创作，体验不同材料制作的美。

2. 儿童的艺术创作潜力无限。

从对纸浆画的一无所知到创造出纸浆画作品诠释了"儿童都是有能力、有自信的学习者和沟通者"。他们从初次制作到不断探索、从失败到最后作品的完成，与《指南》中"幼儿的学习就是幼儿通过自己特有的方式与周围环境互动的过程，是幼儿主动地探索周围的社会环境、自然环境和物质世界的过程"相吻合。

鲜花粘贴

春去秋来，筐家山上的花开了又谢，谢了又开。一天，蕊蕊跑来问我："老师，这些花瓣多漂亮啊！落在土里好可惜，我好想把它们保存起来。"小朋友都赞同蕊蕊的想法。鲜花到底能做什么呢？于是关于鲜花制作的美工活动开始了……

活动目标：

1. 能够运用多种工具、材料，大胆尝试表现鲜花粘贴的不同方法。
2. 探索制作鲜花相框的创意制作形式。
3. 积极参与艺术活动，喜欢自然界与生活中美的事物。

我们的想法：见图4-84。

图4-84　我们的想法

活动现场：

第一阶段：植物如何保存？哪些植物适合保存？

环境：艺术创想营——自然工坊。

材料：鲜花。

孩子的问题：怎样才能保存这些好看的植物呢？

峻峻说："我们可以把这些鲜花捡起来，夹在书里保存，我妈妈有时会这样。""可是，我们大家看不到呀？"菡菡说，"要不，我们把这些鲜花贴在纸上，放在美工区，这样大家都可以欣赏到了。"大家都同意了菡菡的想法。闹闹说："下午，我们就到山上去采花！"含含说："这样不太好吧，我们把山上的花都采了，其他小朋友到了山上就看不到花了呀。"最后大家一致认为不能采山上的花，可以捡地上的落花，还可以将家里不要的花带来，把这些花瓣收集好后贴在纸上。

第二阶段：粘贴鲜花

环境：艺术创想营——自然工坊。

材料：各种收集来的鲜花、工具（胶棒、胶水、单面胶、双面胶、乳胶）、粘贴底板（硬纸板、各色打印纸、透明封塑纸）。

孩子们拿到自己需要的工具和鲜花开始工作啦！晨晨拿的是粉红花瓣，他把花瓣在纸上放了半天，最后放成一个小花形，用胶水把花瓣一片片粘在了纸板上；蕊蕊拿了几朵花，她用胶水去粘，可是没一会儿花就掉下来了，于是她用胶带把整朵花封在打印纸上。大家用各种方法把鲜花都粘贴在了纸上，放在了美工区（见图4-85、图4-86）。可是第二天一早，淘淘跑来对小伙伴们说："不好啦，你们昨天做的鲜花有的都掉了，很多鲜花都枯萎了。"大家一看，果然如此，怎么会这样呢？教师请孩子们一起了解鲜花制作的方法，大家知道了花里没有水分才会枯萎。

图4-85　给帽子放上好看的花瓣（一）

图4-86　给帽子放上好看的花瓣（二）

第三阶段：制作鲜花标本

环境：艺术创想营——自然工坊。

材料：各种收集来的鲜花或干花、工具（胶棒、胶水、双面胶、乳胶）、粘贴底板（硬纸板、各色打印纸、透明封塑纸）、各类辅助材料。

孩子们开始动手制作自己喜欢的鲜花标本啦！楷楷用乳胶把花瓣一片片贴好，又在草丛边找了两三根草放在旁边，封塑好后喊："老师，你看，这样更好看，有花有草。"一些孩子在他的启发下，也开始在山上寻找小树叶、小树枝之类放在标本里，很快，我们的美工区就铺满了色彩鲜艳、美丽芬芳的鲜花相框了（见图4-87至图4-91）。

图 4-87 做鲜花相框（一）

图 4-88 做鲜花相框（二）

图 4-88 这是我们的鲜花房（一）

图 4-90 这是我们的鲜花房（二）

图 4-91 这是我们的鲜花房（三）

分析与支持：

1. 幼儿自由收集材料进行创造。

大班幼儿对美的事物有自己更独到的见解。他们不再满足于欣赏，而是会把自己认为美的东西收集起来，用自己的方式呈现给别人看。

2. 支持幼儿用多种材料表达自己的感受、想象。

《指南》中指出：能用多种工具、材料或不同的表现手法表达自己的感受和想象。在活动中，幼儿尝试不同的花瓣摆放位置，在山上找其他植物充实画面，他们不拘泥于固定的图式，并不断调整策略，具有很强的创造性。

扎扎染染

春天的笪家山上开满鲜花，孩子们想要留住鲜花和绿叶的美。之前他们欣赏过传统扎染工艺，也想尝试传统工艺，我们也加入了新的染印方法，孩子们利用各种自然材料进行探索游戏和艺术创作。

活动目标：

1. 尝试利用传统工艺的方法制作扎染作品，获得相关知识经验。
2. 探索新的染色方法，进行设计创作。
3. 能够利用自己制作的扎染布料进行艺术创作。

活动准备：

1. 经验准备：幼儿学会各种方法的捆扎，知道传统扎染的流程。
2. 物质准备：传统扎染的材料、尝试探索的材料等（见图4-92、图4-93）。
3. 环境创设：回廊的布置（见图4-94）。

图 4-92　扎染材料（一）

图 4-93　扎染材料（二）

图 4-94　回廊环境创设

游戏玩法：

玩法一：

1. 幼儿按照传统扎染的方法，按照"浸一浸"—"扎一扎"—"染一染"—"洗一洗"—"晒一晒"的顺序，体验传统扎染的工艺（见图4-95、图4-96）。

2. 在体验过程中穿戴好相关护具。

图4-95　浸布料

图4-96　晒一晒

玩法二：

将自己制作好的扎染作品，进行再次加工，剪一剪、贴一贴，创作出新的艺术作品，例如用扎染的布制作娃娃、服装、蝴蝶、画画等（见图4-97、图4-98）。

图4-97　制作扎染娃娃

图4-98　扎染娃娃会说话

玩法三：

利用各种机器，如榨汁机、捣药杵，尝试用各种植物的树叶、花朵、水果等制作染料（见图4-99）。

玩法四：

在自然环境中收集各种树叶和花朵，用小木槌敲击的方法将植物的花纹和形象留在布料上（见图4-100至图4-102）。

图 4-99　玩法四材料准备

图 4-100　用我的小木槌
敲一敲（一）

图 4-101　用我的小木槌敲一敲（二）

图 4-102　笪家山好美

大班综合：神奇造纸术

设计意图：

幼儿在生活中每天都会接触到各种各样的纸，好奇心又使他们对周围世界有着积极的求知探索态度。"纸是从哪里来的？古代有纸吗？没有纸，字写在哪里呢？"通过活动，孩子们了解了造纸术的演变过程，感悟造纸术对人们生活的重要性。

活动目标：

1. 知道中国是世界上最早发明造纸术的国家，激发幼儿身为中国人的自豪感。

2. 通过观察、实验，知道纸的特性及用途。

3. 在探索过程中，能积极分享和交流获得的知识经验。

活动准备：

1. 拓展营地：智慧探索营。

2. 各种类型纸张（白纸、报纸等）、纸制品（纸杯、装饰画等）、剪刀、水、胶水等。

3. 蔡伦画像、视频（造纸术过程）。

活动过程：

1. 观察、实验，了解纸的特性及用途。

（1）通过观察、触摸，感知不同纸张的特点，并用语言大胆表述。

（2）说一说我们生活中的纸制品及其作用。

2. 纸的演变。

（1）讨论：纸从哪里来？纸是谁发明的？什么时候有纸的呢？

（2）看视频，简单了解纸的演变过程。

（3）讨论：现在我们有了纸，在纸上写字，用纸印刷书本，可是很久以前，还没有发明纸的时候，古代人把字写在哪里呢？

（4）出示龟壳、竹简、布，让幼儿观察、比较，哪种方便书写、保存，为什么？

（5）看视频，了解现在造纸厂是如何造纸的。

3. 选择自己喜欢的纸创作。

（1）幼儿选择自己喜欢的纸进行创作。

（2）将作品放在美术区展示。

基地体验手记：走进镇江市美术馆

活动时间：参观两小时

活动地点：镇江市美术馆

我们的问题：

"美术馆里都有些什么呢？"

"美术馆是干什么用的？"

"美术馆里可以做游戏吗？"

"美术馆里有绘画作品吗？"

我们的准备：

孩子们，你们知道吗？美术馆是保存、展示艺术品的地方，让我们一起去看一看吧！

我们的活动：

早晨，阳光明媚，一缕缕温暖的阳光照射到孩子们的身上。我们一起乘坐公交车去镇江市美术馆参观，小朋友们很兴奋，脸上都洋溢着灿烂的笑容。"老师，我知道上公交车的时候要从前门上，下的时候要从后门下。"在欢声笑语中不知不觉就到达目的地了。进入美术馆后，孩子们立刻被琳琅满目的绘画作品吸引住了。

"我来参观画展啦，这个蓝色的背景墙好好看呀，我要把我的名字签在上面。"

瞧，孩子们看得多认真啊！看到一幅幅作品，他们惊奇地问这问那。"这是用什么做的？""那个用的是什么材料？""我也好想试一试啊！"还有的幼儿已经迫不及待开始寻找自己的作品了（见图4-103、图4-104）！

图 4-103　在墙上签下我们的名字

图 4-104　这么多漂亮的画儿！

哇！通过老师们的讲解，才知道每幅画的背后都有这么多知识啊！"你知道吗？原来动物还可以用纸剪刻出来，猜猜它们在干什么呢？""这些是用纸箱子做出来的哦，还可以做游戏呢！"（见图4-105至图4-107）

图 4-105　哇！好多漂亮的树叶

图 4-106　这幅画好像扇子

图 4-107　今天来参观多么开心

我们的收获：

参观完画展，孩子们都依依不舍地回家了。《指南》"艺术领域"中指出：要和幼儿一起发现美的事物的特征。通过此次参观，孩子们欣赏到各式各样的绘画作品，身临其境，感受作者在绘画时的心态与情景，陶冶了艺术情操。这类活动可以培养幼儿欣赏美、表现美的情趣和能力，开拓幼儿的绘画视野，提高孩子们的绘画兴趣。

主题成效与感悟

1. 幼儿发展评价。

（1）对幼儿认知的评价。

我们的周围到处都有纸，孩子们对纸都较为熟悉。抓住孩子这一心理，依据《指南》"艺术领域"中"带孩子观看或共同参与传统民间艺术和地方民俗活动"的理论引领，我们开展以纸为主题的艺术创想活动，带领幼儿一起去探索发现生活中纸的千变万化。活动中，孩子通过了解、观察、欣赏、发现等环节，知道了造纸是中国古代四大发明之一，知道了在各种各样的纸上可以做出古朴自然或精美绝伦的纸艺作品。

（2）对幼儿学习能力的评价。

在本主题活动中，我们注重捕捉孩子们感兴趣的事物，从带领孩子们去寻找什么是"纸"，到观察千变万化的神奇图形，从而探索纸的用途，帮助孩子们积累丰富的感性经验。通过摸一摸、剪一剪、比一比、玩一玩等艺术实践活动，让幼儿在多种活动中探索出纸的特性。幼儿能够尝试运用多种工具、材料和不同的表现手法表达自己的感受和想象。

2. 教师课程实施评价。

（1）对材料提供适宜性的评价。

我们将本主题中的多数活动放在了"达学园"这个纯天然的自然氧吧中进行，让幼儿身临其境，找到纸艺最原始的样子。幼儿在收集—探索—制作纸的过程中，感受到了纸的特性，尝试纸与其他材料的组合、拼接、融合、剪贴等艺术表现形式与技能学习，并在活动中主动与材料发生互动，积极参与艺术活动，有自己喜欢的活动形式。

（2）对教师角色的评价。

① 欣赏者。

教师要创造机会和条件，支持幼儿自发的艺术表现和创造，当幼儿将作品给成人欣赏时要肯定作品的优点，用表达自己感受的方式引导其提高。如："你的作品用了这么多花朵，让我感觉就在花丛中。""你的色彩搭配真漂亮，让我充分感受到这种色彩带给我的感受。"教师用语言、动作、表情来表达对幼儿作品的欣赏与认同，增强幼儿的自信心。

② 支援者。

在本主题活动中，教师能充分尊重幼儿，给予幼儿充足的实践时间，鼓励他们大胆尝试，让幼儿在探索、观察、比较中获得进步，重视探究的过程，关注孩子们是否有独到的见解，是否有自己的思考，能否自己主动地设法解决问题，能否接纳、倾听同伴的观点。

③ 引导者。

教师在幼儿自主表达创作过程中，不做过多干预或者把自己的意愿强加给幼儿，在幼儿需要时再给予具体的帮助，在艺术活动中注意引导与点拨，让幼儿感受到纸在生活中的多种用途，激发幼儿初步的艺术表现与创作能力。

四、家园互动与评价

情系"达学园"，共享艺术生活

随着对幼儿发展评估的重视和改进，在实践中我们越来越感到：家长参与幼儿发展评估是必要和可行的。首先，由于孩子和父母的亲密关系，家长更有优势和条件去细致观察、耐心询问，从而更好地了解幼儿；而孩子在面对家长时则可能没有紧张与压力感，表达时会更自然和真实。其次，通过参与评价，家长可以更好地了解幼儿园的课程内容和培养目标，了解孩子的潜力和弱项，从而提出更有效的教育对策，达成家园共育。

初期，孩子们到"达学园"的艺术创想营开展活动，非常兴奋与快乐，回家后总跟家长们提起"达学园""艺术创想营"，家长们对"达学园""艺术创想营"这两个名字特别好奇，瞬间感觉被孩子们带回了童年，他们也想到"达学园"的艺术创想营—探究竟。

家长疑问：

1. "达学园"是个什么地方？

2. 孩子为什么喜欢到"达学园"的艺术创想营里活动？

3. 孩子在艺术创想营里能得到哪些发展？

让家长走进幼儿园，真实感知孩子们在"达学园"艺术与创想营地活动中的表现，帮助家长客观理智地发现孩子的长处与不足。例如：制作幼儿发展观察评价表，在表格上注明评估的方法和要点，以便于家长操作。

情系"达学园"，共享艺术生活半日观察评价表		
时间：　　　　　班级：　　　　　幼儿姓名：		
流程	教育目标	家长观察要点
集体活动	1. 能根据音乐特点自由创编动作。 2. 喜欢参与如美术、手工、音乐、舞蹈等艺术类活动。	1. 能否主动跟随音乐做动作？ 2. 注意力是否集中？
区域活动	1. 根据自己的意愿在艺术创想营自由选择活动。 2. 能自主完成区域活动的任务。	1. 是否自由自主选择活动？ 2. 注意力是否集中，是否坚持完成自己的任务？ 3. 是否喜爱营地中的活动？
问题反馈	通过观察，您发现幼儿在艺术方面给您带来了哪些惊喜？	
	今后还需要在哪些方面进行培养？	
	您对本次半日活动有哪些感受和体会？您的建议是什么？	

在统计家长活动调查表之后，我们发现：

95%以上的家长认为，幼儿在"达学园"环境中能够自主愉悦地进行艺术欣赏、表现和创造活动。

85%以上的家长觉得，孩子在绘画、手工等方面有了较为明显的进步，以前不太会进行剪贴、设计、造型制作的孩子，如今也能做出漂亮的鲜花相框，捏出造型可爱的小动物。

90%以上的家长希望幼儿园能多多请家长进园了解幼儿学习与生活，从而能够更有针对性地指导幼儿学习生活，进一步发展艺术表现与创造能力。

结合老师提供的评价表，家长在"达学园"中观察着孩子们艺术与创想的活动（见图4-108），并写下了自己的体会与感受。现摘录部分家长的评价：

图4-108　家长参观达学园

319

A家长："记得她（萌萌）刚进幼儿园的时候，胆子比较小，也比较腼腆。在艺术与创想营地活动中，我看见她多次主动拉起同学的手，主动参与活动。积极乐观是'达学园'给予她的最好的礼物，也是萌萌这一生中最宝贵的财富。"

B家长：通过半天的走进"达学园"活动，我觉得"达学园"的活动具有三方面的特征：一是活动场地设计科学，有利于幼儿身心发展；二是教师组织能力强，工作细心，能有效地引导幼儿参与营地活动；三是家长的直接参与，使家长更为客观地了解到自己孩子的性格特点、认知习惯和行为能力，能有效促进家庭教育的健康发展。

家长的观察与评价对进一步推动幼儿艺术创想活动起着积极的促进作用，同时也带给我们诸多思考。基于多数家长对于活动的评价与建议及幼儿的实际发展水平，我们在经过研讨后，做出了相应的措施调整：

1. 努力去看懂、听懂、读懂孩子，关注孩子的童心，理解、欣赏、品味孩子的构思和呈现，尊重孩子独特的笔触、动作和语言，以及通过艺术活动传达出的心灵话语、丰富想象和情感。

2. 鼓励孩子大胆地用不同的方式去表达，用自己喜欢的方式去表现。

3. 积极巡视指导各游戏区幼儿活动，如引导幼儿仔细观察、大胆尝试、交流合作、学习记录、分享等，并关注幼儿活动安全。

4. 引导幼儿和教师一起准备活动材料，培养他们学习整理、归还材料等行为习惯，同时进一步帮助幼儿熟悉多种材料的质地、用途，让孩子在与材料环境的互动中探索、收获。

5. 帮助家长理解"游戏"是一种学习活动，使孩子们玩有所学，学得主动、学得快乐，从而使家长能理解、支持幼儿参与艺术游戏活动。

6. 进一步做好家园共育合作，帮助家长学会在日常生活中为孩子的艺术创造提供有益的游戏条件和机会。

在与家长合作探究幼儿发展评估中，我们尝到了"甜头"。对教师而言，家长参与评估丰富了评估信息，实现了对每一个孩子的个性的了解和掌握，为制订艺术与创想项目课程方案、创设教育环境、确立个案教育对策提供了依据，并提高了家长参与共育的积极性。对家长而言，借此树立了以发展的眼光看待孩子的观念，掌握了一些科学施教的方法，能有的放矢地开展共育，从中体验到"育儿"的乐趣。

爱在笪家山

大二班家长　王莹

坐落在市中心的镇江市实验幼儿园地理位置极好，寸土寸金，出行方便。孩子当初就读这所幼儿园的时候，身边的朋友都羡慕不已，并不仅仅是因为它是一所拥有80多年历史的镇江名园，更因为在这所幼儿园里有着一座宝藏山，一座孩子们能够呼吸到新鲜空气的山。

记得当我们还是孩童时，就一直提倡要孩子多接触大自然，但是现代城市生活节奏变得越来越快，在我们生活的四周，到处都是高楼大厦，孩子们能接触到大自然的机会少之又少，有的甚至停留在屏幕、书籍上。有幸在儿子的半日开放活动中来到笪家山，来到这个一直让我很期待的奇妙小山，因为孩子每天回家后总是兴奋地对我说："妈妈，我今天在山上画彩色树叶了，老师说我画得可好看了！""妈妈，我和豆豆在山上发现了一只小蜗牛，它看起来好小……"儿子隔三岔五就会和我说在笪家山上发生的有趣故事，这让我不仅仅好奇于笪家山的"容貌"，作为妈妈更想看一下幼儿园拥有什么的神奇魔力，能通过一些游戏来结合我们生活中随处可见的材料开展美术活动。

　　小小王刚入园的时候曾经玩过一次泥土，但是因为嫌弃玩泥土的无趣而停止了这次的游戏。半日开放这天我们跟着孩子们一起来到了笪家山上，这里枝繁叶茂、鸟语花香，孩子们熟练地找到自己需要的工具和一块地方坐了下来，孩子们手中的操作材料虽然不是那些游戏玩具的大品牌，只是笪家山上随处可见的泥、树叶、树枝，但是通过他们自己的想法，很快便设计出造型独一无二的花瓶。"嘿，小伙子，你能告诉我你做这个花瓶准备摆在哪里呢？""妈妈，你看，笪家山上还有我们春天播种的格桑花，是不是很漂亮？我想把这些漂亮的花装到花瓶里，这样能把我们种的花带到教室里面，让我们的教室也很漂亮哦！"短短的一句话、小小的一些动作，这些都说明了他长大了！他真的长大了，他不再是那个拿了泥土随便捏捏就结束的小男孩，通过在实验幼儿园三年的学习生活，他学会了欣赏，能欣赏到日常生活中各种"美"的事物，也能将这些"美"带入自己的游戏中，从而将游戏中学到的艺术完美地融合到自己的成长中……

　　在高高的松树下，孩子们游走在自然乐园中，一次次欣赏自己的作品，笪家山就像一位老师，它让孩子在不知不觉中提高了艺术欣赏能力，以潜移默化的方式影响着他们，也营造了良好的环境教育氛围。感谢实幼让我们的孩子有着不一样的幼儿园童年记忆、更有着良好的艺术开端！

五、艺术创想营的精彩瞬间

　　图4-109至图4-126是孩子们在艺术创想营留下的精彩瞬间。

图4-109　扎染连衣裙

图4-110　小鹿休闲吧

图4-111　我是小鼓手

图 4-112　我的纸箱家园

图 4-113　我给大树穿新衣

图 4-114　树叶沾沾乐

图 4-115　树叶手工纸

图 4-116　树叶拼贴

图 4-117　树叶大分类

图 4-118　奇妙花艺箱

图 4-119　瓶子敲敲乐

图 4-120　给自行车换装

图 4-121　笛子演奏家

图 4-122　达学园音乐会　　图 4-123　创意黏土桃花　　图 4-124　创意墙绘 DIY

图 4-125　草木扎染 DIY　　　　　图 4-126　百变树相框

（艺术与创想课程案例由邹艳、陆沈爱、袁月、徐媛媛、吕金婷、许妍、徐蓓蓓、王莹提供）

第五篇

观察笔记与案例研究

观察笔记：纸箱变形记

陶 铵

纸箱，也许在成人看来是无用之物，通常会一扔了之，而在幼儿的眼中却是游戏的材料，他们玩得不亦乐乎。经过观察，我们发现孩子们经常利用废旧纸箱自主地、创造性地进行想象与游戏。渐渐地，大大小小的废旧纸箱在小朋友的手里变成艺术的想象、童话的城堡：从单个到组合，从室内到室外，从一座房子到一组房子，幼儿的创造力和游戏水平不断提升！

生活中一些不起眼的小东西都能引起孩子们的关注，作为教师要从孩子的行为中发现他们关注的话题或感兴趣的事物，鼓励他们进行更加深入的探究活动。废旧的纸箱到了孩子那儿会发生哪些奇妙的变化呢？

观察一：纸箱垒高高

观察时间：15：30—15：50

观察地点：建构区

观察实录：

孩子们在教室里玩纸箱，有三个孩子把所有的纸箱都搬到教室门口的走廊上。

图 5-1　纸箱垒高高

他们拿着手里的小纸盒开始垒高：第一层是一个很高的大纸箱，接着第二层是一个中号的纸盒，第三层和第四层是两个差不多大的纸箱垒在一起，第五层是两个小号的纸箱并排，垒到第七层时，纸箱的高度和孩子们身高齐平（见图5-1）。

涵涵拿着手里的小纸盒，踮起脚尖，横着往上垒高，盒子摇摇欲坠，她没有撒手，而是坚持扶着纸盒。明明说："那就搭船吧。"涵涵并没有就此放弃，调整方向将纸盒竖起来又尝试了一次。

回应策略：

游戏最早是在教室里进行的，幼儿在发现地方较小这一问题后，能主动将游戏挪到室外。幼儿在搭建时也感知到了纸盒的数量、形状、整体与部分之间的关系，并综合运用到垒高、围拢、延长、增宽、盖顶等基本技能。

1. 空间支持，便于构建。由于幼儿的搭建由简单到复杂，单个到组合，室内的空间已经满足不了他们的需求；于是教师和幼儿一起将游戏从室内搬到走廊，从走廊搬到室外，提供给幼儿更广阔的空间。

2. 经验支持，引发内需。丰富幼儿生活经验，带领幼儿一同观察周围建筑物的建构特点，和幼儿共同讨论建筑物造型和结构特点等。

3. 材料暗示，回应问题。多为幼儿提供建构材料和辅助工具，通过暗示支持幼儿深入开展游戏。例如，收集更多种类的废旧纸箱、剪刀、胶带、小椅子、木板等，帮助幼儿在建构中解决箱子不够、垒不高等问题，进一步发挥他们的想象力和创造力。

观察二：纸箱变变变

观察时间：10：00—10：20

观察地点：操场

观察实录：

孩子们在忙着装饰自己的房子。涵涵说："我给我家做了一个漂亮的屋顶。"明明说："屋顶上可以装饰点烟囱，再弄点草地，弄些小花。"孩子们推来了材料车，拿出吸管、双面胶、剪刀、彩纸等进行装饰。萱萱想将吸管插入房屋墙上的洞洞里，发现"插不进去呀"（见图5-2）。转身拿来一根小棒，细头朝下熟练地戳了戳洞口，再将吸管

图5-2 洞洞太小啦！

插进去，还是不行。明明说："你找个硬一点的东西戳戳看。"

于是萱萱找来一根木棒戳一戳洞口，转一圈，再次尝试将吸管插进洞中，这次成功啦。

回应策略：

教师从幼儿的兴趣、年龄特点、游戏水平出发，投放了多种建构材料和辅助工具，以满足幼儿的更多需求。他们不满足于单纯的搭建，开始对其内部结构产生极大兴趣，"我要放一个沙发""我要做张床"……大班幼儿有了问题并且喜欢动手动脑解决问题。例如，发现吸管洞太小，同伴来帮忙，利用现有材料想办法将口变大。

1. 投放多类型材料，满足不同需求。为满足不同幼儿发展所需，除建构材料外提供更多种装饰材料和工具，如吸管、报纸、彩纸、剪刀、胶水、毛线、瓶子……以便幼儿可以更好地开展房屋装饰游戏，将建构游戏向艺术领域延伸。

2. 顺应需求，经验提升。根据幼儿的需求，以及《0～8岁儿童学习环境创设》，我们可以寻找各种各样社区的图片、视频，鼓励家长和孩子渗透有关房屋建构知识和房屋装饰装修，帮助幼儿丰富感知经验，支持孩子们的大胆想象。

观察三：快乐城堡诞生啦！

观察时间：3：00—3：20

观察地点：操场

观察实录：

幼儿们讨论着自己搭建的房屋（见图5-3）。豆豆说："我搭了个理发店。"明明和笑笑也在讨论着："这个像我的家，那个像超市。"丁丁说："我发现了一块空地，我去搭一个停车场。"六六说："我已经准备搭建停车场了，你不许和我抢。"

两人开始争论起来。

在便利店里（见图5-4），萱萱假装将钱币塞给多多，嘴里说着："两块两块。"豆豆手拿两个绿色瓶子，跑到房屋面前询问："这个几块钱？"

图5-3　这个像我的家

图5-4　快乐超市

回应策略：

孩子有了建造社区的愿望，这些想法都源于孩子的生活经验。同时他们之间也发生了矛盾，这些矛盾也促使他们在交往中主动解决问题。他们结合自己的生活经验进行创意构思、巧妙搭建；通过对现实生活的模仿，再现社会中的人际交往，练习着社会交往的技能。

1. 共同商议规划，激发游戏热情。孩子有了建造社区的需求，教师可以与幼儿共同商议，引导幼儿先做游戏规划，画出场地分布图，然后讨论思考，需要建设哪些场所，需要用到哪些材料，鼓励幼儿通过分工、合作的方式，共同完成任务。

2. 投放多层次材料，推进游戏开展。根据幼儿的游戏需求将建构材料从走廊搬到室外，扩大幼儿游戏空间，并且提供更多材料和工具，支撑幼儿开展更多类型的自发游戏，如钱币、服装、小车、货架……丰富的材料可以支撑幼儿进一步升华游戏。

3. 链接生活经验，引发区域互动。随着幼儿游戏水平的提高，孩子有了群体性和交往性发展的需求，这时教师需要积极促进幼儿区域间的互动和交流。幼儿在游戏操作过程中引发的问题多是散点式的，教师需要抓住关键需求，将散点式问题加以整理，生成有价值的问题，再将问题抛回给幼儿。

图5-5　建构区

幼儿最初的游戏起点是建构区的搭搭建建，他们根据已有的生活经验，利用废旧纸箱自主地、创造性地进行想象与游戏。幼儿在动手操作的过程中获得多种建构技能，增强空间感知能力，实现自己的想法，再现自己的生活经验。渐渐地，大大小小的废旧纸箱在小朋友的手里变成艺术的想象、童话的城堡（见图5-5）：从单个到组合，从室内到室外，由一座房子、一组房子到一个城堡，幼儿的创造力和游戏水平不断提升！从建构游戏到艺术创作再到大型综合类游戏，游戏内容也由单领域向多领域延伸！教师只要给予幼儿合理的支持，幼儿会还我们一个惊喜！

（发表于《好家长》2020年第1期）

缠缠绕绕

刘　莉

笪家山上绿树丛生，枝繁叶茂，它们伴随着孩子的各种游戏，默默陪伴孩子的成长，俨然成了孩子们生活中不可或缺的一部分。变化万端的树木在孩子的游戏中蕴含着无限的可能，不断地刺激着孩子们对于审美的感官和生命的珍视。

在一次散步的过程中，孩子们对几株枯树产生了兴趣，围着枯树枝久久不愿离去，他们将会和枯树枝发生怎样的故事呢？老师对孩子的讨论和行为进行了观察和记录。

观察时间：4月

观察地点：笪家山

观察对象：在笪家山散步的孩子

观察记录：

观察一：

午后散步，孩子们意外发现笪家山上的几株小树被砍掉了枝干，只剩下细细长长的树桩。

"老师，为什么这棵树被砍掉了？"

"是光头强砍的吧！"

"是因为小树死掉了不会再长出叶子了，要把它砍掉吗？"

"树为什么会死呢？"

"是没有太阳光吗？"

"不对，这里有好多光线。"

"是没有水喝吗？"

"有可能，我们帮小花浇水的时候忘记给小树浇水了！"

"哎，它们好可怜啊！"

"我们回家问问爸爸妈妈小树为什么会死吧，看看能不能让它们再活过来。"

回应策略：

笪家山上的几株枯树引发了孩子们对于生命的关注，他们自发地进行讨论，并且根据植物的生长环境、生长条件主动检索枯树枝的形成，在讨论中希望通过与家长的互动寻找答案。

1. 支持幼儿的讨论，鼓励幼儿通过多种方式寻找答案。

2. 面对幼儿提出的问题，教师不直接给予答案，而是从教师的观察视角出发，在孩子的发现中捕捉到具有教育价值的偶发事件，鼓励幼儿对自然的生命力进行

猜想、探索和验证。

观察二：

在第二天的晨谈活动中，孩子们针对昨天对枯树枝的疑惑进行了交流。

他们得出结论，小树死掉有很多原因，有的是因为缺水，有的是因为日照太多，有的是因为虫害……如果根系死掉，小树就救不活了。在老师的答复中，他们知道，幼儿园的小树是因为栽种下去之后，根系一直无法扎根适应新环境，已经死掉了，所以砍掉了树枝。

老师问："虽然小树死掉了，我们能不能让它也变得漂漂亮亮的呢？"

"老师，我们上次用毛线裹在小树枝的外面，把它们装饰得很漂亮，我们能把小树也装饰起来吗？"

孩子们纷纷表示，可以让枯败的小树也变得美美的。

于是，在笪家山的创想活动中，孩子们找来了白色的颜料，为小树刷上白色的衣服，他们还找来彩色的布条在小树上绕来绕去，让小树穿上了漂亮的衣裳。

回应策略：

孩子们对答案的寻找，验证了孩子们的猜想，他们知道了小树失去生命的原因。在前期美工活动"为小树枝穿毛衣"的经验基础上，孩子们想到了用布条装饰枯树枝的经验迁移，并在同伴的分工合作和老师的帮助下进行艺术创想活动。

1. 给予孩子更多的时间和空间互相交流，支持他们的猜想、验证与互动式学习。

2. 教师予以环境与材料的支持，在孩子们需要帮助时予以适时的指导，而不能干预幼儿的探索和操作。

观察三：

拉上布条的小树就像是手拉手的小朋友，孩子们在网绳间钻来钻去玩得很开心。涵涵拿起材料筐里的小布条，在网绳上打了一个蝴蝶结，然后得意地喊了喊旁边的笑笑。笑笑也效仿起涵涵的方法，找来一根小布条在两根网绳上多绕了两圈，然后打了一个结，说："你看，这是个小窗子。"妍妍在地上捡起一片梧桐树叶绑在网绳上说："你们看，我的小树叶在走钢丝啦！"（见图5-6、图5-7）

图5-6　这是个小窗子　　图5-7　小树叶走钢丝

回应策略:

1. 支持幼儿的想象和创造,鼓励幼儿互相学习。

幼儿在互相学习和模仿中共同获得能力的建构,在自主游戏中增加了与同伴的交流,促进了交往能力的提升。

2. 引导幼儿发现生命的另一种美。

虽然树枝的生命已经凋零,但是孩子们通过自己的游戏,又赋予了枯树新的生命。他们在对美的感知和创造中,进一步实现了对"生命"这一意义的升华。

笪家山上的活动,让幼儿走进、观察和体验大自然,感受生命存在的意义和真谛,学会珍爱自然与生命,在对枯树的生命形式的探究和美的创造中,获得发现美、保护美与创造美的心灵,用积极的方式与大自然和谐共处。

教师紧紧抓住教育契机作为活动的生成点,开展生命教育的活动,让幼儿逐渐萌发对生命最朴实的关怀与尊重。在活动中显示了"幼儿在前、教师在后"的教育观,促进儿童与环境、材料积极互动,主动探索、大胆尝试的自我建构过程。

秋天大发现——搭帐篷

李 军

如意小朋友带来的芦苇引发了孩子们极大的兴趣,我将芦苇投放到幼儿园的户外场地——草坪上,让他们自由探索、大胆想象,并将心中的想法用自己的方式表现出来,进行创造。作为教师,在提供材料和工具的同时,观察儿童的游戏行为,发现幼儿的话题……

观察时间:10月

观察地点:户外场地——草坪

观察对象:玩芦苇的孩子

观察实录:

观察一:

团团找到一根稍微长点的芦苇秆,搭在三角形下方,上面一个三角形,下面一个长方形,房子的轮廓搭好了。她找了两根短一点的秆子,放到长方形里,又找来一根长芦苇,用剪刀来修剪,剪了一段,发现有点长了,又在中间剪了一刀,放在两根竖秆子中间,刚刚好。这时团团又跑开了,她去干什么了呢?不一会儿,她找来了一块小石块,放在了门里面,这应该是门把手吧?

回应策略:

团团小朋友在草地上拼起了房子(见图5-8),当她发现芦苇太长时,立刻就想到用剪刀来修剪,修剪的结果精准得让我们惊叹不已,可见大班幼儿的空间判断能力不容小觑。大班的幼儿更加愿意用自己的方式解决问题,能动手动脑寻找问题的答案。

图5-8 团团的房子

1. 鼓励幼儿讨论游戏中的问题，并商量解决办法。

2. 面对幼儿的问题，教师不直接参与，而是鼓励他们自己研究、猜测，并进行大胆尝试，而老师要做一个善于发现的人，观察和记录幼儿的思维过程和探索过程。

图 5-9　末末和小优

图 5-10　小帐篷搭成功了

观察二：

末末和小优将芦苇秆竖起来插入泥土里（见图5-9），发现站立不起来。小优开始四处找东西，突然，他发现了地上的石头，捡起来把芦苇秆往土里敲。末末把石头看成是他们的锤子。搭好了芦苇秆，末末从地上捡起了一根红毛线，一只手把几根芦苇抓到一起，另一只手开始往上面绕毛线，最后还将线打了一个结。

回应策略：

在三维空间的架构中，幼儿从上、下、左、右不同的角度观察，将二维空间的平面图形转化为三维立体造型。剪刀的作用也不仅仅局限于修剪芦苇，更成为他们挖坑固定芦苇的工具。绿地上的石头也成了他们手中有力的工具，敲敲芦苇让它扎根在土里，最后如意还用毛线把三根芦苇扎在了一起，一顶像模像样的小帐篷搭成功了（见图5-10）。

1. 在游戏结束时设立交流环节，用于幼儿分享经验。

2. 老师要尽可能地提供他们需要的材料和工具，鼓励幼儿的自主探索行为。

观察三：

孩子们想搭一个大帐篷（见图5-11），开始到处找材料，找了一圈，发现了我们放在角落的长竹子，于是几个人一起合力抬到空地上开始搭帐篷。末末说："睿睿，你帮我扶着竹竿，我要挖洞呢。"睿睿立刻跑过来扶着竹竿。末末挖了一会儿，把竹竿放进去，一松手竹竿就倒了。睿睿说："怎么倒掉了？看来不行。"明明说："再挖深一点就好了。"睿睿又继续挖，洞越来越深，竹竿终于立起来了。末末跑来跟我说："老师，你帮我们在上面扎一下毛线好吧。"

回应策略：

探索活动中，幼儿分工明确：有的挖坑，有的扶着竹竿，挖坑的工具从单一的剪刀到增添了种花的铲子。末末小朋友能及时发现竹竿不够坚固，听取了睿

图 5-11　大帐篷

睿的意见"还要再挖深一点",最后取得了成功。《指南》指出,大班的幼儿在进行探索活动时能进行大胆猜测,并用一定的方法验证自己的猜测。孩子的猜测是和自己的生活经验密不可分的,他们通过观察、思考,用自己的方法解决问题。

1. 给予幼儿在集体中间讲述的机会,这不仅是为幼儿提供表达的机会,也是一个非常难得的经验回顾和交流的机会,而一位幼儿的讲述常常会引发另一位幼儿的灵感,也有利于他们投入新的游戏。

2. 在出现不同意见时,引导幼儿继续讨论,鼓励幼儿进行设计、思考,并在下一阶段的游戏中进行新的尝试。

搭帐篷的行为来源于幼儿的生活经验,末末小朋友曾经和父母参加过野营活动,所以他知道帐篷的秆要埋在坑里才能更加牢固。最后扎毛线的动作是整个活动的点睛之笔,实现了这一步才从真正意义上完成了帐篷的建构。

他们经历了从平面到立体、从小到大、从简到繁的过程,这其中有幼儿的发现、幼儿的思考和幼儿的探索。《指南》指出:让幼儿投入到大自然与周围环境中,去感受、去发现和欣赏自然环境和人文景观中美的事物,并用艺术创造的形式进行表达。

在幼儿探索过程中,教师倾听幼儿的声音,走进幼儿的心灵,陪伴幼儿通过探索活动认识周围世界,感受生活,享受快乐。

虫虫画画的对与错

胡 蓉

在自然环境中,幼儿们发现了很多虫虫。他们在和虫虫的互动中,每天都有新的想法,有的互动促进他们的发展,有的互动使他们认识到自己的不足。作为教师,我们在幼儿游戏的过程中,通过观察幼儿行为,发现幼儿的疑问,给予支持和帮助,促进幼儿在游戏中获得发展。

观察时间:5 月

观察地点:笪家山

观察对象:探索虫虫的孩子

观察实录:

活动刚开始,几个虫虫探索区的男孩子,立刻拿起了虫虫探索工具箱,熟门熟路地向虫虫经常出没的地点跑去,开始他们最喜欢的挖虫虫活动(见图 5-12)。

几个女孩子则来到放有各种美工材料的地方。雯雯说:"等他们男孩子挖到虫虫,我们就照着画出来。"美美说:"好的,希望他们能够快一点。"朵朵说:"我们今天用颜料画吧,先试试哪种颜色好看。"说着,她就将颜料挤在了

图 5-12 男孩挖虫虫

鞋盒盖上。就在这时，然然用小铲子挖到了一只蜗牛，他飞奔过来，想要女孩子们观看他的战果，为了吸引她们的注意力，他把蜗牛扔在朵朵刚刚挤出的颜料上，朵朵看见了，大喊："然然，你这么把蜗牛放这里，快拿走！"然然说："我是想给你们看看，我才不拿呢！"就在孩子们争执不下的时候，雯雯喊了起来："快看！蜗牛在画画呢？"大家停止了争执，都看向正在颜料中慢慢移动的蜗牛。"原来虫虫自己也会画画啊！"雯雯说。"哈哈，那我们今天就让虫虫们自己画画吧！"朵朵说。然然说："看，还是我的功劳吧，要不然你们都不知道虫虫会画画呢！我再去找点虫虫来。"

然然很快又找到了一只蜗牛，把它放在了鞋盒盖上。朵朵又倒了点颜料，她和雯雯一人分配了一只蜗牛，要比比谁的蜗牛画得好看。因为蜗牛的速度比较慢，两个心急的女孩用叉子控制它们的行动，想要它们快一点。于是，蜗牛作画的游戏开始了（见图5-13）。她们一会儿将蜗牛移到这边说："画个圆。"一会移到那边说："你快点画哦。"幼儿们完全沉浸在游戏之中……

其他孩子发现了她们玩的新游戏，也十分感兴趣，也围过来加入游戏。由于孩子们挖到的虫虫越来越多，他们的鞋盒盖子里添加了新的作画的成员——蚯蚓、西瓜虫。大家发现：西瓜虫画画快，蚯蚓躺在颜料上不停翻身（见图5-14），蜗牛画画很慢，等等。

图5-13　蜗牛作画

图5-14　蚯蚓作画

就在大家玩得不亦乐乎的时候，路过的豪豪说："这些虫虫身上沾了这么多颜料会不会死啊？"一句话惊醒了正在用虫虫画画的孩子们，他们仔细观察盒子里的虫虫，有很多都已经不动了。特别是几条全身裹满颜料，浸泡在颜料中的蚯蚓，因为孩子们觉得蚯蚓的体积比较大，应该需要很多的颜料，于是在蚯蚓的身上挤了很多颜料。

图5-15　这样做不太好

朵朵显得有点伤心，跑过来问我："胡老师，我们这样做是不是有点不太好啊？我们害死了好多虫虫。""你说应该怎么办呢？"我问。朵朵立刻转过身，对其他孩子说："我们不能玩这个游戏了，这样会伤害虫虫的。"其他孩子听了，立刻停止了他们的游戏（见图5-15）。"可是，这些虫虫怎么办呢？"然然问。

朵朵想了想："我们给他们洗个澡吧，把身上的颜料洗干净。"

于是，孩子们忙碌了起来，他们帮染上颜料的虫虫洗洗干净，送回了发现它们的地方。

朵朵说："下次，我们再也不玩这个游戏了！"

"对，我们和虫虫是好朋友，不能伤害它们。"然然说。

老师："孩子们，你们这样的处理方法非常好。虽然出现错误，但我们及时加以改正，一样是最棒的！"

回应策略：

游戏活动中，一个孩子的无意行为，启发了他们利用虫虫画画的想法。但是，在实际操作的过程中，他们意识到自己的这种方式也许会对虫虫朋友造成伤害，他们果断地终止了活动，说明孩子们在长期和虫虫相处过程中，已经和虫虫成为朋友，慢慢形成了对动植物的保护意识，不想伤害它们。当伤害的行为出现时，他们会立刻反思自己的行为不当之处，也想出了解决问题的方法。

1. 对于幼儿随机出现的游戏方式，我们教师应该根据实际情况给予支持。

2. 教师的适时介入：幼儿有时需要教师的介入，在游戏过程中，适时的介入能够提升幼儿游戏的有效性。在这个游戏中，当幼儿对于自己的行为产生疑问的时候，教师应及时给予正确的指导或者暗示。

根据维果斯基的观点，儿童在游戏中往往不满足于已经达到的行为水平，他们总是略高于日常水平来尝试新的游戏行为。在达学园自然的游戏环境中，孩子们每次的游戏都会有不同的情况发生。随着孩子们与虫虫游戏的互动不断深入，每次游戏都有可能因为一个突发的情况或者发现而生成幼儿感兴趣的游戏。在这个观察活动中，就出现了一个突发的游戏，这就是游戏的随机性和不确定性。随着游戏的进行，他们给正在游戏的幼儿带来了始料不及的问题，孩子们往往会急中生智，发现问题的所在，并能想到办法解决。为了通过游戏的指导推进幼儿的发展，教师在指导游戏时就应该有比较清晰的目标意识，教师对于孩子的这种反思行为适时介入，加以肯定，使孩子们意识到当前行为的处理十分正确。

纸的森林

陶铵　祝敏

纸是日常生活中极为常见的物品，随着生活品质的提高，纸的种类也逐渐增多。对于孩子来说，以往单一的撕撕贴贴已不能满足他们的需求。大班的孩子有了一定的艺术表征的能力，他们在不同的纸张里发现秘密，在摆弄与把玩中寻找艺术创作的乐趣。我们将收集到的各种纸类物品投放到美术材料区，期望这些被成人弃之一隅的废旧纸张，能在孩子们的手里焕发出艺术的情趣！于是孩子与纸的一场艺术对话开始了！

活动目的：

1. 了解纸的特性，鼓励幼儿利用身边常见的纸进行艺术创作。

2. 增进幼儿之间的相互合作与交流，实现从个体创作到集体创作。

3. 培养幼儿艺术想象力和大胆独特的艺术表现能力，从而形成主题创作。

工具和材料：

各种各样的纸（报纸、烘焙纸、包书纸、瓦楞纸、拉菲草碎纸丝等）、剪刀、胶水。

活动过程：

1. 纸类大搜集

孩子的问题：

（1）我认识哪些纸？

（2）不同的纸都有哪些不同的特性？

（3）哪些纸有好看的颜色和图案？

图 5-16　各种各样的纸

带着这些问题，孩子们开始纸类大搜集，他们找来报纸、打印纸、烘焙纸、餐巾纸、铜版纸、书皮纸、板纸、宣纸、瓦楞纸等（见图 5-16）。孩子们一边将纸分类，一边了解不同纸的特性，很快他们便挑选出自己喜欢的纸：烘焙纸、包书纸、瓦楞纸，这些纸都有着一个共性，那就是有着好看的图案或者特别的肌理。在一个包装盒里孩子们还发现了一些美丽的碎纸条——拉菲草碎纸丝。接着，将这些纸都分类摆放到美术材料区吧！

2. 纸的初创作：好玩的纸

孩子的问题：

（1）纸可以怎么玩？

（2）我们需要哪些工具？

纸有硬、软、厚、薄的区别，薄的纸用手撕，稍厚的纸需要用剪刀。初期的作品基本都是些平面的剪贴画，直到有一天乐乐说："我做的立交桥，可以开汽车呢。"原来他把纸卷成拱桥形状，变成了三维立体作品。别的孩子纷纷效仿并且有了自己的想法，他们通过卷、折、揉、编、连接等方法，借助于工具，让作品一下子变得丰富起来，树、花、鸟、虫（见图 5-17 至图 5-21）……虽稚拙，却灵动而富有生气！

图 5-17 从平面到立体的创作（一）   图 5-18 从平面到立体的创作（二）

图 5-19 从平面到立体的   图 5-20 从平面到立体的   图 5-21 从平面到立体的
　　　　创作（三）   　　　　创作（四）   　　　　创作（五）

3. 纸的再创作：恐龙与森林

孩子的问题：

（1）好多作品放在一起会变成什么样？

（2）作品里还需要有谁？

随着"花、鸟、树木"的作品逐渐增多，孩子们有了新发现：这像不像我们幼儿园的笪家山呢？笪家山上也有很多花和树。于是他们有了自己的主张，建造一个笪家山森林的想法就产生了！笪家山上的标志物是两只大恐龙，我们也在纸的森林里加上幼儿园的吉祥物吧！有的孩子用报纸揉成圆球当作恐龙蛋，几个男孩子则用报纸撕撕捏捏变成了恐龙的骨头架。茂密的丛林里，屹立着硕大的"恐龙"，仿佛回到了侏罗纪（见图 5-22 至图 5-26）！孩子们提议，给自己的作品取名：纸的森林。

图 5-22 纸的森林（一）   图 5-23 纸的森林（二）

图 5-24　恐龙世界　　　　图 5-25　恐龙世界　　　　图 5-26　恐龙世界
（集体创作中）（一）　　（集体创作中）（二）　　（集体创作中）（三）

指导与反思：

1. 倾听幼儿发出的声音

教师作为一名观察者，应善于收集关于幼儿的资料，倾听幼儿的声音，以此作为建立以儿童为中心的艺术创作的出发点。在"纸艺"创作中，我们跟随幼儿的脚步，在与幼儿对话中寻找他们的兴趣点，从而形成了单一的平面作品到三维立体作品的变化，实现了从单一的个体表现发展为集体艺术的大创想！

2. 给予幼儿探索的机会

幼儿喜欢好奇地摆弄、探索物体和材料，试图通过各种动手动脑的方式解决问题和寻找答案，孩子们在"玩纸"的过程中随时发生着探究行为，正是这样的探究使得他们从最初的撕贴发展到折、卷、编等多种技能的综合运用，为进一步的艺术创作提供了有力的技术支撑！

3. 尊重幼儿创作的过程

鼓励幼儿用不同的艺术形式大胆表达自己的情感、理解和想象，尊重每个孩子的想法和创造，既要让幼儿感受到"老师就在身边"，又不要随意干扰和打断他们的创作。"纸的森林"中的每一幅作品均源自于孩子自身的感受，同时鼓励同伴之间进行经验分享，让每一个孩子都获得成功的体验（见图 5-27）。

图 5-27　幼儿创作展示

（文章发表于《早期教育》2020 年第 7—8 期）

走进大自然的阅读区——笪书屋

段月娥

阅读区是开展幼儿园阅读活动的载体和桥梁，是活动区不可或缺的组成部分。幼儿在阅读区里通过头饰、指偶、自制小图书等辅助材料，开展一系列的语言活动。可游戏开展了一段时间后，我们发现阅读区的游戏活动组织起来有点困难，孩子们对投放的材料也提不起兴趣。图书因投放的时间过长、内容陈旧、破损严重。究竟该怎样设置、投放相关材料，来满足不同层次幼儿的发展需求？如何让幼儿对语言活动感兴趣？如何让语言活动"活"起来？这引起了我们的思考，于是我们决定对阅读区进行重新打造。

一、场地调整科学性

一直以来，我们的阅读区都是在室内，可是孩子们总是很享受在阳光下的活动。每每进入笪学园，他们总是会说："老师，我不想玩，我想看书!"大班的孩子游戏遇到难题时说："要是有本昆虫书就更好了。"……

教育学家认为，阅读环境需要良好的采光，户外提供了孩子们充足的自然光。这不仅有利于保护幼儿的视力，更能给人以温馨舒适的感觉，有利于增强阅读区的吸引力。结合我园的实际情况及地理优势——笪家山，我们进行了户外阅读区的尝试（见图5-28）。本着"让孩子回归大自然，在大自然中自由地探索、游戏、学习，追逐天性，快乐成长"的理念，我们为"达学园"创设了阅读区——"笪书屋"（见图5-29）。

图 5-28　户外阅读区的尝试　　　　图 5-29　笪书屋

二、环境创设有新意

在将室内阅读区搬到户外的过程中，我们遇到了一系列的困难，如没有可供幼儿展示作品的墙面，没有图书架，没有自由的阅读空间等。一个好的阅读区，应该是对幼儿很有吸引力，让幼儿很想待在那里。阅读区环境的创设就显得尤为重要了。本着幼儿是游戏活动的主体这一理念，我们在进行环境创设和材料设置的时候，积极让幼儿参与，听取幼儿的意见。让孩子们说说：你心中的阅读区是什么样子的？你希望阅读区里有什么？了解孩子的想法后，我们知道，孩子对动物特别喜欢，还喜欢在帐篷里看书。带着孩子们心中的"阅读区"的模样，我们又和孩子进入达学园，进行实地"考察"。达学园里到处都是枯树枝、竹子，还有散落的小椅子。孩子们说："老师，你看，我可以用树枝画画。""老师，你看我用小椅子搭的城墙。"……这些在我们老师眼中已经没有用的物品，在孩子们的手中变成了有趣的游戏材料。于是我们对生活中常见的废旧物品进行改造，成功地解决了难题。我们用枯树枝编制成了背景墙，用废旧的小椅子进行组合拼搭变成了小朋友心目中最爱的书架（见图5-30），用帐篷为孩子们搭起独立阅读的空间……

图 5-30　废旧椅子做的长颈鹿书架

图 5-31　多功能背景墙

墙面的利用手段是可以多样化的，即使在户外，我们的多功能背景墙不仅给孩子提供用于置物和展示的地方，还可以悬挂孩子游戏需要的材料，草帽里可以放书，牛仔裤变成小包包，里面藏着孩子的秘密（见图 5-31）。

图书是阅读区不可缺少的材料，如何摆放图书、摆在哪里就显得尤为重要了。幼儿园废旧的小椅子经过刷白、拼造型，变成了幼儿喜爱的长颈鹿造型书架。为了和周围的环境保持一致，我们用麻绳对书架进行了固定，这样麻绳既起到了固定作用，又是长颈鹿身上的花纹，起到了装饰作用。孩子们还用黏土为长颈鹿做了一对大眼睛。四面开放式的书架方便幼儿取放图书，避免了拥挤，又减少了等待的时间。

帐篷是我们根据孩子的想法，结合自然环境的特点进行设计的。阅读区是一个安静、温馨的地方，柔软细腻的芦苇花带给孩子们温暖和舒适感觉，于是我们和家长、孩子一起收集了许多芦苇。细细的竹竿支成的帐篷，裹上薄薄的麻袋，孩子们亲手插上芦苇花，这就是孩子们眼中最美的帐篷了（见图 5-32）。随着四季的变化，春天的鲜花、夏天的树叶、秋天的果实、冬天的干草都为我们的帐篷披上一件神奇多变的外衣。芦苇秆编织的地垫，再铺上毛茸茸的地毯，感觉就更加温馨了。在这个温馨的帐篷里，孩子可以坐在里面倾听、阅读，享受故事带给我们的乐趣。

图 5-32　温馨的帐篷

三、材料投放促游戏

《指南》中提到，阅读区应具备"丰富的辅助材料，以增强图书区的吸引力"。"阅读区不应只是读书区，还是一个书写、绘画的区域。那里应有桌子、纸、笔等东西。"

关于辅助材料投放的问题，我们又进行了研讨：从最初的"要不要"变成了"要什么"，最后选择了最适合筲箕山的材料——木质红酒盒。孩子们把家中闲置的红酒盒带到幼儿园，我们和孩子一起进行了"一物多玩"的探索。"红酒盒可以怎么玩呢？"开宝箱、放书、当凳子坐……孩子们的想法给了我们提示。一个红酒盒就是一个故事……

纸、笔、剪刀、双面胶住在里面，就是一个工具箱；看完图书打开故事盒，就可以开始表演了；家长和孩子一起给红酒盒做了一张张有趣的脸，这就是"凳子娃娃"，凳子娃娃不仅可以坐，孩子没有做完的自制图书可以放在里面，方便下次继续制作；"好书推荐箱"里的小娃娃带给我们一个个精彩的故事（见图5-33、图5-34）。

图 5-33 百宝箱

图 5-34 好书推荐箱

四、游戏体现自主性

阅读区对于幼儿来说不应仅仅是一个区域，也不仅仅是一个听故事的地方，而应是自己可以参与其中，通过触摸、发现和感受，体会到阅读的乐趣。在"笪书屋"里，孩子们或听或说，或写或画，或站或坐。这里既有老师预设的游戏，也有孩子们自创的作品；既可以看现成的图书，也可以自己制作图书；还可以挎上牛仔小包走进"达学园"开始探索大自然之旅，他们把自己看到的、听到的、想到的记录在纸上，装订成册，就是一本大自然的书。

柔软材料，给幼儿舒适的感受，可使他们较快地进入平静的阅读状态；操作材料，能培养幼儿记录和表达表述的能力；存放材料为幼儿的阅读活动提供了便捷。幼儿园阅读区的创设有章可循，又应各具特色，而要创设一个幼儿感兴趣、教育有实效的阅读环境，还需要我们能及时发现并解决存在的问题，使环境切实服务于幼儿的全面发展。

（阅读区"笪书屋"获镇江市京口区小巧手制作大赛特等奖）

笪家山变形记

金 微

镇江市实验幼儿园坐落在一条名为"笪家山"的小巷深处。幼儿园操场的一角有一座小山，这就是笪家山，孩子们常常去山林中漫步，享受惬意的时光。小小的山头上有四季常青的植被、建于1945年的亭子（见图5-35）……但随着时间流逝，上山的石阶越来越老旧，存在安全隐患，午后散步的活动也就没有继续了。

图 5-35 山上的亭子

2014 年，随着课程游戏化的不断深入，笪家山也迎来新面貌，让我们一起期待吧……

一、笪家山上的恐龙世界

问题大搜集：

破旧的石阶变成了漂亮的木制楼梯，山上的杂草已基本清理干净，我们手拉手来到笪家山，随处可见的树桩就是孩子们的凳子，大家七嘴八舌地聊开了：

笪家山上怎么什么都没有呢？

你觉得笪家山应该有什么呢？

我要恐龙，多威风啊，你看过恐龙世界吗？

恐龙是什么样子的呢？有多高？有多长？它会吃人吗？

我们的行动：

笪家山最不缺少的就是树干、树枝、竹子之类的自然材料，孩子们负责设计、画图，和老师一起寻找合适的材料，教师负责具体搭建，一只威风凛凛的"大恐龙"终于在笪家山安家了（见图 5-36）。孩子们在里面捉迷藏、打仗、探险，还可以和同伴说悄悄话，玩娃娃家的游戏。

图 5-36 威风凛凛的大恐龙

我们的感悟：

恐龙世界是基于孩子的兴趣和经验创设起来的，从创意设计、材料收集到实际搭建，他们都参与其中，这里是属于孩子们的地方。教师关注幼儿的兴趣，在整个过程中给予最大的空间、时间、材料、工具及方法等各方面的支持，最终才有了这样既神秘又不乏童趣的恐龙世界。

二、笪家山上的四季花语

问题大搜集：

笪家山是孩子们最喜欢的地方，捉迷藏、找宝藏都是那么开心。爱美的小姑娘们有了新的问题：

这里为什么没有花？没有花怎么办？

种花需要什么？泥土哪里来？

山上没有水怎么办？松针怎么办？

我们的行动：

笪家山半山腰有一片空地杂草丛生，保安爷爷帮我们修整一番，成了孩子们的小花园。山坡上也有许多泥地闲置着，也被他们当作花草基地。孩子们四处收集花种，撒在沿途的小路上、山坡上，幼儿园在半山腰修葺了放工具的小屋，搭建了放农具的架子，增加了水源，方便孩子们天天浇水、时时照看自己的花花草草。现在的笪家山花意浓浓、四季盛开，每次孩子们走在山间小路上，都会说：格桑花是我们种的，我每天都来给它浇水……花路漫漫，向我们展现四季花语的美好（见图5-37）。

图 5-37　四季花语

我们的感悟：

植物的生长充满生机，如儿童般朝气蓬勃。看似简单的花花草草，其中蕴含的知识可不少，不同品种的花对于阳光和水的要求都不一样，孩子们通过观察、学习，不断在实践中摸索，每一朵小花的盛开都让他们欢呼雀跃。一路走来，孩子们付出了汗水和心血，收获的不仅仅是这一条花路，更多的是对事物的观察力、对问题的判断力、解决问题的行动力及与同伴合作的能力。他们就像小花一样生长在自然中、盛开在朝阳里。

三、笪家山上的游戏天地

问题大搜集：

在这越来越美的笪家山，孩子们的游戏需求越发丰富，一个恐龙世界、一个种植园地已远不能满足他们。

笪家山还可以玩什么？能玩烧饭的游戏吗？

山上的虫子多吗？我可以挖虫子玩吗？

我想把笪家山画下来，没有桌子怎么办？

怎么没有滑滑梯和攀登架呢？

我们的行动：

笪家山上有许多自然材料可供孩子们使用，大家一起动手布置起来：几个树桩、一块木板拼在一起，就是快乐的娃娃家；为了促进幼儿全方位的发展，幼儿园围着大树建起了树屋，旁边架起了滑滑梯、攀登架和滑索（见图5-38）；建一座自然实验室，360度玻璃全景无死角；山上空地多，方便种植各种果树……

在这里，孩子们感受"手可摘星辰"的独特体验；穿上军装背上小枪，学做解放军（见图5-39）；换一个角度看天空，白天可观云、夜晚可观星；自己动手种下蔬菜、自己收获制作美食。幼儿园里还有枇杷、柿子、蜜桃、橘子等多种果实等着孩子们去采摘，他们还可以在果汁吧制作一杯清凉可口的果汁与同伴分享。

图 5-38　滑滑梯的绳网

图 5-39　全能小勇士

我们的感悟：

孩子在户外游戏时，各项技能都会得到提高，他们亲近大自然的感情也会得到发展，不同的活动营地对孩子发展的影响也有不同的针对性。笪家山的变形过程是一个长期的计划，这个计划的重点在于：孩子喜欢什么？孩子需要什么？我们的初衷是为孩子们创建一个在自然条件下活动的空间，但在这个过程中孩子们的意见起到了决定性的作用，我们的笪家山不仅仅是亲近自然的场所，更是支持幼儿探索的户外营地，为幼儿提供良好的学习、生活、探索及创想的机会。在很长时间里，孩子们每天都能看到笪家山的变化，也越来越喜欢笪家山。就是这样一座笪家山，清新又神秘、幽静又美丽，这里凝聚着孩子的奇思妙想，是孩子们游戏的天地、快乐的源泉，我们亲切地称它为"达学园"。孩子们在这里尽情地奔跑、愉快地游戏，一起倾听自然的声音，一起徜徉在自然的怀抱（见图 5-40、图 5-41）！

图 5-40　达学园里的创作活动

图 5-41　快乐的身影

巷陌深处的幼学新天地

陶　铵

镇江市实验幼儿园地处老城区中心，是一所典型的巷陌里的幼儿园，80 多年的历史底蕴形成了幼儿园独特的办园定位和特色追求：教育应遵循自然天性，让儿童在自身的教育和成长中取得主动地位。幼儿园依托户外环境让孩子感受自然的美好与力量，引发孩子自然的学习。幼儿园坐落于小巷深处，却有着得天独厚的自然资源，适于幼儿运动、生活、游戏与学习，幼儿园充分利用山体、植被等自然环境打造孩子的幼学新天地——"达学园"。

一、遵循自然教育的法则

以卢梭为代表的经典教育家提出"自然环境对儿童的积极影响"，主张"和孩子一起倾听自然发出的声音，崇尚自然、尊敬自然以及热爱自然"。我们倡导的自然教育不仅仅是运用"自然"对儿童进行教育，同时还需要我们用"本真、自然"的方式去影响儿童。教育应遵循自然天性，也就是让儿童在自身的教育和成长中取得主动地位。我们提倡自然教育，是以自然环境为背景，使儿童融入大自然，从而维护儿童智慧成长、身心健康发展。幼儿园尽力保留纯天然的环境，如裸露的土地、不同的树木、可供种植的园地等，就连春季校园角落里青葱的野草，我们也会想方设法保留及美化。期望借助身边的环境，让"大自然"成为孩子最好的老师，使得孩子学会尊敬与热爱自然，从而构建起良好的性格特质。

二、开辟自然游戏的场所

在创设游戏环境时努力突显儿童本位、自然生态、因地制宜的特征。我们在自然环境里寻找教育契机。利用天然优势和生态环境，扬长避短，努力创设出一种既纯朴自然、简单率性，又天真有趣、奇妙夸张的童真环境。我们将原有环境与笪家山进行有效联结。在环境创设中，孩子参与设计、改造，教师放手让幼儿自己去讨论构思和布局，而不是直接代替。幼儿在参与环境创设的整个过程中，通过观察、构思、动手，在构建新知识的同时，其动手能力和创造力也得到了良好的发展。同时用幼儿"创造物"充实环境空间，幼儿参与制作，每一位幼儿都能尽情释放自己的能量，演绎着心中的故事，大自然成了孩子们最爱的家，我们亲切地称呼幼儿园为"达学园"，这里成了孩子们最爱的乐园。

三、浸润自然生长的学习

学龄前儿童的学习，不是人们通常理解的识字、做算术、读英语。他们的学习通常带有直觉性、体验性，他们的学习来自于大自然，他们的生活就是教育，教育就是生活。福禄贝尔说："通过生活，并来自生活的课，是使人印象最深刻，理解最容易的课。"阳光透过树林，一群小朋友围坐在树桩旁，拿着放大镜在观察泥土里的昆虫大军；微风从静谧的林间穿过，带着泥土和花草的气息，孩子们忙着采集并制作植物标本。孩子在生活中随时发生着探究行为，在探究活动中，他们往往会主动获取信息、整理和处理资料并加以利用。我们鼓励幼儿在探究中用

图画、符号、剪贴等方式为自己做记录，他们会用线条画记录花生和青菜的生长变化，用符号记录天气的阴、晴、雨、雪等。跟正襟危坐的室内课堂比起来，孩子更爱用这样的方式"玩耍"和"成长"！自制的帐篷成了看书休息的好场所；水泥砖块用来搭建昆虫旅馆；四散的孩子们还捡来树叶当画布，找来花瓣做书签……树叶的形状，花朵的颜色，小鸟的数量，昆虫的名字，这些都是鲜活而直观的知识。在这里，孩子们总是能找到乐趣所在，他们在自然环境中探索与求知，在户外活动中感知危险、保护自己。思维与万物一同苏醒……有利的环境激发了孩子的探究欲望，他们在寻找中发现，在发现中成长！

其实每个人的身体里都潜藏着一种能量，在实施"自然教育"主张时，每一位教师都努力让自己的内心住着一个小孩，争取让自己走进孩子心灵。

"达学园"，这个巷陌深处的幼学天地，是落实幼儿园儿童观、课程观和经验观的大田园，通过儿童与自然的有效联结，让儿童回归自然，在自然中享受游戏、唤醒天赋，从而促进儿童的有效生长和有效学习——这是我们送给孩子的最珍贵的礼物，也是学前教育者的桃花源。

（发表于《镇江日报》2020.04.02）

"你好，小鸟"课程审议实录

金　微

一、课程起源

（一）幼儿行为

开心果家的阳台上飞来了斑鸠妈妈和它的宝宝（见图5-42），开心果妈妈拍了视频，她把视频带到幼儿园。小朋友看了视频，你一句我一句地聊了起来：这是什么鸟呀？它会飞吗？它的羽毛怎么一点都不好看？灰巴巴的。

图5-42　开心果家阳台上的不速之客

（二）教师思考

孩子们有着与生俱来的好奇心和求知欲，大自然和生活中真实的事物与现象是幼儿探索的内容，常见的动植物更是能引起幼儿的好奇与关注。斑鸠的出现激发了他们深厚的兴趣，他们也表现出继续探索的愿望。作为幼儿游戏的陪伴者、观察者，我们支持幼儿在接触自然的过程中积累有益的直接经验和感性认识。

二、课程审议一

（一）课程名称的确定

课程名称确定为：你好，小鸟。

（二）课程审议组架构图（见图 5-43）

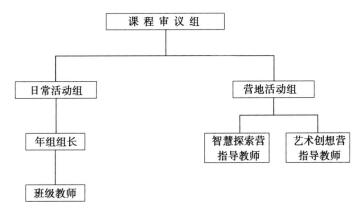

图 5-43　课程审议组架构图

（三）初始目标

1. 了解关于鸟类的知识，知道鸟的生活习性。

2. 愿意阅读与鸟类相关的图书，掌握正确的阅读方法。

3. 愿意用多种美术形式创作关于鸟的作品。

4. 感受鸟类的美丽、能干、可爱、勇敢，增加对鸟类的爱护之情。

5. 愿意尝试与同伴合作进行创作。

（四）建构课程网络图

老师们关注到幼儿的兴趣，梳理了关于小鸟的 4 个关键词：美丽、能干、勇敢、可爱，分别对应小鸟的外形特征、特长本领、生活习性，以及与人类的关系等，建构了下面的课程网络图（见图 5-44）。

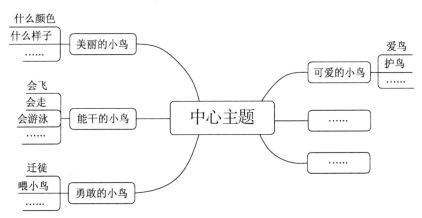

图 5-44　课程网络图

（五）初步实施

1. 幼儿行为观察

婷婷：我昨天在电视上看到一只特别好看的鸟，可惜你们看不到。

思思：我妈妈给我买了一本书，是说小鸟的故事的，我带来了，你们要看吗？

佳佳：我爸爸手机里有小鸟的动画片，你们想看吧？

2. 教师策略调整

鼓励幼儿用自己喜欢的方式来介绍自己的小鸟，做一次播报大会，形式不限。

图 5-45 做小鸟海报

3. 初步活动反思

朵朵和妈妈一起制作了小鸟海报（见图 5-45），蕾蕾学了一段孔雀舞在表演区里演出，每天观看表演的小朋友可多了。

教师预设的关键词是美丽、能干、勇敢、可爱，而孩子们关注的兴趣点又是什么呢？所有的鸟都会飞吗？小鸟都有羽毛吗？它们都吃虫子吗？所有的鸟都是住在树上的吗？

三、课程审议二

（一）修订后的课程目标

1. 喜欢小鸟，有观察鸟的兴趣，尝试通过自己的探究活动主动了解一些鸟的形态和习性。

2. 了解鸟与人类的关系，知道鸟是人类的朋友，有爱鸟、护鸟的情感和初步的环保意识。

3. 喜爱文学作品，学习用连贯的语言表达自己的想法，并进行简单的讲述，尝试用自己喜欢的方式进行表演。

4. 喜欢美术创作活动，尝试用生活中的材料，大胆想象并创作鸟的造型。

5. 能根据音乐节奏做动作和变换动作，并能大胆想象和创编小鸟在不同情景下的动作。

6. 能协调地跑、跳，在游戏中学会保持平衡，积极参加集体活动，萌发集体荣誉感。

7. 感受鸟儿迁徙过程中不畏困难的精神，增加爱护鸟类的情感。

（二）修订后的课程网络图（见图5-46）

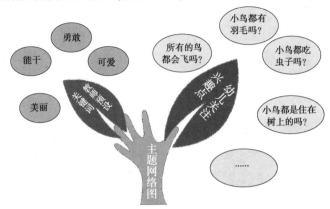

图5-46　修订后的课程网络图

（三）幼儿行为

1. 佳佳来到美工区（见图5-47），在材料箱里拿出黏土树枝，将黏土揉团压扁，又揉成团再压扁，一块成功后又开始做第二块。晨晨问她："你在干什么呀？"佳佳说："我在给小鸟做房子呢。"两个小姑娘一起忙活开了。其他小朋友看见了，一起加入了给小鸟做房子的行列。他们提出要把"小鸟的家"送到"达学园"里，孩子们还用绘画的形式记录了这一次有趣的体验（见图5-48）。

图5-47　美工区活动

图5-48　幼儿用绘画做记录

2. 过了几天，孩子们发现鸟窝已经没有了，地上只剩下小树枝和一团团黏土。大家开始研究原因，教师也参与其中，将幼儿关注的问题进行了梳理并绘图（见图5-49）。

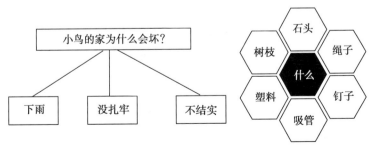

图5-49　小鸟的家会坏的原因及材料改进

3. 孩子们在熟悉的地方寻找自己认为合适的材料，笪家山上的小树枝、细竹竿，探索区里的麻绳，美工区的夹子、黏土，建构区的盒子，统统收入囊中。

4. 明明用剪刀在地上戳上几个洞，再把树枝像种树一样种进去，这样树枝就可以站起来了（见图5-50）。

轩轩和凯凯一起合作建鸟窝，但没有成功，凯凯跑到旁边去玩树叶了，轩轩一直在尝试（见图5-51）。

图5-50　树枝站起来

图5-51　努力的轩轩

（四）活动反思

《指南》指出，幼儿的学习是以直接经验为基础，在游戏和日常生活中进行的。孩子将心中的想法在最短时间内付诸行动，这是孩子最直接的学习方法。幼儿在尝试建鸟窝的活动中遇到问题，但他们在讨论、探究中思路变得清晰，对家的感觉、所需要的材料、完成的方法等都有了全新规划。

（五）教师策略调整

《指南》指出，作为教师要理解幼儿的学习方式，支持幼儿自发的探索行为，并最大限度地支持和满足幼儿通过直接感知、实际操作和亲身体验获取经验的需要。教师根据幼儿行为提供支持和帮助，包括探索时间、空间、材料、工具及经验方面的支撑，鼓励幼儿发现问题时，大胆假设、小心求证，用自己的方法去解决问题。在经过多次体验、讨论后，幼儿在经验、技能方面的积累都达到了一个相对"满瓶"的状态，这时需要一个高潮事件来帮助幼儿：小鸟的家。在高潮事件中幼儿从着手探究和解决问题之中获得自信，并巩固过程中所强调的知识、技能等。

四、课程审议三

南京师范大学孔起英教授走进幼儿园，走进我们的高潮事件，将活动的地点从室内转移到户外"达学园"，引领孩子们一起尝试在自然环境中进行创作活动。

（一）活动目标

1. 根据设计，探究搭建"小鸟的家"的固定方法。

2. 尝试与同伴共享材料和空间的前提下合作建造。

3. 愿意在探索和尝试中分享自己的经验与感受。

（二）环节设置

1. 环节一：熟悉材料（见图5-52），并将材料与自己的目标相联系，这是一个初步的构想。

2. 环节二：分组设计（见图5-53）。将心中的想法落实到图纸上，哪怕只是几条只有自己才能看懂的线条。

图 5-52 熟悉材料

图 5-53 分组设计

3. 环节三：制作小鸟的家（见图5-54）。幼儿自主探索，教师观察、支持幼儿，并在适当时候介入。

4. 环节四：展示作品（见图5-55），分享经验。教师肯定幼儿的所作所为，给予他们在集体前讲话的机会，而一位幼儿的经历可能激发另一位幼儿的兴趣。

图 5-54 制作小鸟的家

图 5-55 作品展示

（三）专家指导

南京师范大学孔起英教授和我们一起进行了深入研讨，首先听取本次高潮事件"起源—体验—回顾—计划"一系列的梳理，紧接着从活动目标的制定、材料的投放、环节的设置、师幼互动等各方面对事件进行了剖析，提出可行性建议（见图5-56）。

图 5-56 专家指导

（四）修订后的活动设计

1. 活动目标

（1）按照设计制作一个家，在回顾以往经验的基础上探索固定的方法。

（2）巩固扎、粘等技能，用喜欢的方式去建造自己心目中安全、舒服、美观

的家。

（3）愿意与同伴分享自己的经验与感受。

2. 活动过程

（1）明确目标，熟悉材料。

（2）幼儿分组完成"小鸟的家"（可分 1~2 次活动完成）。

① 幼儿分组创作：幼儿自由结对，分组进行制作。

② 教师关注各组进度，给予不同层次的建议。

③ 如有需要，在适当的时候可加入其中一组参与活动。

④ 将做好的"小鸟的家"挂在笪家山上，供幼儿欣赏。

（3）经验分享，作品欣赏。

① 小鸟会最喜欢哪个家，为什么？

② 在幼儿讲述后，老师从不同角度，向幼儿示范如何去欣赏作品。

五、课题延伸

（一）总结课程网络图

1. 课程路线图（见图 5-57）

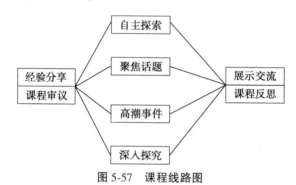

图 5-57　课程线路图

在"你好，小鸟"这一课程中，包含了教师预设、幼儿生成及家园互动，自主探索、聚焦话题、深入探究和展示交流是以幼儿为主导的生成性活动，教师完成课程审议、课程反思，以及与幼儿共同开展的高潮事件，经验分享则是我们的孩子与家长共同完成的亲子活动。

2. 线形课程网络图（见图 5-58）

课程"小鸟，你好"由一个个点课程汇聚而成，例如：小鸟长什么样？小鸟喜欢吃什么？其中有的点课程由于幼儿长时间的兴趣，不断深入、不断拓展，形成一些线课程，例如：小鸟的家。小鸟的家是什么样子？搭小鸟的家需要什么材料？什么材料最结实？在这类课程里，幼儿需要同伴合作和经验指导。

3. 扇形课程网络图（见图 5-59）

在课程的不断发展过程中，多领域的渗透与融合不断加深，从而形成了一个扇形课程：小鸟和科学、小鸟和语言、小鸟和艺术、小鸟和社会、小鸟和健康等。我们对课程的实施重新进行了梳理，生成了最终的课程网络图。

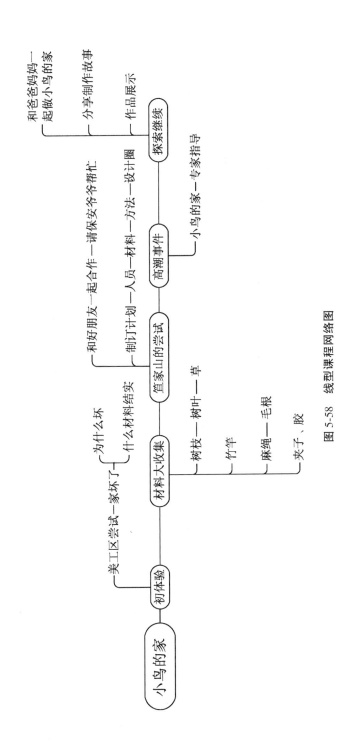

图 5-58 线型课程网络图

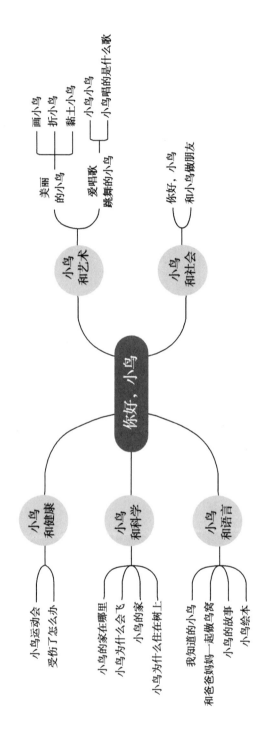

图 5-59 扇形课程网络图

（二）幼儿行为

1. 小雨在鸟窝里面铺上了一层厚厚的叶子，他说：这些叶子，就像是家里的地板（见图5-60）。

图5-60　小雨的作品

2. 爸爸妈妈来帮忙，旧的包装袋、盛鸡蛋的篮子、藤编小筐等都可用于制作。

3. 孩子们做的鸟窝越来越多了，我们一起把它们送到笪家山里吧（见图5-61）。

图5-61　笪家山的鸟窝真多啊

（三）教师策略调整

关于小鸟的活动还有很多很多。怎样保护小鸟？这是孩子们关心的问题。老师把孩子们的问题记录下来，和他们一起寻找答案，并且把过程性资料收集起来，做成主题书，挂在"达学园"的主题墙上，孩子们一起来寻找自己和同伴的身影，去了解同伴的发现。

六、成效与感悟

"你好，小鸟"这一课程源于幼儿生活中的发现，一只可爱的斑鸠妈妈闯入了幼儿的视线，从此开启一段与小鸟的愉快体验。儿童有着与生俱来的好奇心和探究欲望，作为教师要多方面创设条件鼓励幼儿进行实际操作活动。随着活动的不断深入，这里不仅承载着幼儿的兴趣和热爱小动物的爱心，还有他们不断探究的

精神。

　　我们尝试将幼儿的发现、思考、推测与探索记录下来，以另一种形式记录孩子们解决问题的全过程。在活动过程中，教师持续关注幼儿的兴趣，捕捉有意义的话题，提供环境、时间、空间、材料的支持，做游戏探索的支持者、陪伴者，促进幼儿深度学习，获得全面的学习与发展。在我们的笪家山，探索在继续，创造在继续，惊喜亦在继续……

"笪家山" 走向 "达学园"

记忆中的笪家山

记忆中的笪家山在幼儿园操场的一角，沿着陡峭的石阶向上，首先映入眼帘的是两间木屋、一口干涸的古井，沿着山边是两排茂密的大树和建于1945年的和亭。这里有丰富的植被，但因为长年荒废，一直闲置。

笪家山的发展初期见图1至图9。

图1 发展初期的笪家山（一）

图2 发展初期的笪家山（二）

图3 发展初期的笪家山（三）

图4 发展初期的笪家山（四）

图5 发展初期的笪家山（五）

图6 发展初期的笪家山（六）

图7 幼儿参与规划

图8 建设中的笪家山（一）

图9 建设中的笪家山（二）

现在的笪家山

　　顺着木梯一路向上，在闻着四季花香的同时，不知不觉中就走进了现在的笪家山。这里有神秘的恐龙世界、高高的树屋、自然实验室及生活小营地，在林间的活动区域中，随处可以看到儿童快乐的身影，笪家山就是他们游戏的大天地（见图 10 至图 26）。

图 10　安全美观的楼梯

图 11　山坡上的四季花语

图 12　神秘的恐龙世界

图 13　自然实验室

图14　高高的树屋

图15　生活小营地

图16　林间的游戏区域

图 17　果蔬飘香的青青园地

图 18　小小野战队

图 19　荡桥上的游戏

图 20　鲜花坊里的艺术创想

图 21　快乐涂鸦

图22 足球森林

图24 五彩世界

图25 有趣的泡泡

图23 探秘达学园

图26 木趣

大家眼中的"达学园"

笪家山不仅是儿童的游戏天地，也是幼儿园特色品牌展示的平台，它是孩子们的"达学园"。在"中国学前教育学会""全国幼儿美术教育研讨会""江苏省'课程游戏化背景下幼儿园环境的重塑'研讨会""镇江市学前教育发展情况调研"等活动中，"达学园"现场开放，向大家展示镇江市实验幼儿园在园本课程建设研究中的成果。同时幼儿园多次接待来自全国各地的园长培训班——"江苏省园长任职资格培训班""镇江市园长跟岗培训"，以及仪征、龙南等地的幼儿园园长和骨干教师入园学习（见图27至图40）。

图 27 2017 中国学前教育年会（一）

图 28 2017 中国学前教育年会（二）

图 29 第六届全国幼儿美术教育研讨会现场

图 30　江苏省"课程游戏化背景下
幼儿园环境的重塑"研讨会现场（一）

图 31　江苏省"课程游戏化背景下
幼儿园环境的重塑"研讨会现场（二）

图 32　外省市园长及
骨干教师跟岗培训（一）

图 33　外省市园长及
骨干教师跟岗培训（二）

图 34　镇江市开放活动（一）

图 35　镇江市开放活动（二）

图36 京口区课程游戏化项目
区域推进活动(一)

图37 京口区课程游戏化项目
区域推进活动(二)

图38 江苏省园长任职资格培训班

图39 镇江市园长培训班(一)

图40 镇江市园长培训班(二)

让爱抵达现场——"达学园"外场课程建设观察随想

纵观 21 世纪以来学前教育的发展，几乎就是一段在争论中探索、在探索中前行的历史。什么是幼儿园的"小学化"倾向？课程游戏化到底是目标还是路径？幼儿教育到底还要不要知识教育，还要不要集体活动？幼儿教师的专业技能到底如何才能与时俱进……一系列问题似乎已经有了答案，又似乎总在游离环绕，令人云里雾里。而对于一些一线园长、教师而言，要么对这些争论无动于衷，要么就满足于听从上级或权威的指令，或者干脆就我行我素……

但是，争论归争论，争论中，我们的学前教育规模真的是越来越大了，这是一个不争的事实；争论中，我们幼儿园的内涵发展水平与幼教队伍的专业素养总体上得到了有效提高，这同样更是一个不争的事实。而这一点，也恰恰验证了唯物辩证法关于"前进之中有曲折，在曲折中前进"的论断的真理性。

还有一个令人欣慰乃至惊喜的发现，就是在这场世纪争论中，在这段曲折前进的历史中，仍然有一大批幼儿园，有更多的园长和教师，既没有陷入人云亦云的"概念主义"，也没有陷入追逐时尚、过场走秀的形式主义，他们从时代发展的脉络中寻找，在不同理念、理论的争论中学习，立足自身实际去改进、创造，从而发现了在学前教育深化改革、深度转型的当下，办好一所现实的幼儿园所起码必须遵循的几条基本经验：

第一，不管学前教育怎么改革，《指南》总是基本的方向；

第二，不管课程游戏化实施有多少争论、有多少问题，坚持师幼同行、家园合作，以课程建设引领内涵发展，总是必由之路；

第三，不管自身条件有多么困难，不管队伍基础有多么薄弱，坚持立足园本实际，眼睛向内，首先实施自身资源的有效改造与利用，总是可行之途。

以上三点，与其说是这些园长和教师的"先见之明"，不如说是他们经过无数争论、探索之后的"多么痛的领悟"；与其说是这些园长和教师在当前现实语境下推动幼儿园发展的经验总结，不如说是他们既面对现实，更面向未来的扎实行走。

也许正是基于上述三点认识，镇江市实验幼儿园陶铵园长和她的伙伴们，开始了对幼儿园边侧的小型自然山体——笪家山的艰苦改造，开始了"达学园"外场课程建设的智慧创造。

我与这一所镇江市历史悠久的幼儿园的结缘，得益于十年前一次幼儿园共同体的教研活动。当我刚刚走进这所幼儿园的时候，一方面惊诧于它的管理的精心与活动的精致，另一方面也确实惊讶于幼儿园自身空间面积的狭小，以及居于城市街巷里端的局促与局限。当时，就与时任园长耿焱和还是副园长的陶铵，一起畅想了开发利用身边的笪家山的可能。当然，当时，也其实并没有多少课程建设的思想或理念在里面，更多的只是出于拓展幼儿园空间场地的迫切需要。

一晃数年，耿焱调离，陶铵接任。改造、利用笪家山的工作，一步一步从愿景变成了现实，更从场地扩容变成了课程增值。因为，持续的学习与思考，让陶铵和实幼人共同认识到："一切资源皆课程"，没有课程观的介入，没有课程整体的建构，再大、再好的场地，也终究不过是某种缺少生命力与生长性的静态空间。

于是，一种创造性的实验，在镇江实幼展开；一项不断优化、超越的规划，在镇江实幼实施。而我，也有幸参加到了这些可爱的行走合伙人的队伍之中，参与并见证了他们创业、创造的全过程——

首先，我们确定了一个既立足幼儿园实际，又颇为激动人心甚至不无浪漫气质的办园理念和课程愿景——"居巷陌，行天下"。这不仅是对幼儿园真实地理位置和实幼人日常行走轨迹的写实性描述，更展现了镇江实幼和实幼人自身对学前教育本质的理解和教育使命的担当。

其次，我们明确了笪家山改造、建设的一个基本定位——以课程观来审视、规划一座自然山体，以幼儿自然、健康、智慧、审美等核心素养培养的需求，导航山体功能的开发和相关资源的综合利用。我们将其定位为"外场"课程，一方面当然是明确，这笪家山的最基本的功能，依然是弥补幼儿园自身空间的不足，从而有序拓展镇江实幼孩子们的室外活动的场域空间；另一方面更是强调，这笪家山绝不仅仅是外场空间的增加，而更是幼儿园课程开发的平台，更是孩子们参与并体验生活与生长的一项系统性、主题性课程。笪家山的"外场"课程，与原有的幼儿园学习室、廊道等"内场"课程，以及原有室外的"小区域"课程一起，相互补充、相互融合，共同构成镇江实幼孩子的游戏场、生活场，以及他们的学习场、"梦工场"。于是，聪明的镇江实幼人，又将原来的课程名字"笪学园"，正式定名为"达学园"。毕竟，教育的最终目的，不过就是为了让每个孩子真正触及学习的真谛。

再次，我们明确了"达学园"外场课程建设的基本思路与实施策略。这就是：

坚持目标引领——让《指南》要求和幼儿核心素养要求，切实隐含在笪家山外场环境之中，切实展现在各类课程活动、游戏之中；

坚持项目推进——将山体设计、改造与课程建构、实施有机结合起来，具体分为"健康与运动、智慧与探索、生活与社会、艺术与创想"四个项目组，一方面根据项目课程要求改造笪家山活动区域，另一方面又根据笪家山区域功能开发相关主题；

坚持以人为本——重在激发调动全体教师，乃至幼儿、家长的参与度与创造性，将"达学园"外场课程建设的过程，转变为凝聚人心、提升专业、展现整体形象的过程。

十年展望未停歇，三年辛苦不寻常。如今，这样一本凝结着全体镇江实幼人

心血与智慧、实践与创造的《爱在"达学园"——幼儿园外场课程的探究与实践》书稿，带着油墨的清香，放在了我的案头。作为它的最早期的读者之一，更作为"达学园"外场课程建设的亲身参与者、见证者之一，我的内心感到无比欣慰，更不由得展开了温暖的回望与想象。

我仿佛又看到了一个又一个曾经的早晨或者傍晚，镇江实幼的老师们在小山之上，带着图纸改图纸的热烈，以及他们带着锄头去种花、带着自制玩具去安放的宁静；

我仿佛又看到了一个又一个教研活动的间隙，或者节假日的片段，四个项目组的老师们或者奋笔疾书，或者不停争论的认真与投入；

我仿佛更看到了新的学期或者从今往后的任何一个瞬间，镇江实幼的孩子们登上笪家山，来到他们喜爱的"达学园"，一起游戏、活动的快乐与收获……

笪家山本无语，可是"达学园"却有爱。

所以，在我看来，《爱在"达学园"》其实不只是一本书，它更是镇江实幼人眼界与情怀、担当与实践的一次凝聚与表达，更是镇江市实验幼儿园更美好的发展图景的一次打开与舒展。

问渠那得清如许，为有源头活水来。这活水，就是我们对教育的爱，对事业的爱，归根到底，是对孩子的爱。

小小"达学园"，为的就是要让这点点滴滴的爱，真正抵达现场；为的就是要让这绵延不断的爱，真正永不退场。

镇江市教师发展中心主任　徐　明